要点が見やすくて
わかりやすい最短合格ゼミ！

ファッションコーディネート色彩能力検定 対応

色彩検定

2級 3級 試験

テキスト＆問題集

イリデセンス主宰　岩井ますみ　著

ナツメ社

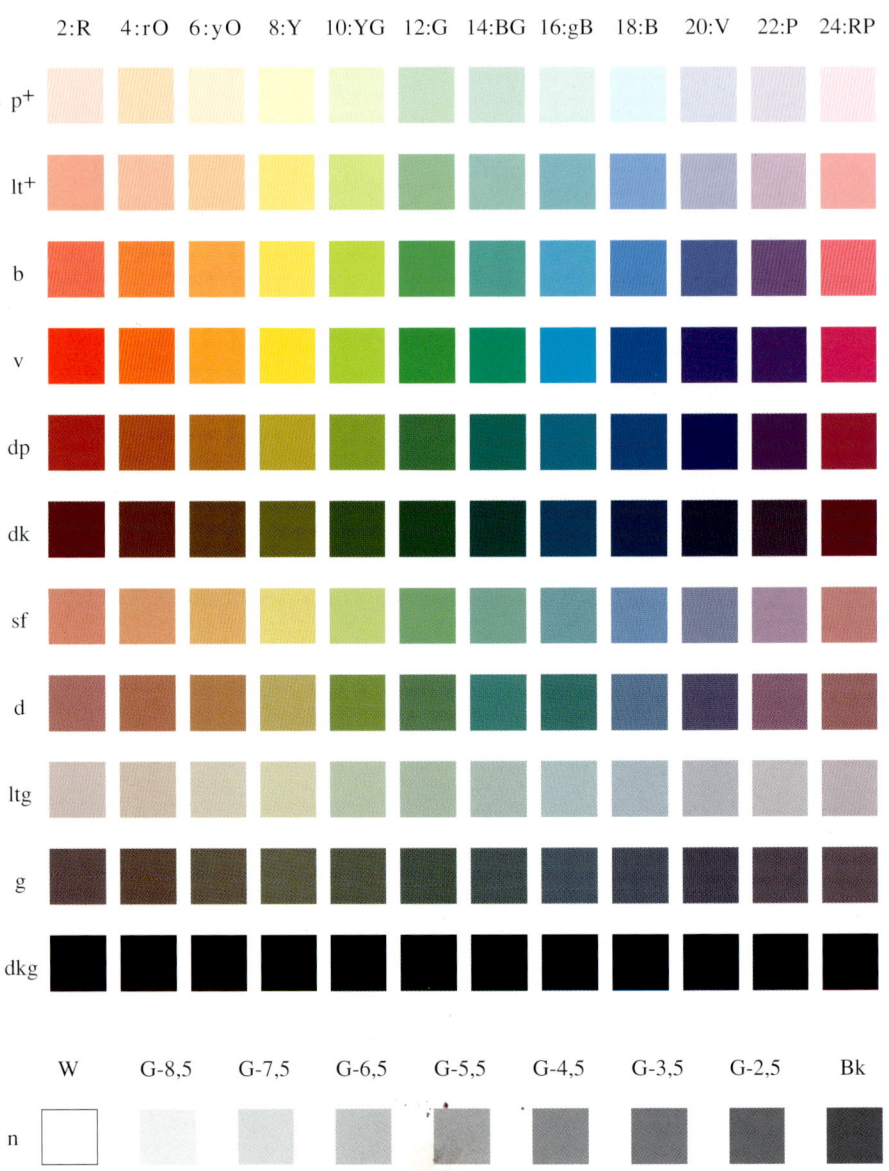

はじめに

　色の必要性が社会に認められ、多くの場面で活用される時代になってきました。私がカラーコーディネーターという仕事をはじめてまもなく15年になろうとしています。当時とは比べ物にならないほど、色の仕事に対する認知度や関心度は高くなり、需要も増えてきました。

　私たちが物を買うとき、選ぶときには必ず色も選んでいます。色を選ばずして、物を手にすることはできません。商品開発をする側にも色は重要なアイテムとなります。人々の購買意欲を高めたり、商品価値を上げることに必要不可欠といえます。いかに価値の高い効果的な色をつけるか。それには色の知識が必要です。感覚的に「きれいだから」「○○のイメージだから」とだけにとどまるのではなく、「こういう効果があるから」「こういう理由でこの色」などといえる知識が必要とされているのです。

　この色彩検定は、年間約10万人もの人が受験しています。色の基礎から配色の技術まで広い知識を学ぶことができるこの検定は、人々の色への関心を広める大きな役割を果たしているといえます。色彩検定は文部科学省（当時文部省）の認定を受け、10年を経過した2005年に全面的に改定され、内容もより細かく、専門的となりました。2006年からは文部科学省後援と変わりました。色に対する専門的な知識や人材が必要とされている現代に応える検定であるといえます。

　これまで10年以上にわたって色彩を教えてきましたが、色を勉強される皆さんが、実際に考えていた色の勉強よりもずっと細かく、理論が多いことに驚かれ、くじけそうになるのをたくさん見てきました。この本では、できるだけ優しい言葉を使い、授業で教えるような文章を心がけ、A・F・T色彩検定の対策テキストの副読本としても役立つように作ってあります。随所にコラムもいれ、つまづきやすいところはわかりやすく工夫を凝らしたつもりです。この本で勉強された皆さんが、より色に関心を持ち、さまざまな分野で活躍されることを願っています。

岩井ますみ
2006年4月

目次 CONTENTS

はじめに　1
本書の使い方　6
カラーコーディネーターの仕事と色彩検定　7
受験案内　10

PART 1　色彩と文化（2級）　11

1. ヨーロッパの色彩文化（2級）　12
2. 日本の色彩文化（2級）　16
- 基礎問題　20
- 応用問題　22

PART 2　色の表示Ⅰ　〜三属性と表色系（2級・3級）　25

1. 三属性と色立体（3級）　26
2. 三属性の構成（3級）　28
3. 表色系（2級・3級）　31
- 基礎問題　55
- 応用問題　60

PART 3　色の表示Ⅱ　〜色名（2級・3級）　65

1. 色名（2級・3級）　66
2. 慣用色名（2級・3級）　75
- 基礎問題　95
- 応用問題　102

PART 4　光と色Ⅰ　〜光の性質と色の見え（2級・3級）　107

1. 色とは？（3級）　108
2. 光の性質（3級）　109

3. 光の性質（2級） 111
4. 眼のしくみ（3級） 114
5. 視覚系の構造（2級） 118
6. 色の見え（2級・3級） 120
7. 色の見え方の分類（3級） 122
8. 色覚説（2級） 125
●基礎問題　128　　●応用問題　135

PART 5　光と色Ⅱ　〜照明（2級・3級）　139

1. 照明光（2級） 140
2. 光源の種類（2級・3級） 145
●基礎問題　149　　●応用問題　152

PART 6　光と色Ⅲ　〜混色（2級・3級）　155

1. 混色の種類（3級） 156
2. 加法混色（3級） 157
3. 加法混色の法則性（2級） 159
4. 減法混色（3級） 162
5. 加法混色の技術（2級・3級） 164
6. 減法混色の技術（2級・3級） 166
7. 加法混色と減法混色の技術（2級・3級） 167
●基礎問題　169　　●応用問題　173

PART 7　色彩心理（2級・3級）　177

1. 色の心理的効果（3級） 178
2. 色の知覚的効果（2級） 181
3. 色彩感情と色彩連想（3級） 184

4. 嗜好色（3級） 187

5. 色と記憶（3級） 188

6. 色の対比（3級） 189

7. 同化現象（3級） 195

8. 色の錯視（2級） 197

9. 面積効果（3級） 202

10. 色知覚の測定方法（2級） 203

●基礎問題 209　　●応用問題 214

PART 8　色彩調和（2級・3級）　219

1. 色相配色（3級） 220

2. トーン配色（3級） 226

3. 明度を手がかりにした配色（3級） 230

4. 彩度を手がかりにした配色（3級） 233

5. 配色技法（2級） 238

●基礎問題 247　　●応用問題 251

PART 9　色彩効果（2級）　255

1. 美的構成と美的形式（2級） 256

2. 色のイメージと配色効果（2級） 260

●基礎問題 263　　●応用問題 265

PART 10　ファッションと色彩（2級・3級）　267

1. ファッションの使い手と送り手（3級） 268

2. ファッションビジネス（2級・3級） 268

3. ファッション企画（2級・3級） 271

4. ファッションの流行と用語（3級） 275

5. ファッション分類と用語（2級・3級） 276
6. ファッションカラーコーディネート（2級・3級） 280
7. ファッションにおける基本配色のコーディネート（3級） 286
8. ファッションにおける配色技法のコーディネート（2級） 290
9. 時代に見る流行色、ファッショントレンド（2級） 294
● 基礎問題 296　● 応用問題 299

PART 11　インテリアと色彩（2級・3級）　303

1. インテリアと色彩（2級・3級） 304
2. インテリアカラーコーディネーション（2級） 311
● 基礎問題 316　● 応用問題 319

PART 12　環境と色彩（2級・3級）　323

1. 環境色彩とは（3級） 324
2. 環境色彩の働き（3級） 325
3. エクステリア環境色彩の基礎（3級） 326
4. エクステリア環境色彩（2級） 330
5. 外回りの照明（2級） 341
● 基礎問題 342　● 応用問題 346

PART 13　模擬試験問題（2級・3級）　351

色彩検定3級　模擬試験問題　352
色彩検定2級　模擬試験問題　363
色彩検定3級　模擬試験問題　解答と解説　377
色彩検定2級　模擬試験問題　解答と解説　380

本書の使い方

　本書は、色彩検定を受ける人たちに必要な知識をわかりやすく解説しています。カラー資料も、ふんだんに盛り込んであります。全体としては、各章ごとに内容を理解したら、基礎問題と応用問題で確認するという合理的な構成になっています。また、各章に関連する知識を"知って得する"というコラムで記述してあります。

　本書を有効に利用し、色彩検定試験に万全の備えをして頑張ってください。

本書の構成

■ 大きく2つに分けて構成
　① カラーコーディネーターの仕事と色彩検定
　② 教則を12章に分けて構成

■ 章はいくつかの節で構成
- 本文
- イラスト
- 図表
- "知って得する"(コラム)
- 基礎問題・応用問題

■ 13章　模擬試験問題
　模擬試験問題・解答と解説

<利用方法>

　各章の扉に、この章で覚えるポイントと流れ、出題傾向がまとめてあります。大切な部分を確認して、本文に進んでいきましょう。
　本文では、色彩検定には欠かせない大切なカラー資料を掲載しています。何度も繰り返し、見ることで、頭に焼きつけましょう。
　本文の内容を理解したら、基礎問題と応用問題に取り組んでみましょう。
　模擬試験問題は、本試験と同じ作りになっています。理解度をチェックしてみてください。

カラーコーディネーターの仕事と色彩検定

「色の仕事につくにはどうすればいいの？」
「どんな資格が必要なの？」
　そんな疑問をもって、この本を手にされた人も多いことでしょう。
　まずは、色の仕事について説明しましょう。

『色の仕事』
　「色の仕事」が細分化され認識されるようになったのは、日本ではここ数年といってもよいでしょう。例えば以前は、デパートに行くと販売員が各売り場にいて、何々売り場の販売員さんというとらえかたでした。しかし、今では靴売り場にはシューフィッター、化粧品売り場にはメイクアップアーチストがいるように、洋服や化粧品の売り場にはカラーコーディネーターがいます。百貨店によっては積極的に色彩検定の受験をすすめているところもあります。
　また他にも、大手の広告代理店では新入社員に色彩検定を受験させるところがあったり、インテリアコーディネーターでカラーコーディネーター、1級建築士でカラーコーディネーターなど各分野で色の専門家が活躍しています。つまり、すべての物に色がついているように、色はどんな分野にでも活用できる知識で、他の何かの専門知識と組み合わせることで、何倍にも広がり、活用できる知識であり、仕事なのです。

活躍の分野
1. 色を教える講師（専門学校、カルチャーセンター）
- 広くさまざまな分野の知識も必要

2. ファッション分野で活かす
- デパート、ブティックの販売、経営者
- テキスタイルデザイナー、染色、織物など
- スタイリスト、アクセサリーデザイナー、
- ヘア・メイクアップアーチスト、ネイリスト

3. 住宅、建築関連の分野で活かす
- 建築士、設計士
- インテリアコーディネーター
- テーブルコーディネーター
- 塗装、内装設備関連

4. フラワー関連の分野で活かす
- 生け花、フラワーアレンジメント
- 押し花、アートフラワー
- お花屋さん

5. 店舗で活かす
- ラッピングコーディネーター
- ディスプレイ

6. コンピュータ関連で活かす
- ホームページ作成
- 印刷

　以上のように、数え上げるときりがないほどの分野での活躍が期待できます。しかし、これだけの広い分野から自分に合ったものを見つけ、それに合った色の勉強をする必要があります。色の仕事につくには色だけでなく、他の専門知識も必要です。

　色を勉強する際にも、どの分野で活かしたいかがはっきりしているほうが、配色技法などその分野のものに置き換えて考えられますので、より一層具体的になり、勉強しやすくなります。どんな色の仕事につきたいか、どのような分野で活かしたいか、考えてみるとよいと思います。

『色の試験』 色に関する検定試験には、主に３つあります。

1 「社団法人　服飾教育者連合会主催 文部科学省後援　ファッションコーディネート色彩能力検定」

　A・F・T主催色彩検定の名前で知られる検定です。よくカラーコーディネーターの検定といわれていますが、正確にはファッションコーディネート色彩検定です。文部省（当時）認定以前はファッションに関する問題も多かったのですが、現在では色彩の知識が広く出題されます。

　PCCSを中心としたカラー問題が多く出題され、各分野の専門的な知識を問うのではなく、**色に関心のある人を広く**対象としている傾向があります。**年間約10万人**が受験し、この３つの中では最も受験者数の多い検定試験です。１～３級があり、１級は２次に実技試験があります。合格率は３級70％、２級50％、１級10％でしたが、ここ１～２年で１級の合格率は約20％にまで上がる一方、３級は65％と難しくなる傾向にあります。

2 「東京商工会議所主催 東京都後援カラーコーディネーター検定試験」

　A・F・T色彩検定が文部科学省（当時・文部省）認定となった年に、こちらの検定も開始されました。

　A・F・T色彩検定より、**より専門的、学術的な問題が多く**、用語も難しくなっています。建築、照明などの専門的知識をもった人がさらなるステップアップとして受けています。最近ではテキスト改訂にともないカラー問題が増える傾向にあります。

　現在１級まであり、１級では専門分野別に内容が分かれています。今後さらに上級ができる予定です。

3 「全国美術デザイン専門学校教育振興会主催 色彩士検定（カラーマスター）」

　色彩を習った人あるいは教育者、仕事や研究の年数に応じ、１～３級を受験する仕組みで、一般の人も受験できますが、上の２つほど一般には浸透していません。

A・F・T色彩検定 受験案内

■ **受験資格**
学歴、年齢、性別、国籍、実務経験等の制限は、一切ありません。

■ **実施試験日**
2、3級は年2回。例年、夏期6月と冬期11月。1級は年1回。

■ **受験料**
1級 15,000円　　2級 10,000円　　3級 7,000円

■ **併願受験**
1級と2級、2級と3級は、同じ日に併願受験が可能です。1級と3級の併願受験はできません。

■ **試験会場**
全国の受験会場の中から、希望の会場を申請して受験します。

■ **試験時間**
　1級　　1次：100分（マークシート方式・一部記述式）
　　　　　2次：90分（記述式・一部実技）
　2級　　80分（マークシート方式・一部記述式）
　3級　　70分（マークシート方式）
　＊1級2次試験は、1次合格者を対象に後日実施されます。

■ **申し込み方法**
A・F・Tに直接申し込む方法（ホームページにてインターネットでの申し込みも可能）と、特約書店で申し込む方法があります。

■ **受験に関するお問い合わせ先**

　ホームページ　　http://www.aft.or.jp

　フリーダイヤル　0120-125-662

PART 1

色彩と文化

ポイントと流れ
色彩を学ぶにあたっての基本的な歴史や背景を知るための章です。歴史をたんに覚えるということではなく、このあとに出てくる慣用色名や色覚説、三原色による混色など、それらが生まれた背景を知るうえでの基礎知識として読むようにするとよいでしょう。ヨーロッパと日本の色彩に関する考え方の違いを歴史的背景から見ていくのにも興味深い章といえます。
色名、混色、色覚説の項目を勉強する際に、合わせて再度見るようにするとよいでしょう。

出題傾向
改訂前には歴史だけが出題されたことはありませんが、これからは1題程度出題されるでしょう。改訂前のテキストでは、色彩の歴史は色名の章にあり、慣用色名の和色名や外来色名の由来などに関連させて出題されていました。したがって、上記のように他の章にも繰り返し出てくる内容や、それに関連する著名な人物などが、文章の穴埋め問題などで出題されると思われます。

1 ヨーロッパの色彩文化

■ 古代ギリシャから中世へ

ヨーロッパの色彩の歴史は古代ギリシャのプラトンやアリストテレスにまでさかのぼります。その思想は中世にまで受け継がれ、"光（＝色）は神の創造物である"という考えから、神を冒涜することにあたる混色は避けられていました。その結果、目的の色を得るためにさまざまな染料・顔料を発見するにいたりました。

BC800～300年頃
　　古代ギリシャ　プラトン、アリストテレスらによる色彩論始まる。
　　テオフラストス：「アリストテレスの色彩学」著す
BC200～AD200年
　　色彩豊かな壁画の時代
　　　イタリア　ポンペイの壁画
　　　イタリア　ローマ　カタコンベのフレスコ壁画
AD500年頃
　　モザイク美術の隆盛期
　　　コンスタチノポリス聖ソフィア寺院のモザイク
　　　ラベンナ聖ビターレ寺院のモザイク
　　光、色彩は神の創造物であるという色彩文化
　　混色を嫌う→多種多様な着色原料の発見

■ ルネッサンスと新しい色の世界

ルネッサンス以降は錬金術が隆盛し、その実験によって硫黄や水銀の顔料が偶然発見されました。また、大航海時代に他の大陸から新しい染料・顔料が流入されたり、油絵の具や新しい絵画技法が発明されたりしました。こうしたことによって、色の世界は大きく広がり、混色も行われるようになりました。

14世紀
　　初期ルネッサンス始まる
　　　錬金術が盛んになる
　　　→新しい染料・顔料（人工朱・バーミリオンなど）の発見
1400〜1490年
　　ルネッサンス最盛期へ
　　レオナルド・ダ・ヴィンチ：新しい色彩論を展開
　　油絵の具、空気遠近法、明暗法（キアロスクーロ）などの技法が登場→混色に積極的になる
　　大航海時代始まる→世界各地の染料・顔料がヨーロッパにもたらされる
1550年　コチニール染料・カーマインがヨーロッパへ

（欄外手書き：1500年ごろより）

■ 17世紀「光の世紀」

　光と影が絵画や舞台で表現されるようになり、「光の画家」と呼ばれる画家たちが活躍し、ニュートンのスペクトルの発見など光の研究が盛んになります。

1666年　ニュートン：プリズムでスペクトルを発見
1667年　ゴブラン織り始まる（フランス）
1675年　レーマー：光の速度を計測
1678年　ホイヘンス：「光の波動説」発表
　　　　バロック美術の隆盛：レンブラント、ルーベンス、フェルメールなど
　　　　舞台美術の発達：シェークスピア、モリエールなど
　　　　→光と影の表現

■ 18世紀「三原色の発見」

　光の混色実験が行われ、補色や三原色の発見があり、今に続く三原色の印刷の基礎もできあがります。

1704年　ニュートン：「光学」刊行
　　　　ブイーズベック：合成無機顔料・プルッシャンブルー発見

ヨーロッパの色彩文化（2級） | 13

1723年頃	ル・ブロン：「三原色による色混合理論」の特許を取得。三原色（赤、黄、青）を使ったメゾチント印刷による「COLORITTO（コロリット）」刊行
1775年	テナルド、ブロンスト：コバルトブルー発見
1780年	リンマン：コバルトグリーン発見
	色光の混色、補色、色料の三原色の始まり

■ 19世紀「三原色説と視覚・化学の世紀」

　光や三原色の研究が盛んになり、御三家とも呼ばれる「ヘルムホルツ、マックスウェル、グラスマン」の色覚理論が発表されました。一方、人工合成の鮮やかな染料・顔料が登場し、絵の具のチューブが作られて、絵の具を持ち歩くことが可能となり、印象派の画家達に大いに影響を与えることとなりました。

1802年	ヤング：「光の三原色論」発表
1809年	ヴォークラン：クロームイエローの析出(せきしゅつ)に成功
1810年	ゲーテ：「色彩論」発表
1816年	ギエヌ：人造ウルトラマリンを発明
	ショーペンハウアー：「視覚と色彩」発表
1824年	金属の絵の具チューブの発明
1825年	プルキンエ現象の発見
1839年	ゴブラン織り工場の化学者シュヴルール：「色彩の同時対比の法則とそれに基づく配色」刊行
1852年	ヘルムホルツ：「色の合成理論」発表
1853年	マックスウェル：「混合色彩計」発表
	グラスマン：「色の混合理論」発表
1856年	ヘルムホルツ：「生理光学」発表
	パーキン：合成染料・モーブ発見
	ギネ：「ビリジャン」発表
1860年	マックスウェル：「色の合成理論とスペクトル色の関係」発表
1865年	マックスウェル：「光の電磁波論」発表。回転混色盤を考案

1870年	ヘリング：「反対色説」（心理四原色説）発表
1878年	バイヤー：インディゴの合成法を完成
1879年	ルード：「現代色彩学」（モダンクロマティクス）発行

    新染料・顔料（合成無機顔料）の発見
    →クローム、カドミウムなどから鮮やかな黄、緑などが抽出される
    絵の具のチューブの発明→印象派の画家に影響

■ 20世紀「カラーオーダーシステムの世紀」

　これまでの色彩を体系的にまとめる**色彩体系が発表**され、色が体系的、学問的、商業的に扱えるようになり、現代にいたっています。

1905年	マンセル：「色彩体系」発表
1917年	オストワルト：「色立体」考案
1919年	イッテン：色彩教育を開始
1922年	オストワルト：「色彩体系」発表
1931年	CIE：「XYZ表色系」発表
1943年	アメリカ光学会：「修正マンセル体系」発表
1944年	ムーン＆スペンサー：「色彩調和論」発表

2 日本の色彩文化

■ 日本独自の美意識

　日本語の最も古い基本色彩語は「白、黒、赤、青」の4つだけといわれ、7～8世紀頃にその記述が見られます。これらの4つの色は、重ねた表現（白々、黒々、赤々、青々）や、「い」をつけた使い方（白い、青いなど）ができ、他文化の色を表す言葉とは違っていることがわかります。
　色を表現するこの4つの言葉は、もともと光の表現であったと考えられています。

　　明－アカシ（明し）→アカ（赤）
　　　　日が昇り、周囲が明るく、物が明らかになってくる様子
　　暗－クラシ（暗し）→クロ（黒）
　　　　日が沈み、周囲が暗くなってくる様子
　　濃－シロシ（顕し）→シロ（白）
　　　　日が強くなり、物が顕にはっきりとしてくる様子
　　淡－アワシ（漠し）→アヲ（青）
　　　　漠然としない、はっきりとしない様子

■ 日本の色──侘び寂びと混色、草木染

　反物を染色するためには何度も染色を繰り返して色を出すのですが、日本の**色の特徴**として、その混色の結果生み出された灰みのある渋さを感じさせる色や、江戸時代の庶民の色に代表される茶色や灰色に見られる**「しぶさ、さび」のグレイッシュトーン**の色があります。
　もう1つは、上層階級の着物や、能衣装の絹織物に見られる絢爛豪華で鮮やかな**ストロングトーン**の「**華麗**」な色合いがあります。この2つの対極する日本の色には、歴史的背景があります。
　また日本の伝統的な色名には、**染色の名前、植物の名前が多い**こと、江戸時代の色名には、庶民の文化であった歌舞伎の役者名が付けられたものが多いことも特徴です。

■ 7世紀―中国からの模倣と位色（位階色）

　日本では、色と服装を結び付けた考えが古くからあります。歴史をさかのぼると中国の陰陽五行説に基づく「五色」があります。

　日本の五色は、紫が加わって、青が緑に変わり、儒教の五常（仁、義、礼、智、信）に徳が加わった道徳と結び付き、推古天皇の時代の603年に、服制色が用いられて位色（位階色）となりました。

　各階級は大小に分けられて12階級となり、その大小は色の濃淡で表現されました。天皇が交代すると律令制も変わり、壊色によって色も変わりましたが、高価な染料の紫や赤は常に位の高い色でした。

位色（位階色）－ 位による服の色分け
当色（とうじき）－ 位に当てはめられた色
禁色（きんじき）－ 当色以外の色。着てはいけない色
許色（ゆるしいろ）－ 着ることを許された色
壊色（えじき）－ 天皇が変わり、位階色が変わること

知って得する

■ 中国の陰陽五行説とは？

　日本の五色が元にした五行説とは、この世のあらゆる森羅万象が5つの「木、火、土、金、水」から成り立っているとするもので、方位や五臓などの他、色にも当てはめられています。

```
青―木、東、春　（青竜）　　　　　　玄武
赤―火、南、夏　（朱雀）　　　　　　｜
黄―土、中央　　　　　　　　白虎―＋―青竜
白―金、西、秋　（白虎）　　　　　　｜
黒―水、北、冬　（玄武）　　　　　　朱雀
```

■ 平安時代の色―王朝文化と襲の色目

　平安貴族が暮らす寝殿造りの建物は、寒暖の差の激しい京都の冬には適しませんでした。そこで冬を暖かく過ごす知恵として、着物を重ねる**襲装束**が生まれました。襲装束は20枚にも及びましたが、のちに**十二単**となり、鎌倉時代には簡素化されますが、重ねの際に着物の上と下、あるいは表と裏に、**襲の色目という配色**が使われました。

　布の縦糸と横糸の色を変え、見る角度によって玉虫色のように変化する織りをしたものも襲の色目と呼ばれたようです。

　襲の色目は着る季節が決められているほか、年齢や行事の決まり事もありました。

襲の色目

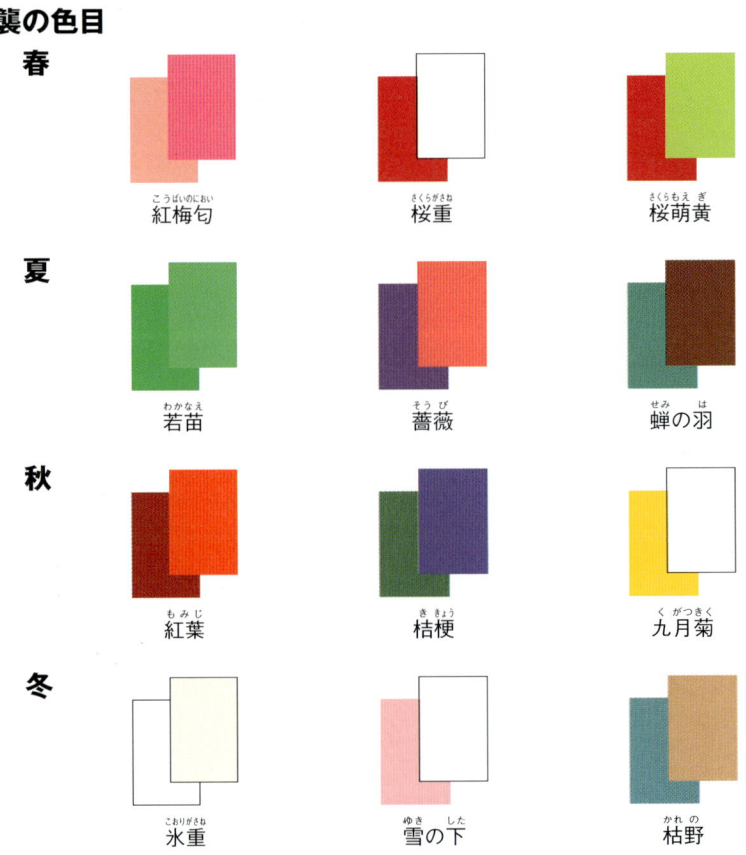

※襲の色目は諸説あり、色や重ねはこの限りではありません。

■ 江戸時代の色──町民文化
四十八茶百鼠
　江戸時代の色の大きな特徴は、庶民の文化に根付いた色が多く生まれたことです。江戸時代には「奢侈禁止令」（贅沢を禁止する法）が何度も出されたため、庶民の衣服は茶や灰色などの地味な色が中心となりました。そこで、許された色の中で微妙な色の変化を楽しもうとする気運が生まれ、赤や青などの有彩色の色みがある、茶や鼠の名の付く茶色やグレイのバリエーションが数多く生まれ「四十八茶百鼠」とまでいわれました。

歌舞伎役者の名前が付いた流行色
　江戸の庶民文化の1つである歌舞伎は庶民の娯楽の代表で、人気役者の着物の着かたや髪型は、役者絵とともにあっという間に広まったといわれています。当然流行色も歌舞伎から数多く生まれ、歌舞伎役者の名前の付いたたくさんの茶が現代に伝わっています。路考茶、璃寛茶、岩井茶、団十郎茶などがそれです。

■ 明治以降
　開国とともにヨーロッパから人工合成染料が入ってくるようになり、色鮮やかでハイカラな流行色が生まれました。その代表が新橋色です。合成染料による鮮やかなセルリアンブルーの色が、新橋界隈の花柳界の芸者衆に好まれ、新橋色といわれ流行しました。

知って得する

■ 身分の低い人の許色
　使用人など位の低い人に許された色は、一般に薄い色でした。
　当時は植物染料を使っていたので、濃い色を出すためには染色を繰り返さねばならず、時間のかかる作業でした。また、紫は貴重な紫草の根（漢方にも使われる）の高価な染料だったために、赤は江戸時代にも「片紅一両、金一両」といわれるくらい高価で貴重な紅花から染められていたために、それぞれ位の高い人しか用いることができませんでした。そこで身分の低い人には、薄い藍染めの縹や、ごく薄い紅花の一斤染めの残りから染めた色、簡単に手に入る堅牢なドングリで染める橡や皀などが許色とされました。

PART 1　色彩と文化

日本の色彩文化(2級)

PART 1 基礎問題（2級）

ヨーロッパと日本の色彩文化の流れはわかりましたか？
このパートの内容が理解できたか、基本問題で確認してみましょう。
それぞれの空欄に当てはまる語句を①～④からひとつ選びなさい。

ヨーロッパの色彩の歴史

- ヨーロッパでは古代ギリシャから初期ルネッサンス期まで混色に（A）で、その結果、多種多様な着色原料の発見や開発があった。
- ルネッサンスの最も栄えた時代には錬金術が盛んに行われ、新しい染料・顔料が偶然発見されたが、（B）もこの時代から使用され始め、（C）による写実表現が可能になった。
- 大航海時代には世界各地の染料・顔料がヨーロッパにもたらされるようになり、（D）はメキシコの（E）を原料とするもので（F）染料として有名。
- 光の世紀といわれた17世紀後、1704年に（G）の「光学」が発表され、光の混色実験が行われるようになり、（H）の認識が生まれ、また三原色による（I）も成功している。
- 視覚の世紀19世紀には、三原色御三家、グラスマン、（J）、（K）の色覚理論が登場する。さらにヘリングの反対色説や（L）現象、ベゾルド・ブリュッケ現象など、視覚に関する研究や発見が相次いだ。1839年にはドラクロワや印象派の画家たちに大きな影響を与えた同時対比の法則などを著した（M）の著書が刊行された。
- 19世紀の化学は、分析の化学から合成の化学へと移行し、1856年コールタール系アリニンから史上初の合成染料をイギリスの化学者（N）が発見した。80年代にはバイヤーがインディゴの合成法を発見し、最古の植物染料（O）も合成染料に変わっていった。

A	①積極的	②消極的	③協力的	④賛成
B	①水彩絵の具	②アクリル絵の具	③岩絵の具	④油絵の具
C	①写生	②印刷	③混色	④単色
D	①バーミリオン	②テラコッタ	③ジョンブリアン	④カーマイン
E	①コチニール	②ラピスラズリ	③マラカイト	④タンニン
F	①植物性	②油溶性	③動物性	④水溶性
G	①アリストテレス	②ニュートン	③ゲーテ	④プラトン
H	①補色	②混色	③心理四原色	④色覚説

I	①写真	②印刷	③舞台照明	④染色技術
J	①ゲーテ	②ル・ブロン	③ヘルムホルツ	④シュヴルール
K	①マックスウェル	②ニュートン	③プルキンエ	④ジャッド
L	①オストワルト	②プルキンエ	③ヘルムホルツ	④ピタゴラス
M	①マンセル	②ル・ブロン	③ヘルムホルツ	④シュヴルール
N	①バイエルン	②モーブ	③バーミリオン	④パーキン
O	①朱	②茜	③藍	④緑青

日本の色彩の歴史

● 日本の文字による色彩の記録は7～8世紀頃からで、この時代の色を表す言葉は（A）の4つだけであった。また推古天皇の時代の諸制度の1つに（B）というそれぞれの地位、身分に色彩が当てはめられた服飾制度があった。自分の位より高位の色は着ることが許されずに（C）といわれ、天皇が変わるとその色も変わったが、位の高い色には高価な染料であった（D）や（E）で、身分の低いものに許されたのは、薄い色や残り物で染めた色であった。

また、日本の伝統色や配色には四季の彩りや時の移りゆく様を美しく表現した独自のものがあるが、平安時代に生まれた（F）は着物の組み合わせで四季を表現し、（G）ともいわれるが、鎌倉時代には簡素化される。

A	①赤・青・黄・緑	②白・黒・赤・緑	③赤・黄・青・紫	④白・黒・赤・青
B	①五行	②儒教	③位色	④奢侈令
C	①壊色	②禁色	③当色	④許色
D	①黒	②藍色	③紫	④桃色
E	①赤	②青	③緑	④紫
F	①位階色	②五行思想	③襲の色目	④四十八茶百鼠
G	①十二単	②繧繝	③陰陽	④花見小袖

■基礎問題（2級）解答と解説

ヨーロッパの色彩の歴史

A②　B④　C③　D④　E①（コチニール介殻虫）　F③　G②　H①　I②（メゾチント印刷）　J③　K④　L②　M④　N④　O③

解説
色名に関する問題はP75「JIS慣用色名」も参考にしてください。

日本の色彩の歴史

A④　B③　C②　D③　E①　F③　G①

PART 1 応用問題（2級）

1 次のヨーロッパの色彩文化に関する文章の空欄に当てはまる、最も適切な語句を①〜④からひとつ選びなさい。

ヨーロッパの近代文明はルネッサンス時代に開花し、解剖学、透視図法、明暗画法などの新知識を基礎としたヨーロッパ独自の美術が始まる。その代表的人物が（A）である。

また、この時代から（B）が使われ始め、それまで敬遠されていた混色による（C）表現がされるようになる。当時の絵画論には混色技法のほか、色彩の対比現象、色彩調和に関するものも見られる。

17世紀にはいると、ケプラーやスネル、「光の波動説」で有名な（D）などが盛んに光の研究を始める。そして、17世紀後半のニュートンの（E）の発見につながるのである。このような光への関心は、当時の画家達にも影響を与え、ルーベンスやレンブラントなどに代表される（F）美術を生んだ。

さらに、18世紀には光による（G）実験が行われ、（H）が知られるようになる。また、美術家や工芸家はそれぞれの経験から（I）を認識し、この世紀の終わりには（I）による（J）が成功している。

A	①ダ・ヴィンチ	②ヴェラスケス	③ガリレオ	④フェルメール
B	①水彩絵の具	②パステル	③油絵の具	④絵の具チューブ
C	①現実的	②写実的	③抽象的	④印象的
D	①ホイヘンス	②ニュートン	③コチニール	④シュヴルール
E	①万有引力	②空気遠近法	③キアロスクーロ	④スペクトル
F	①ロココ	②モダニズム	③バロック	④アール・ヌーボー
G	①混色	②分光	③プリズム	④明暗
H	①演色性	②スペクトル	③減法混色	④補色
I	①加法混色	②三原色	③中間混色	④補色残像
J	①印刷	②ゴブラン織り	③対比	④回転混色

2 次の日本の色彩文化に関する文章の空欄に当てはまる、最も適切な語句を①~④からひとつ選びなさい。

日本では、禁色の制度が緩和されてきた（A）時代になると、王朝文化に華やかな色彩文化が花開き、女官達の（B）にはさまざまな美しい日本語の名称が付けられるようになった。それぞれの（B）は着る季節が決められていたが、このように日本人の色彩センスには季節感が強く影響していて、伝統色名には（C）に由来するものが多く、中国で多い鉱物に由来する名前、ヨーロッパで見られる（D）に由来する名前はほとんど見られない。

また、名前と同様にヨーロッパの色彩文化とは対照的な特徴として、さまざまな色を出すために、限られた（E）染料を使った混色が盛んであったことが挙げられる。同じ色の染色でも濃淡で色の名前が違うなどの区別が付けられ、後に「侘び、寂び」といわれるような独特な（F）文化が発達した。

しかし、その一方で、（G）や神社仏閣にあるような極彩色の色彩文化も見られるのが特徴である。

A	①江戸	②安土・桃山	③平安	④元禄
B	①襲の色目	②位階色	③許色	④五色
C	①動物の毛皮	②花や草木	③石などの鉱物	④自然現象
D	①鳥の羽毛	②天体や自然現象	③花や草木	④動物の毛皮
E	①植物	②鉱物	③動物	④金属
F	①原色	②中間色	③天然色	④暗清色
G	①町家	②公家衣装	③大名屋敷	④能衣装

■応用問題（2級）解答と解説

1 A① B③ C② D① E④ F③ G① H④ I② J①

解説
ヨーロッパではルネッサンス以降に混色が行われるようになり、新しい絵画技法が生まれ、色彩調和論が展開されていきます。光の世紀と呼ばれる17世紀には、光の研究が盛んに行われるようになり、ニュートンのスペクトルの発見へとつながります。こうした光への関心は画家達にも広がり、「光の画家」と呼ばれる画家が登場し、バロック美術が生まれます。さらに18世紀には、光の混色実験から補色の存在が、美術家によって色料の三原色が明らかになり、三原色印刷が成功します。

2 A③ B① C② D④ E① F② G④

解説
日本の平安時代の色彩文化は、十二単につながる襲の色目に四季の移ろいを表現するというように季節感を大事にしています。色の名前にも、季節の草花に関する植物の名前が多く見られます。また、限られた植物染料で色を出すには重ね染めが必要で、混色による中間色的な色合いが多く生まれました。飛鳥時代の仏教伝来以降、非日常的な能衣装や神社仏閣で極彩色が見られるようになりますが、公家や大名もこれらの極彩色を日常的に着ていたわけではありません。

色の表示Ⅰ ～三属性と表色系

PART 2

ポイントと流れ

色を使ったり伝達するときに基本となる分類や表示の方法「表色系」を覚えます。
- 色の分類→三属性（色相、明度、彩度）、色相環、色立体
- 表色系→マンセル表色系、PCCS（3級）
　　　　　オストワルト表色系、NCS、XYZ表色系（2級）

これらの表色系の相違点や表示のしかたなどを、比較して覚えるようにしましょう。この後の章でPCCSは配色調和に、マンセルは慣用色名の色表示などに使われますので、数字や記号を見て色がわかるようにしておきましょう。

出題傾向

3級では、マンセル表色系、PCCSとも1題ずつ文章題の穴埋め形式でよく出題されますが、さらに、色票を見てトーンや色相記号などを問う問題が出ることもあります。
2級では、オストワルト表色系、NCS、XYZ表色系のいずれか、あるいは2つが出題される傾向にあり、表示の方法や等色相面の成り立ちなどが細かく出題されています。

1 三属性と色立体

■ 無彩色、有彩色

私達のまわりには莫大な数の色がありますが、大別すると**色みのない色ー無彩色と色みのある色ー有彩色**の2つに分けられます。

無彩色……白、灰色、黒
有彩色……赤、青など無彩色をのぞいたすべての色

■ 色の三属性

さらに色を3つの性格から分類していきます。
これを**色の三属性**といいます。

色相…赤・緑などの色みのことで、有彩色にしかありません。
「色相名」で表現でき、各表色系により数値でも表現されます。

明度…明るさの度合い。無彩色・有彩色ともにあります。
おおまかに「高明度」「中明度」「低明度」で表すこともできますが、一般的に無彩色の黒から白への明るさの段階を基準に「明度スケール」とし、有彩色を比較し明度を決め、数値で表します。

彩度…色みの強さの度合い。有彩色にしかありません。
有彩色を「高彩度」「中彩度」「低彩度」で表します。
最も高彩度である「純色」から同じ明度の無彩色につながるように彩度を下げて並べ、無彩色を0として彩度段階を数値で表します。

知って得する

■ 彩度の概念

　色の三属性のうち、最もわかりにくいのが彩度の概念です。
　色みが強いとはどういうことなのでしょうか？
　色は各色相の中で最も色みの強い純色を元にして、白か灰か黒を足して明度や彩度を変化させます。
　そこで純色を、色みという果汁100％のジュースと考えてみましょう。
　最も彩度の強い、色の鮮やかな純色100％ジュースをコップに1杯用意します。そのジュースを少し飲んで同じ量の無彩色という水を加えて果汁を薄めていきます。
　その要領でどんどん無彩色の量を増やしていくと色みは徐々に薄く、弱くなり、やがて色みのない無彩色になります。
　つまり、純色が最も彩度が強い高彩度から、薄めていくと彩度は弱くなり、中彩度、低彩度になります。色みがない白、灰、黒は、彩度がない無彩色ということになります。
　ちなみに、白が増えれば明度は高く、黒が増えれば明度は低くなります。

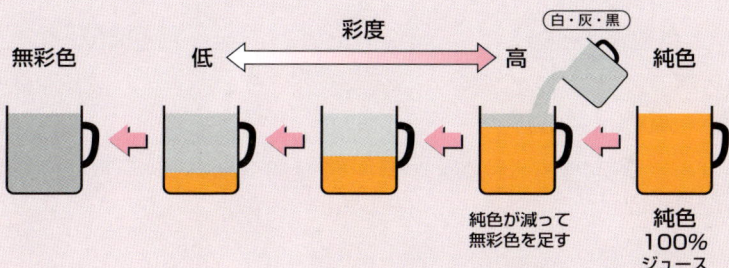

■ 純色に白を加えていくと…

■ 純色とは

　白や黒を感じさせない強い色みを持つ色のことで、顔料や染料で出せる最も鮮やかな色をさします。

2 三属性の構成

■ 色相環

虹やスペクトル（PART 4「光と色Ⅰ」参照）の「赤～青紫」の色はなだらかに移行するように並んでいます。両端の赤と青紫の間に、スペクトルにはない赤と青紫を混色してできる「赤紫」と「紫」を入れると、ぐるりと輪のように色が循環しつながります。これを色相環といいます。

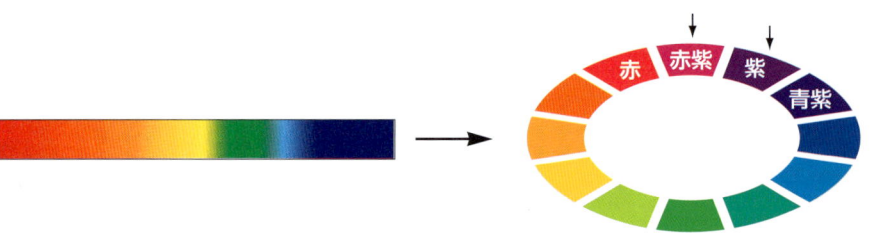

スペクトル（虹）　　　　　　色相環の図

■ 純色・清色・中間色

純色の鮮やかな色に白・灰・黒の無彩色を加えると明るさが変化します（明度）。

また、同時に色みの強さは無彩色に近づくほど弱くなります（彩度）。

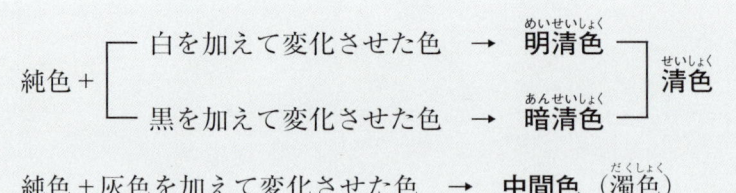

図①

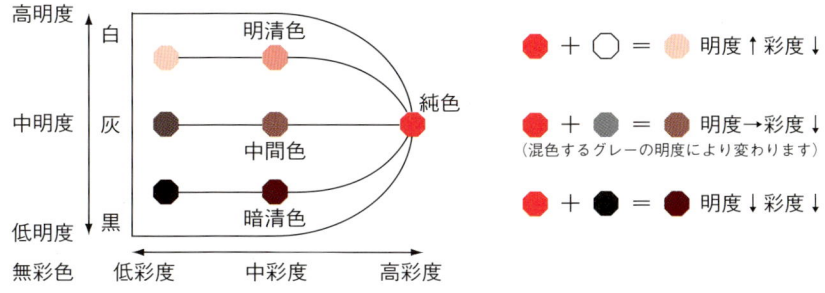

■ 色立体

　色相環の色相それぞれに図①のような関係ができあがります。これを1枚の羽として、無彩色を中心軸に色相環状にさしていくと、色の三属性を三次元で表した「色立体」ができあがります。

　最も明度の高い白を上、黒を下にした無彩色を中心軸に縦方向に明度を表現し、無彩色の中心軸から最も外側に純色を置き、横方向に彩度を表現します。

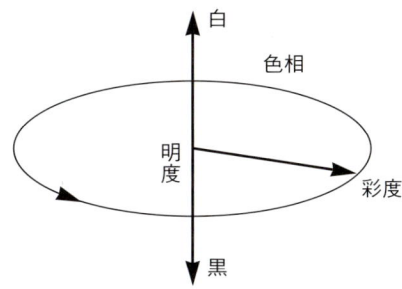

■ **色立体を切る**

　三次元で表現される色立体には、切断する面や方向により共通性が見られます。

①縦に切る─2つの等色相面

　無彩色軸を中心に縦に垂直に切断すると、図②のような等色相面が無彩色軸をはさみ、色相環上180度反対の補色（図③）とともに現れます。

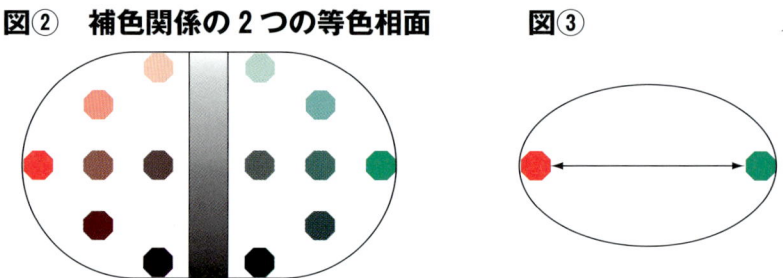

図②　補色関係の2つの等色相面　　　図③

②横に切る─等明度面

　無彩色軸と水平に横に切断すると、切断面の無彩色軸と**同じ明度**で彩度の違った**有彩色**が現れます。無彩色軸の上に行くほど明度は高く、下に行くほど低くなります。

③中心から等距離の円周で切る─等彩度面

　無彩色軸を円心とし、コンパスで引いたように等距離の円で作る円柱上には明度の違った**同じ彩度の有彩色**が現れます。円心に近づくほど彩度は低く、離れるほど高くなります。

3 表色系

　色の三属性の概念を用いて色を体系化したものを表色系といい、主に「カラーオーダーシステム（顕色系）」と「混色系」の2つに分けられます。
　カラーオーダーシステム（顕色系）とはマンセル表色系を代表とする、物体色を数値化し、**見た目に等間隔**（知覚的等歩度）になるように色を体系化した表色系のことです。**混色系**とは光の混色量で色を表すXYZ表色系を代表とする、**色を混色量で表す**表色系のことをいいます。

1　マンセル表色系（3級）

　マンセル表色系は1905年にアメリカの美術教育者マンセルによって発表された色彩体系です。現在は1943年のアメリカ光学会（OSA）の視感評価実験により、知覚的等歩度になるように作成された「修正マンセル表色系」が使われ、顕色系の代表的な色彩体系となっています。これを**カラーオーダーシステム**といいます。国際的にも最もよく知られ、日本のJIS（日本工業規格）でも採用されています。

※知覚的等歩度と顕色系

　知覚的等歩度とは正常な視覚を持つ人が等間隔に並んでいると感じることで、そのために行われる実験を視感評価実験といいます。
　顕色系は、色の三属性を視感評価実験をもとに知覚的等歩度になるように体系化した色彩体系（カラーシステム）です。

色相（Hue）と色相環の成り立ち

円周を**赤（R）、黄（Y）、緑（G）、青（B）、紫（P）**の主要5色相で分割
→5主要色の物理補色として中間色相を入れ10色相
黄赤（YR）、黄緑（GY）、青緑（BG）、青紫（PB）、赤紫（RP）
→各10色相をさらに10分割し**100色相**とする
向かい合う色は物理補色となっています。

色相を表すには、色相の頭文字の記号の前に、各色相を10分割した1～10の数字を付け、「5R」のように示します。

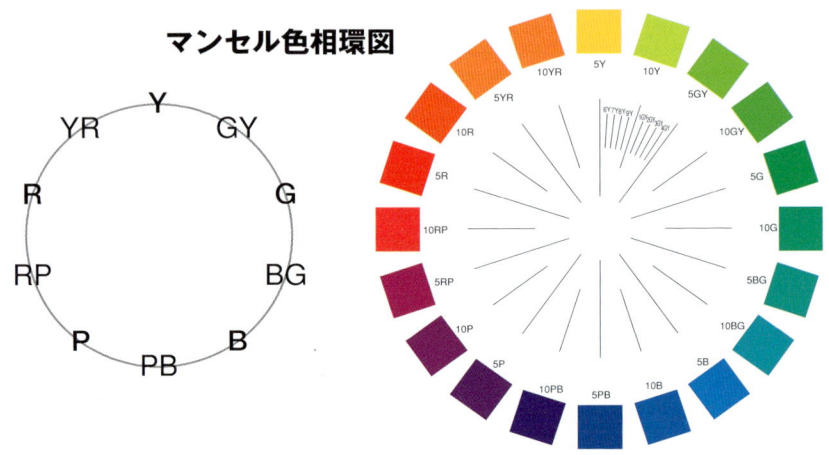

マンセル色相環図

各色相の代表色は「5」

マンセル表色系は通常、上の図のように5と10の20色相、またはその中間を入れた2.5、5、7.5、10の40色相が使われます。各色の代表色は5で、例えば同じ「R」でも、1.RはRP（赤紫）に近い赤で、10RはYR（黄赤）に近い赤になります。

また、青の代表色「5B」はマンセル表色系ではかなり「緑みの青」が採用されており、「3PB」あたりが青らしい青となっています。

明度（Value）バリュー

光を100％反射する理想的な白を10、光を100％吸収する理想的な黒を0として、その間を等間隔に10分割し11段階とし、間の0.5きざみの表示をすることもできます。しかし、実際には10や0は色票で表すことはできないため、白9.5、黒1.0が使われます。有彩色の明度は無彩色の明度を基準とし、同じ感覚の無彩色の数値で表します。

また、有彩色の最高彩度（純色）の明度は、各色相により異なります。

彩度（Chroma）

　無彩色に有彩色を加えて、色みが増すごとに1、2、3と数字を上げることで段階を作り、最高彩度までの距離を示します。マンセルの最高彩度は、実際の顔料などで出し得る安定した色を最高彩度に用いているため、各色相ごとに数値に差があります。そのため、色相によっては最高彩度の色票が1枚ではなく、明度の違う複数の場合もあります（最高彩度は5Rでは14、5BGでは8となり、複数の色票が表示されています）。

マンセル等色相面

5Yと5PBの等色相面

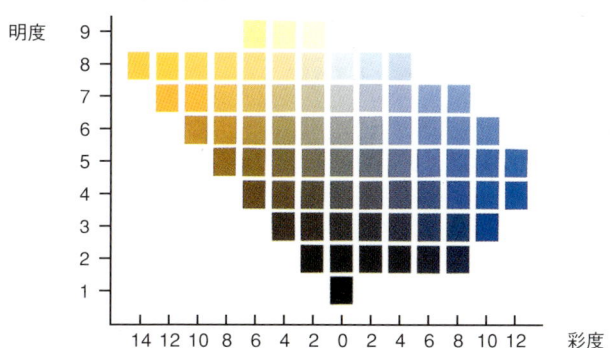

5Rと5BGの等色相面

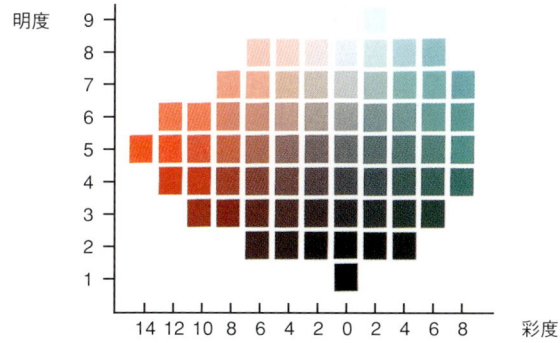

資料提供：日本色研事業（株）

※マンセル等色相の各色相の最高彩度は、PCCSの9sのように固定した数値ではなく、色材で安定して出し得る色を採用しています。そのため、参考資料により最高彩度が違い、等色相面の形が違う場合があります。ご了承ください。

色立体

構造は上に白、下に黒をおいた無彩色軸を中心に、横方向に彩度、周囲に色相が並んでいます。大きな特徴として、各色相の最高彩度の彩度も明度も違うため、各色の無彩色軸から伸びる距離や高さが違い、凸凹とした形をしています。

＊マンセルは、この色立体が枝葉を伸ばした木のように見えることから「カラーツリー」と呼んでいました。

マンセル色立体模型　　マンセル色立体概念図

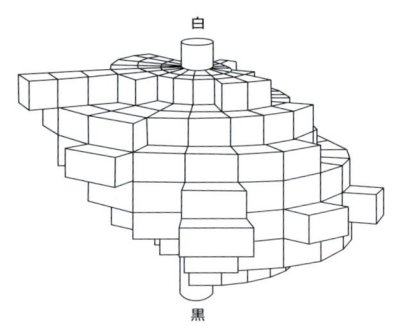

資料提供：日本色研事業（株）

色の表示

色相・明度・彩度の順で表し、頭文字からHV/C（エッチ・ブイ・シー）と呼ばれます。

> **HV/C（エッチ・ブイ・シー）**

赤の代表色5の最高彩度の色の場合、次のように表します。

 5R5/14（ごあーる、ごのじゅうよん）

例えば下記の場合、左では色相の数字のみが1に変わり、紫みがかった赤（RPに近づいている）で同じ明度・彩度であることがわかります。

　右では色相が10で黄赤（YR）よりに、明度は8と高く、彩度は4と低くなっています。

　無彩色は、Neutralの頭文字「N」をつけ、明度段階の数字と組み合わせます。

　準無彩色（無彩色にわずかに色みが感じられるもの）については、JISでは以下のようにスラッシュで区切り、わずかな色みを、色相と彩度でカッコ内に表示する場合があります。

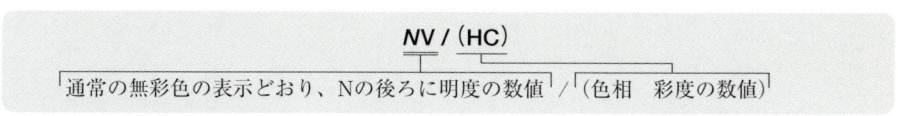

例：中明度5で、緑みGが彩度0.5でわずかに感じられる灰色の場合

2　PCCS（Practical Color Coordinate System）（3級）

　日本で開発された「日本色研配色体系」です。色相、明度、彩度とも**知覚的に等歩度**になるように作られている顕色系の**カラーオーダーシステム**です。

色相（Hue）と色相環の成り立ち

　PCCSの色相環は24色相で成り立っています。
　ヘリングの心理四原色（赤、黄、緑、青）を設定

→その4色の心理補色を色相環の対向位置に配置
→この8色が等間隔に感じるよう4色を加える
→中間色相を加え全24色の色相環

色相環の対向色は、その色の残像色として見える**心理補色**となっています。

PCCS色相環図

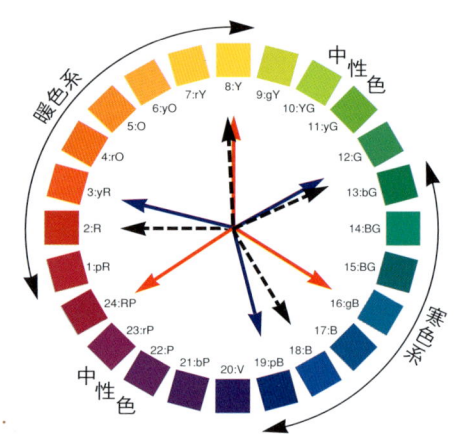

おおよその色相
　1〜8　　暖色系
　9〜12　20〜24　中性色系
　13〜19　寒色系
＊中性色とは、温度感があまり感じられない色のことです。

- ---▶ 心理四原色
- ─▶ 色料の三原色
- ─▶ 色光の三原色

色相の表示

紫みの赤を1番とし、時計回りに**色相番号**が24まで付けられています。

色相の表示方法

基本色相名だけで表す…「赤」「赤紫」「青」「青緑」など

知って得する

■ 覚えよう！　PCCS色相環に含まれる色

PCCSの色相環には、下記の色の近似色が含まれています。色相番号とともに覚えましょう。

　心理四原色　　2:R　8:Y　12:G　18:B
　色料の三原色　8:Y　16:gB　24:RP
　色光の三原色　3:yR　12:G　19:pB

基本色名に色みの偏りの修飾語を付けて表す…「黄みの赤」「紫みの青」など
　　上記を英名で表す…red　red purple　yellowish red　など
　　色相記号で表す…2：R　6：yO　10：YG　など

＊**色相記号**　簡単に表示できて便利な色相記号は、1～24の色相番号と色相略記号（色相名の英名の頭文字を基本色名は大文字で、色みの偏りは小文字で表す）を組み合わせたものです（下のPCCS色相名一覧参照）。

＊「青」や「青緑」は、これ以上の色名による細分化が難しいため、同じ色相名が2つずつありますので、注意が必要です。

PCCS色相名一覧

色相記号	色相名(英名)	色相名(和名)	マンセル色相※	色相記号	色相名(英名)	色相名(和名)	マンセル色相※
1：pR	purplish red	紫みの赤	10RP	13：bG	bluish green	青みの緑	9G
2：R	red	赤	4R	14：BG	blue green	青緑	5BG
3：yR	yellowish red	黄みの赤	7R	15：BG	blue green	青緑	10BG
4：rO	reddish orange	赤みの橙	10R	16：gB	greenish blue	緑みの青	5B
5：O	orange	橙	4YR	17：B	blue	青	10B
6：yO	yellowish orange	黄みの橙	8YR	18：B	blue	青	3PB
7：rY	reddish yellow	赤みの黄	2Y	19：pB	purplish blue	紫みの青	6PB
8：Y	yellow	黄	5Y	20：V	violet	青紫	9PB
9：gY	greenish yellow	緑みの黄	8Y	21：bP	bluish purple	青みの紫	3P
10：YG	yellow green	黄緑	3GY	22：P	purple	紫	7P
11：yG	yellowish green	黄みの緑	8GY	23：rP	reddish purple	赤みの紫	1RP
12：G	green	緑	3G	24：RP	red purple	赤紫	6RP

※PCCSの色相に相応するマンセル色相

明度（Lightness）

　再現できる範囲の最も明るい白9.5から最も暗い黒1.0の間を、等間隔に0.5ずつ16段階の灰色で分けます。また簡略し、1.5～9.5を1.0ずつ分けて9段階で表す場合もあります。

　さらに、下記のように分けることもできます。

　　1.5～3.5　低明度　　4.0～7.0　中明度　　7.5～9.5　高明度

　有彩色は、この無彩色で作ったグレイスケールを明るさの基準として比較し、同じ明るさの数値で表します（明度の数値はマンセルValueと合わせています）。

彩度（Saturation）

　各色相で出しうる最も鮮やかな色—純色を9とし、同明度の無彩色0との間を等間隔で9段階に分け、飽和度を表すSaturationの頭文字sを数字に付け表示します。マンセルChromaと違い、各色相の純色（最高彩度）はすべて9sとなっています。

　　1s〜3s　低彩度　　4s〜6s　中彩度　　7s〜9s　高彩度

色立体の特徴

　PCCSの色立体（図①-1）も、無彩色を中心軸に周囲に色相が並び、最も外側に純色が並んでいます。最高彩度は24色相すべて9sとなっていますので、無彩色軸からは等距離となっていますが、明度にはかなりの差があります。

　これは**色相の自然連鎖**（図②）によるもので、8：Yの黄色が最も明るく、20：Vでは暗くなっています。そのため、色立体の外側にある最高彩度の色相をたどると1：pRから8：Yまで徐々に高くなり、そこから20：Vあたりまでは徐々に下がり、再び上昇する斜めのゆがんだ形（図①-2）になっており、他の色立体とは違う特徴となっています。

図①-1　PCCS色立体模型

図①-2　PCCS色立体概念図

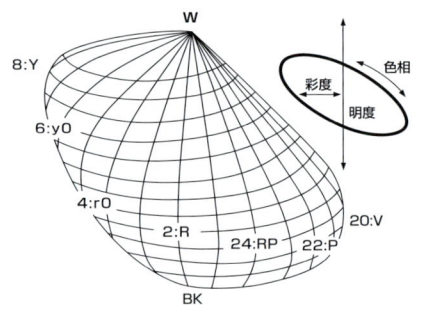

図② 色相の自然連鎖

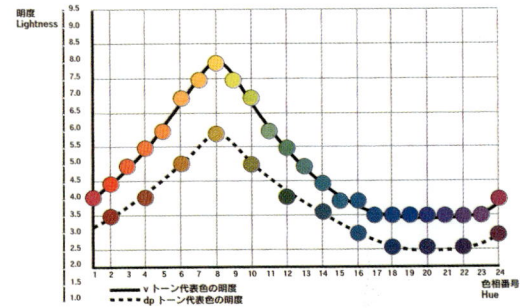

図③ 明度と彩度

8：Yと20：Vの等色相面

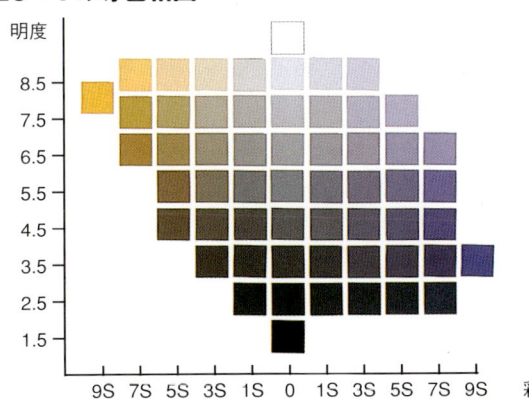

2：Rと14：BGの等色相面

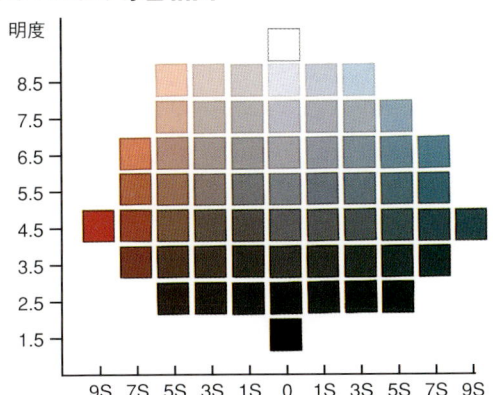

資料提供：日本色研事業（株）

色立体を切ると…

水平に切ると、中心の無彩色軸と同明度の各色相が並んだ「**等明度面**」が現れ、無彩色軸を中心に**垂直に切る**と、無彩色をはさんだ補色関係にある2つの「**等色相面**」（図③）が現れます。

トーン

ヒュートーンシステムと呼ばれるほどのPCCSの大きな特徴が、**トーン**の概念です。トーンとは明度と彩度を合わせた色の考え方で、各24色相の最高彩度（純色）を基準のビビッドトーンとし、そこに白やグレー、黒の無彩色を足して色の調子を変化させ、同じような色の調子を持つ色を各色相から1つずつ集め、グループにしたもので、**有彩色12トーン**と**無彩色5段階**※1があります。

同じトーンの色は各色相で明度が違いますが、彩度は同じになっており※2、色相が違っても同じようなイメージを抱かせます。そのため、イメージ配色を作るのが容易であるなど、配色の際に便利な概念です。

※1　無彩色5段階
W（ホワイト）白→ltGy（ライトグレイ）明るい灰色
→mGy（ミディアムグレイ）灰色→dkGy（ダークグレイ）暗い灰色
→Bk（ブラック）黒

※2　PCCSのカラーカードではpとltには高彩度色のp^+とlt^+が採用されており、通常、トーン図において同じ縦列のトーンは彩度が同じですが、p^+、lt^+では1sずつ彩度が高くなっています（ltg、g、dkgは彩度2sですがp^+は3s。sf、d、dkは彩度5sですがlt^+は6s）。

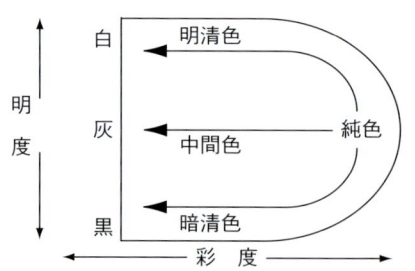

清色と中間色

明清色：純色（V）＋白
(tint color) 　b、lt、p

暗清色：純色（V）＋黒
(shade color) dp、dk、dkg

中間色：純色（V）＋灰
(dull color) 　s、sf、d、ltg、g

トーンの成り立ち

PCCSのトーン分類

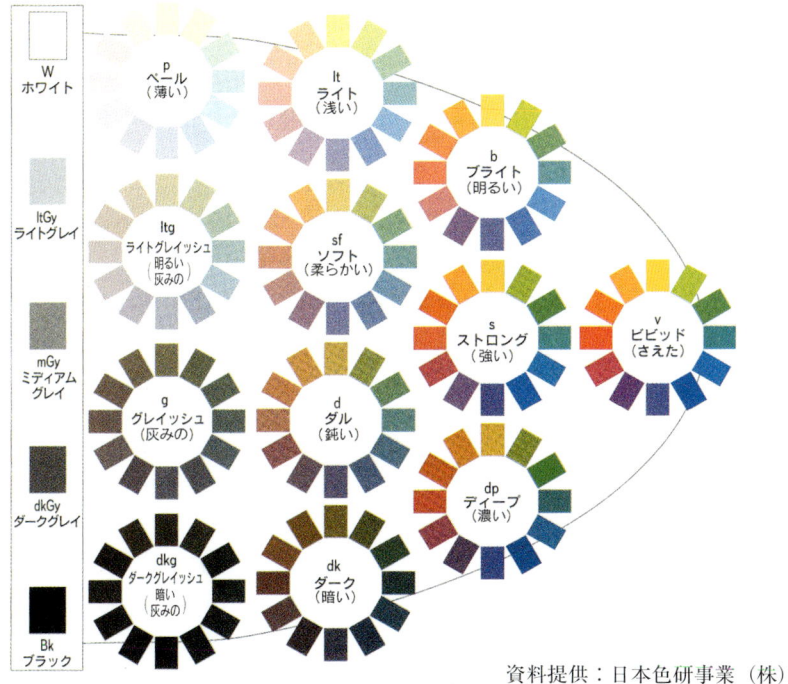

資料提供：日本色研事業（株）

■ 表示のしかた
三属性を使った表示のしかた

　三属性を示す必要がある場合は色相・明度・彩度の順で表示します。

　　24：RP-4.0-9s

　色相番号24番の赤紫、4.0の中明度、最高彩度の色になります。例えば同じ色相24番でもダルトーンなら次のようになります。明度は変わらず、彩度が下がっています。

　　24：RP-4.0-5s

　三属性のない無彩色の場合は無彩色を表すneutralの頭文字nを付け、次のように明度で表示します。

　　n-4.0

トーン記号を使った表示のしかた

　PCCSでは特に三属性を必要としない場合にはトーンの略号と色相番号で表記します。前ページにある「24：RP-4.0-9s」の場合、ビビッドトーンの24番の赤紫で下記のようになります。

　　v24　　（ビビッドの24番）

■ 系統色名

　PART 3で解説する「JISの系統色名」と同じように、PCCSにも**基本色名**と**修飾語**を組み合わせて色を表す、系統色名があります。

基本色名

　基本色名は通常、有彩色では**赤、黄、緑、青、紫**と、その中間の**黄赤、黄緑、青緑、青紫、赤紫**、無彩色では**白、灰色、黒**が用いられますが、PCCSでは外来語である**ピンク、ベージュ、ブラウン、ゴールド、オリーブ**がトーンを限定し使用されています。また、黄赤は橙（orange）となっています。

各トーンの英語表記による系統色名一覧

色相記号	ブライト：bright tone 系統色名	ライト：light tone 系統色名	ペール：pale tone 系統色名	ソフト：soft tone 系統色名	ダル：dull tone 系統色名
2：R	deep pink	pink	pale pink	soft pink	dull red
4：rO	bright reddish orange	yellowish pink	pale yellowish pink	soft yellowish pink	brown
6：yO	bright yellowish orange	light orange	pale beige	soft orange	yellowish brown
8：Y	bright yellow	light yellow	pale yellow	soft yellow	dull yellow
10：YG	bright yellow green	light yellow green	pale yellow green	soft yellow green	dull yellow green
12：G	bright green	light green	pale green	soft green	dull green
14：BG	bright blue green	light blue green	pale blue green	soft blue green	dull blue green
16：gB	bright greenish blue	light greenish blue	pale greenish blue	soft greenish blue	dull greenish blue
18：B	bright blue	light blue	pale blue	soft blue	dull blue
20：V	bright violet	light violet	pale violet	soft violet	dull violet
22：P	bright purple	light purple	pale purple	soft purple	dull purple
24：RP	deep purplish pink	purplish pink	pale purplish pink	soft purplish pink	dull red purple

色相記号	ライトグレイッシュ：light grayish tone 系統色名	グレイッシュ：grayish tone 系統色名	ディープ：deep tone 系統色名	ダーク：dark tone 系統色名	ダークグレイッシュ：dark grayish tone 系統色名
2：R	grayish pink	grayish red	deep red	dark red	dark grayish red
4：rO	grayish pink	grayish brown	deep reddish orange	dark brown	dark grayish brown
6：yO	beige	grayish brown	brownish gold	dark yellowish brown	dark grayish brown
8：Y	grayish yellow	grayish olive	deep yellow	olive	dark grayish olive
10：YG	grayish yellow green	grayish green	deep yellow green	dark yellow green	dark grayish green
12：G	light grayish green	grayish green	deep green	dark green	dark grayish green
14：BG	light grayish green	grayish green	deep blue green	dark blue green	dark grayish green
16：gB	light grayish blue	grayish blue	deep greenish blue	dark greenish blue	dark grayish blue
18：B	light grayish blue	grayish blue	deep blue	dark blue	dark grayish blue
20：V	light grayish violet	grayish violet	deep violet	dark violet	dark grayish violet
22：P	light grayish purple	grayish purple	deep purple	dark purple	dark grayish purple
24：RP	grayish pink	grayish purple	deep red purple	dark red purple	dark grayish purple

※vividはP37の「PCCS色相名一覧」の各色相名の前にvividが付きます。
　　例：vivid purplish red（1：pR）

修飾語

修飾語には色みの偏りを表す「色みに関する修飾語」と「トーンに関する修飾語」があります。

●色みに関する修飾語

基本色名の一文字で表される「赤、黄、緑、青、紫」のほか、「ピンク、茶色」に「～みの」を付けて修飾語とします（赤みの、ピンクみの、など）。また「ベージュ、オリーブ」は「～みの」を付けずに無彩色に対し使うことができます。また、英名表記の場合は「～みの」と同様に「～ish」を付けます（reddish、pinkishなど）。

●トーンに関する修飾語

下表の「トーンと連想するイメージ」の各トーンの、太字で示したものが修飾語となります（さえた～、柔らかな～、など）。

無彩色の白、黒には「灰みの（grayish）」、灰色には「明るい（light）」「暗い（dark）」を使用しますが、英名表記で使われる「medium」は、和名表記では「灰色」のみとなり修飾語は付きません。

トーンと連想するイメージ

表示の方法

「トーンに関する修飾語」＋「色みに関する修飾語」＋「基本色名」
例：dp19の色を系統色名で表すと…
　　　濃い紫みの青（ディープ　パープリッシュ　ブルー）

3　オストワルト表色系（2級）

　ドイツの化学者オストワルトが1920年に発表した色票における混色系の代表的なシステムで、現在ではほとんど使われていません。オストワルト理論に基づき改良、修正された「カラーハーモニーマニュアル」やDIN（ディン）（ドイツ工業規格）の表色系に使用されています。オストワルト表色系は、すべての物体色を回転円板の白、黒、純色の混色比（回転混色）で表します。

　W－光を100％反射する理想的な白
　B－光を100％吸収する理想的な黒
　F－各色の波長のみを100％反射する完全な純色
　白色量（W）＋黒色量（B）＋純色量（F）＝100％

色相と色相環

　ヘリングの心理四原色、赤（red）黄（yellow）緑（sea green）
　　青（ultramarine blue）で4分割
　→中間色相、橙（orange）黄緑（leaf green）青緑（turquoise）
　紫（purple）を加え主要8色相
　→主要8色相が等間隔になるよう3分割して24色相になります。

色相環の対向位置は物理補色（ぶつりほしょく）になっています。
色相番号は黄の1から順に黄緑の24とつながります。
色相名は日本名とだいぶ違っていますので、注意が必要です。

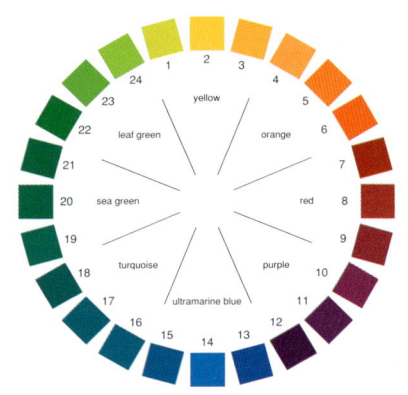

オストワルト色相環図

無彩色

理想的な白から理想的な黒までをグレイでつなぎ、アルファベット（jをのぞく）の1つおき**a、c、e、g、i、l、n、pの8段階**で表します。しかし理想的な白や黒は表現できないので、実際上の白aや黒pには次の表のように黒と白が含まれています。

記号	a	c	e	g	i	l	n	p
白色量(W)	89	56	35	22	14	8.9	5.6	3.5
黒色量(B)	11	44	65	78	86	91.1	94.4	96.5

単位：％

等色相三角形と色立体

白から黒へ、無彩色aからpの無彩色スケールを垂直軸にし、a、pをつなぐ頂点に純色（F）をおくと、正三角形ができあがります。純色は24色相なので、この**等色相三角形が24**できることになります。色立体は、この正三角形を無彩色軸の周囲にぐるりと配置していて、正面から見ると菱形をしたそろばんの玉のような形になります。1つの面は、各色相ごとにa〜pの記号を組み合わせた28の色票からなり（無彩色をのぞく）、**前が白色量、後ろが黒色量**を表しています。例えば"pa"なら、pが白色量（W）、aが黒色量（B）を表します。

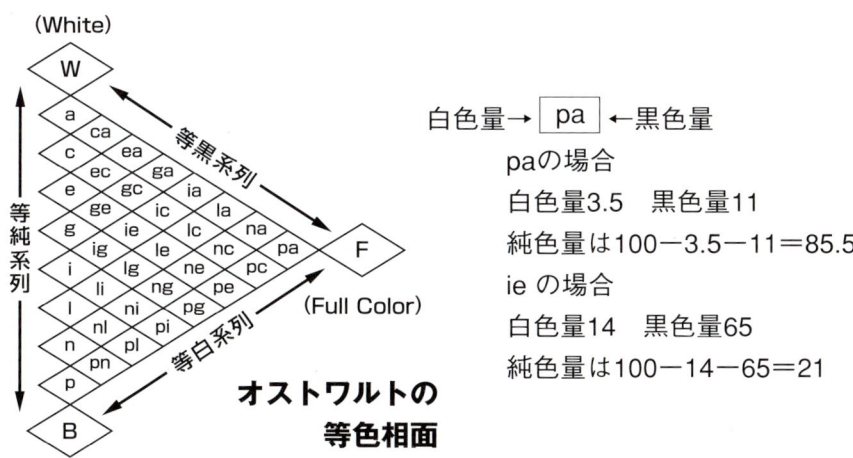

白色量→ pa ←黒色量

paの場合
白色量3.5　黒色量11
純色量は100－3.5－11＝85.5
ieの場合
白色量14　黒色量65
純色量は100－14－65＝21

オストワルト色立体模型

資料提供：日本色研事業（株）

オストワルト色立体概念図

■ 等色相三角形の特徴

等白系列（とうはくけいれつ）

　純色paと黒pを結ぶ線と平行になる線上の色票は、すべて前の記号が同じになります。白色量が同じなので、等白系列といいます。

等黒系列（とうこくけいれつ）

　純色paと白aを結ぶ線と平行になる線上の色票は、すべて後ろの記号が同じになります。黒色量が同じなので、等黒系列といいます。

等純系列（とうじゅんけいれつ）

　無彩色軸と平行になる垂直線上の色は、純色量と白色量の混色比が等しい等純系列で、彩度を統一して明度を変化させた明度のグラデーションになり、ユニフォームクロマあるいはシャドーシリーズとも呼ばれます。

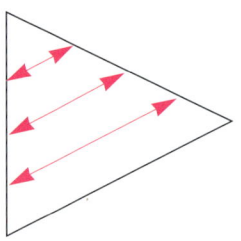
等白系列

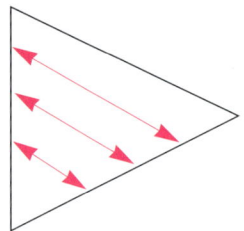
等黒系列

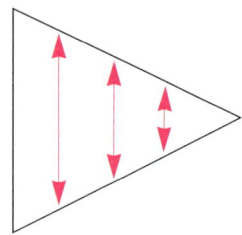
等純系列

等価値色系列

　無彩色を中心に水平に切ると、色相番号以外は同じ記号を持つ24色相環が28通りできあがります。それぞれの色相環は、**白色量、黒色量が同じ**になるので、等価値色系列と呼ばれます。

表示のしかた

　色相番号に白色量、黒色量を表す記号を付け、下記のように表示します。無彩色はa～pの記号で表します。

有彩色

8 pa

白色量、黒色量とも最小値で純色量が最高値の鮮やかな赤

8 ec

白色量、黒色量ともに増え、純色量は21％と少ないくすんだ赤

無彩色

c 　　　　　　　　g

白色量56％　黒色量44％　　　　白色量22％　黒色量78％

オストワルト等色相面

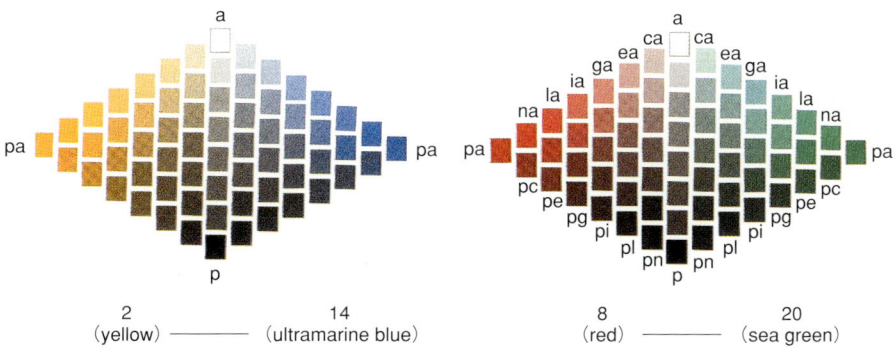

3つのカラーシステムの比較

	マンセル表色系	PCCS	オストワルト表色系
	顕色系	顕色系	混色系
色相 色相環	10色相×10＝100色相 代表色は5 対向色は物理補色	24色相 心理四原色、対向色は 心理補色 （色料の三原色、色光 の三原色含む）	基本8色相 　　　×3＝24色相 対向色は物理補色
明度	Value 理想的な黒から白 0〜10 実際は1.0〜9.5 11段階	Lightness 黒1.0〜白9.5 0.5きざみ 簡略化 1.5〜9.5の9段階	a、c、e、g、i、l、n、p の 8段階
彩度	Chroma 無彩色0から 1、2、3… 各色相で最高彩度は 異なる	Saturation 飽和度で表す 1s〜9sの9段階 各色相の最高彩度は 9s	混色比に基づく W＋B＋F＝100％
色立体	各色相の最高明度・彩 度が異なるので凹凸し た形 カラーツリー	純色は色相により明度 が異なるので、歪んだ 立体	すべての色相が同じ三 角形 そろばんの玉のような 形
特徴	XYZ表色系に定義 数値に変換できる	Hue & Tone システム	カラーハーモニーマ ニュアル DIN
表示	H V／C 5R5／14 N4.5	V2 2：R-4.5-9s n-4.5	8pa g
代表的な カラーの比較	5B、3PB （32ページ参照）	16：gB、18：B （36ページ参照）	8pa、8ec （47ページ参照）

知って得する

■ **オストワルト表色系に等明度面はない。**

　白＋黒＋純色の混色量で作られる等色相面は、色が違ってもその比率が同じものは同じ記号で同じ位置にあります。それぞれの純色は明度が違っても含まれる量で位置が決められているため、有彩色の等色相面での位置と明度には関連性がありません。そのためオストワルト表色系には等明度面はないのです。

4 NCS（2級）

　NCSは「Natural Color System」の頭文字で、スウェーデン工業規格に制定されている心理的尺度による知覚量を用いた表色系です。色を見てその**類似度で表す**ことができ、本来色票集を必要としない点が他の**顕色系**との大きな違いです。

　ヘリングの反対色説の有彩色4色（黄、赤、青、緑）と無彩色（白、黒）の**6主要色の類似度**（各原色の含有率）で示されます。

任意の色（F）は下記のような計算式になります。

　　　F＝w＋s＋y＋r＋b＋g＝100
　　　（色＝白＋黒＋黄＋赤＋青＋緑＝100）

＊黒を表す「s」はスウェーデン語の黒＝svartの頭文字からきています。

　また、白黒を感じさせない主要4色の理想的な色（純色）を**クロマチックネス（c）**といい、下記のように4主要色をまとめて表すこともできます。

　　　F＝w＋s＋c＝100　　（c＝y＋r＋b＋g）

色相と色相環

　色相（φ）はヘリングの反対色説の6主要色のうちの有彩色、黄（Y）、赤（R）、青（B）、緑（G）の4色で色相環を4等分し、**時計回り**に隣り合う色との間をその類似度（％）で表示します（P50の図参照）。

　色相環の**主要色4色**のそれぞれの基本の色は、他の色の類似度が感じられない色として、**Y、R、B、Gの1文字で表示**されます。

　赤（R）と青（B）を例に見てみると、RとBの間に挟まれている数字は、**後ろにある記号の色**（この場合はB）がどれくらい含まれているように感じられるかの類似度を％で示した数字になります。

　例えば、RとBが半々なら**R50B**と示し、それぞれが50％の類似度で紫のような色ということになります。R20Bなら20は後ろにある記号の類似度を示しますので、**Bが20％、Rが80％**となり、若干青を含んだ赤紫よりの赤ということがわかります。**R80Bならば**Bが80％、Rが**20％**で、青にかなり近い色になります。

色相（φ）の表記と色の例

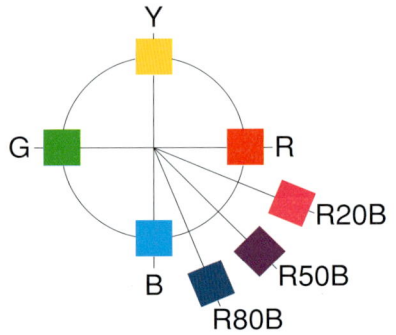

等色相面と色の表示

　等色相面の形はオストワルト表色系と似ていますが、縦軸には上に白（w）、下に黒（s）を、頂点にはクロマチックネス100の純色（c）が配されます。各色の数値は黒への類似度とクロマチックネス（c）の数値を2桁で表しています。

NCSの等色相断図（φ＝Y10R）

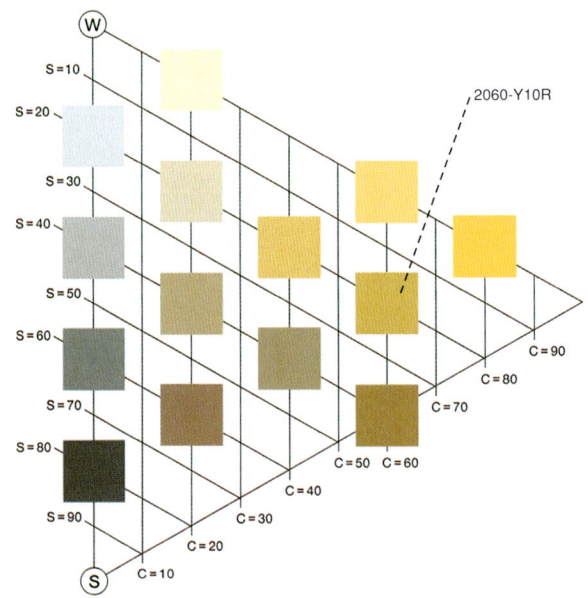

資料提供：日本色研事業（株）

色の表示はw＋s＋c＝100ですので、100から黒とクロマチックネスを引けば白の数値はわかり、特に表記する必要はなく、**数値はすべて2桁**で下記のように表記します（0の場合は00）。
有彩色は、黒への類似度・クロマチックネス－色相の順になります。

sc -ϕ

例：2060-Y10R
　黒への類似度は20％、クロマチックネスは60％。
　色相はR（赤）10％、Y（黄）90％ですが、クロマチックネスが60％なので、その詳細は、
　赤の類似度は10％×60％＝6％　　黄の類似度は90％×60％＝54％
→黒の類似度20％・クロマチックネス60％（赤6％・黄54％）
→白の類似度は、w＝100－20(s)－60(c)＝20％となります。

純色（黒への類似度がない）の場合は、クロマチックネスのみで表します。

c -ϕ　　上記の例の純色は「**c -Y10R**」のようになります。

無彩色の場合は、色相の表示は必要ないのでsとcのみで表示します。

sc　　s＝60の場合は、「<u>60 00</u>」のようになります。
　　　　　　　　　　　　　　　　↑　↑
　　　　　　　　　　　　　　　　s　c

5　XYZ表色系の基礎（2級）

　色を**光の三原色（R、G、B）**の**加法混色の比率**の数値で表す、光源色、表面色、透過色すべてに使える**混色系**の代表的な色彩体系です。
　ある試験色をスクリーン半分に映し、もう一方にR、G、Bの光の量を変えて混色すると、ある組み合わせで試験色と同じ色ができあがります。等色する組み合わせは1通りしかないため、この加法混色で色

を表すことができることになります。

　CIE（国際照明委員会）では、標準化のために等色実験に使われるR、G、Bの光を定めています。

　　R（赤原色）＝700nm
　　G（緑原色）＝546.1nm
　　B（青原色）＝435.8nm

　XYZ表色系では、この混合量のR、G、Bを代数変換してR、G、Bに対応する**架空の刺激値XYZ**（架空の原色）とするのですが、これを**三刺激値**といって、この三刺激値の量で色を表示します。しかし、この三刺激値の量では色がわかりにくいため、それらの値を比率にし、色度座標x、yに表して、xy色度図として理解しやすくしています。

$$x = \frac{X}{X+Y+Z} \qquad y = \frac{Y}{X+Y+Z} \qquad z = \frac{Z}{X+Y+Z}$$

　$x + y + z = 1$（100%）

　また、x、y、zは比率であるため、上記の式が成り立ち、3つのうちのx、yの数値を示せばよいことがわかります。xy色度図は横軸をx、縦軸をyとし、**xの値が大きくなるほど赤みが増し、yの値が大きくなるほど緑みが増します**。どちらの数値も小さくなるほど青みが増す、馬蹄形をしています。

　外側には反時計回りにスペクトルの順で赤から紫までが並んでおり、赤と紫の間が赤紫で、**中心から外に向かうほど彩度の強い色**になります。

　中心はx、y、zの等分の比率（x＝0.33、y＝0.33、z＝0.33）になるため**白色**になります。

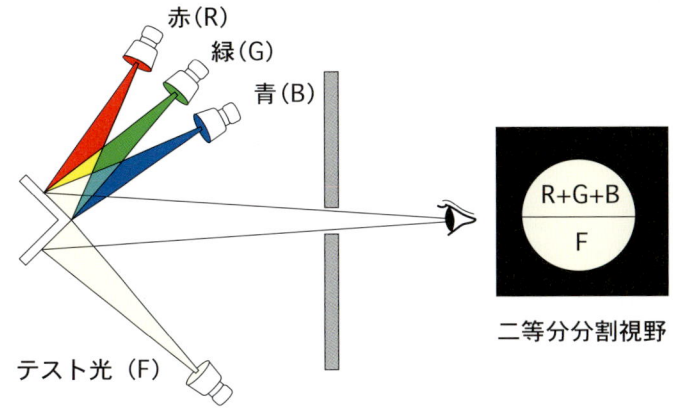

3色の加法混色による等色実験

XYZ表色系（xy色度図）

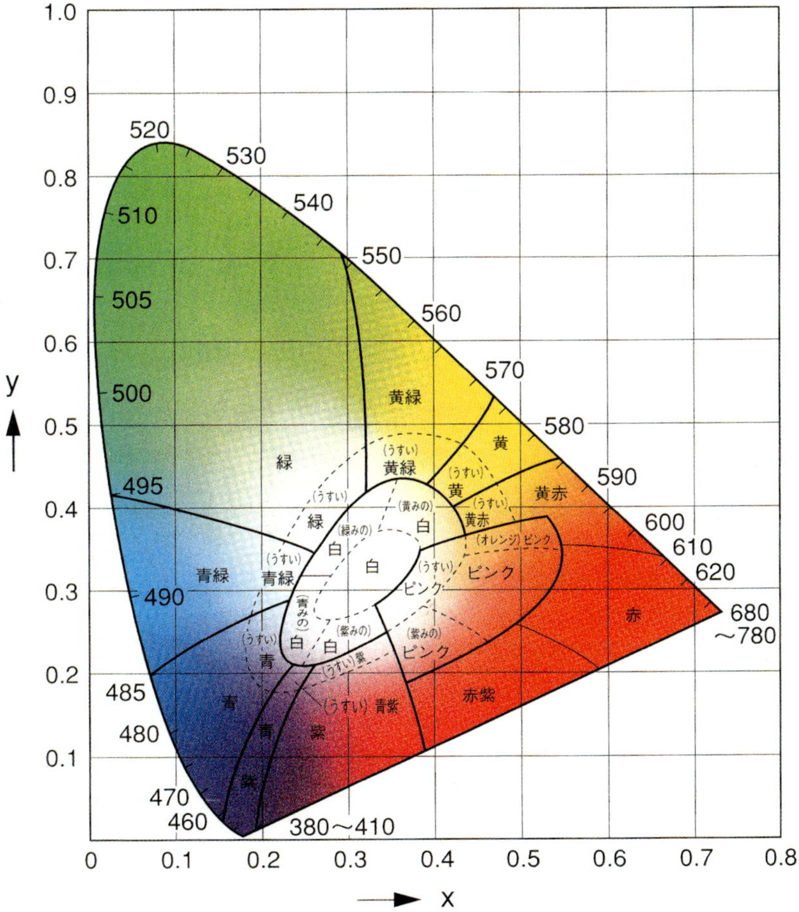

知って得する

■ 心理補色と物理補色

　心理補色とは、1つの色をじっと見続けたときに補色残像として見える色のことです（PART7の「色の対比」P189参照）。PCCS色相環では、対向する位置の色は心理補色の関係にあります。

　物理補色とは、2色を混色したときに無彩色になる色どうしをいいます。マンセルの色相環では、対向位置に物理補色がきています。

■ 色相の自然連鎖（Natural Sequence of Hue）

　自然界では、色相はそれぞれの固有の明度を持っているという原理のことで、PCCSはこれに基づき構成されています。またこの原理はPART8の「色彩調和」でも、ナチュラル・ハーモニーという配色方法で応用されます。

■ 清色と中間色

　純色に白や黒を足した色を、清色調とまとめていうこともあります。また、1つの色をさす場合には、清色、明清色、中間色ということもあります。中間色は灰色を混ぜると落ち着いたくすんだ色調になることから、濁色と呼ばれることもあります。

■ 誤解！　中間色

　中間色という言葉はよく使われますが、灰色を混ぜた色という意味ではなく、パステルカラーのような淡い色をさしていたり、青と緑の間の名前のハッキリいえない色など勝手な解釈で使われることもしばしばです。一般に「中間色を」と希望された場合には、色の確認をしないと誤解をうみます。

■ 純色と原色

　中間色と同様に、原色もよく間違って使われる言葉です。多くの場合、純色のような鮮やかな色をさしていることがほとんどです。

　原色は、混色しても得られない他の色を作る元になる色で、色光の三原色や色料の三原色のことです。

　純色は、各色相で最も色みの強い白、灰、黒みを感じさせない色のことです。

PART 2 基礎問題（3級）

色を表す方法にはいろいろあることがわかりましたか？
このパートの内容が理解できたか、基礎問題で確認してみましょう！
それぞれの空欄に当てはまる語句を入れてみましょう。

色の三属性

- 色を色みという観点から大別すると、2つに分けることができます。

  色 ─┬─（①　　　　）…白・灰色・黒などの明るさのみで色みのない色
　　　└─（②　　　　）…色みのある色

- 色を3つの性格から分類すると下記のようになり、色の三属性といいます。

  色の三属性 ─┬─（③　　　　）赤・青・緑などの色みの違い
　　　　　　　├─（④　　　　）色の明るさ、暗さの度合い
　　　　　　　└─（⑤　　　　）色みの強さ、鮮やかさの度合い

- 上記の②は三属性のすべての性格を持ちますが、①は（⑥　　　　）しかありません。
- ③をスペクトルの順に並べ、ない色を両端の混色でつないで、できたものを（⑦　　　　）といいます。
- 色の三属性を三次元で表現したものを（⑧　　　　）といい、（⑨　　　　）を中心軸に上に白、下に黒をおき、縦に④を表します。
中心軸の周りに⑦の順で③を配列し、横方向では（⑩　　　　）を表し、中心から外へ向かい⑩が（⑪　　　　）なります。
- ⑧を切断したときに現れる面にはそれぞれ特徴があります。
中心軸をはさみ、縦に切断すると補色関係にある2つの（⑫　　　　）が、水平に切断すると中心軸を基準とした（⑬　　　　）があらわれます。
- 中心軸から等距離の各明度の円周をつなげた円柱は（⑭　　　　）になります。

マンセル表色系

- 色相と色相環

  マンセルの色相は（①　　　　）といい、基本5色相（色相のアルファベットで表示すると）（②□□□□□）を円周上に配置し、中間5色相（③□□□□□）を加え10色相とします。さらにそれらを（④　　　　）分割し、色相ごとに数字を付け、色相のアルファベットと組み合わせて表示します。各色相の

代表色の数値は（⑤　　　）で、色相環の向かい合う色は（⑥　　　）です。
- マンセル明度は（⑦　　　）といい、（⑧　　　）段階が設定されていますが、実際には白の明度（⑨　　　）～黒の明度（⑩　　　）となっています。
- マンセルの彩度は（⑪　　　）といい、無彩色を0として、色みが増すごとに数値が上がり、各色相で（⑫　　　）にはかなり差があります。
- マンセルは色立体を（⑬　　　）と呼びました。それは各色相の最高彩度の（⑭　　　）と（⑮　　　）が異なり、凸凹とした形をしているからです。
- マンセル色相「5B」に当たる色はどれでしょう。

A　　B　　C　　D　　（⑯　　　）

PCCS

- 色相と色相環
  PCCSの色相は（①　　　）色相で、（②　　　）や色料の三原色、（③　　　）の近似色を含みます。色相環の各色相の対向色は（④　　　）です。
  色相記号16：gBを日本語の色相名でいうと（⑤　　　）です。
- 明度は（⑥　　　）の数値と合わせていますが、簡略化するときは1.0ずつ（⑦　　　）段階で表します。
- 彩度は飽和度を表す（⑧　　　）といい、その頭文字の前に彩度段階の数字を付けて表します。各色相の最高彩度は（⑨　　　）です。
- PCCSの色立体がゆがんだ形をしているのは、純色の彩度はすべて⑨ですが、（⑩　　　）は色相の自然連鎖に従っているため、かなり差があるからです。
- PCCSは別名（⑪　　　）システムと呼ばれるほど大きな特徴であるのが、明度と彩度を合わせた概念のトーンです。
  これには、無彩色（⑫　　　）分類、有彩色（⑬　　　）分類があります。基準になっているのは（⑭　　　）トーンで、そこに白を加えた（⑮　　　）調にはトーンの略記号で（⑯　　　）の3つがあります。
- 三属性を用いた方法で表した下記の色はトーン記号で表すとどれになりますか？

　　2：R-2.5-5s

A　b2　　B　dp4　　C　d2　　D　dk2　　（⑰　　　）

■基礎問題（3級）解答と解説

色の三属性
①無彩色　②有彩色　③色相　④明度　⑤彩度
⑥明度　⑦色相環　⑧色立体　⑨無彩色　⑩彩度
⑪高く（強く）＊彩度は高低、もしくは強弱で表現します
⑫等色相面　⑬等明度面　⑭等彩度面

マンセル表色系
①Hue　②R、Y、G、B、P　③YR、GY、BG、PB、RP　④10　⑤5　⑥物理補色　⑦Value　⑧11　⑨9.5　⑩1.0　⑪Chroma　⑫最高彩度　⑬カラーツリー　⑭明度　⑮彩度（⑭⑮は順不同）　⑯B

解説
②③とも始まりの色が変わってもかまいませんが、順番は色相環どおりに時計回りで書くほうが中間色相を間違うことがなくてよいでしょう。
⑯Aは5PB、Cは5BG、Dは5G。マンセルのBはもともと緑みの青が採用されています（P32参照）。

PCCS
①24　②心理四原色　③色光の三原色（②③は順不同）　④心理補色
⑤緑みの青
⑥マンセル表色系　もしくは　マンセルValue　⑦9
⑧Saturation　⑨9s　⑩明度　⑪ヒュートーン　⑫5　⑬12
⑭ビビッド（vivid）　⑮明清色　⑯b　lt　p　⑰D（赤－低明度－中彩度）

解説
⑰Aはb2-6.0-8s（中明度－高彩度）、Bはdp4-3.5-8s（低明度－高明度）、Cはd2-4.5-5s（中明度－中彩度）。

PART 2 基 礎 問 題（2級）

それぞれの表色系の特徴は覚えられましたか？
空欄にふさわしい語句を当てはめて確認してみましょう。

オストワルト表色系

- ドイツの化学者オストワルトの発表したもので、（①　　　）の表色系の１つである。（②　　）＋（③　　）＋（④　　）＝100％という公式の元に、あらゆる色はそれぞれを適当な面積比で（⑤　　）すると作ることができることが前提となっている。
- 色相環は（⑥　　）の反対色説（心理四原色）で４分割し、中間色相を加えそれぞれを（⑦　　）分割して、（⑧　　）色相となっている。色相の１番は（⑨　　）で、向かい合う色は（⑩　　）の関係になっている。
- 無彩色は白から黒までがなだらかな段階になるように白を同じ比で増やしていき、（⑪　　）の記号（⑫　　）段階で表している。
- 各色相面は無彩色を垂直軸に上に白、下に黒で、純色が頂点の（⑬　　）になっている。白aから純色paを結んだ線と平行線上にある色は（⑭　　）の記号が同じで（⑮　　）量が同じ（⑯　　）系列となる。同様に黒pから純色paを結んだ線と平行線上にある色は（⑰　　）系列である。
- どの色相であっても、等色相面の同じ位置にある色は、純色の（⑱　　）だけが違い、白色量、黒色量、純色の割合は変わらない（⑲　　）系列である。

NCS

- NCSは（①　　）工業規格に制定されている表色系で、（②　　）の反対色説に基づき（③　　）主要色の類似度で表し、それぞれをアルファベットの記号で表した公式は次のようになる。
　色（F）＝（④　　＋　　＋　　＋　　＋　　）＝100
上の公式を有彩色は（⑤　　）として、cの記号でまとめて表すこともできる。
- 色相（φ）の表示は類似度で表すが、B80Gの場合（⑥　　）への類似度が80％で（⑦　　）への類似度が20％ということになる。
- 色の表示方法は記号で表すと（⑧　　）で、「3050-G40Y」なら（⑨　　）が30、（⑩　　）が50になる。

XYZ表色系

- XYZ表色系は（①　　　）混色の三原色を混色し、その量を数値化するものだが、RGBを代数変換し、その色の量を架空の刺激値XYZとしており、これを（②　　　）という。
- XYZの値のままでは理解しにくいため、それを比率にし数値で表している。この比率は（③　　　）色度図で見ることができ、横軸の（④　　　）の数値が大きくなるほど（⑤　　　）が増加し、縦軸の（⑥　　　）の数値が大きくなるほど（⑦　　　）が増加する。（④）（⑥）ともに数値が小さくなると（⑧　　　）が増すことになる。また、中心の（④）＝0.33、（⑥）＝0.33のあたりは（⑨　　　）色となる。

■基礎問題（2級）解答

オストワルト表色系

①混色系
②、③、④は順不同で、白（W）あるいは白色量、黒（B）あるいは黒色量、純色（F）あるいは純色量
⑤回転混色　⑥ヘリング　⑦3　⑧24　⑨黄　⑩物理補色
⑪アルファベット　⑫8　⑬正三角形　⑭後ろ　⑮黒色
⑯等黒　⑰等白　⑱色相　⑲等価値色

NCS

①スウェーデン　②ヘリング　③6　④w＋s＋y＋r＋b＋g
⑤クロマチックネス　⑥G（緑）　⑦B（青）　⑧sc-ϕ
⑨黒への類似度　⑩クロマチックネス

XYZ表色系

①加法　②三刺激値　③xy　④x　⑤赤み　⑥y　⑦緑み　⑧青み　⑨白

PART 2 応用問題（3級）

1 次のマンセル表色系に関する記述の空欄に当てはまる、最も適切なものを①〜④からひとつ選びなさい。

マンセル表色系は（A）を使い、物体色を表示する（B）の代表的なシステムで、Hueは（C）種類の（D）で表し、これで大体の色がわかる。さらに（D）の前に（E）をつけ、細かい違いを表すことができる。この表示で、黄緑の代表的な色相は（F）、その補色に当たる色相は（G）である。マンセルシステムの各色相の最高彩度の（H）は異なっていて、（A）を使った表示では鮮やかな黄色は（I）、鮮やかな青緑は（J）となる。

A	①色相とトーン	②黒色と純色の類似度		
	③色相・白色量・黒色量の混色量	④色の三属性		
B	①顕色系	②混色系	③等色系	④色度座標
C	①12	②10	③8	④24
D	①1〜10の数字	②色相番号	③英語の頭文字	④基本色名
E	①1〜10の数字	②1〜24の数字		
	③1〜100の数字	④a〜pのアルファベット		
F	①10gY	②10YG	③5GY	④5yG
G	①10PB	②5P	③5RP	④22P
H	①Saturation	②Value	③Lightness	④Chroma
I	①5Y 8/2	②5Y 8/14	③8：Y-8.0-9s	④8Y 14/5
J	①5BG 5/8	②14BG 5/14	③5GB 5/8	④8GB 8/5

2 次のA〜Dのマンセル表色系に関する記述について、最も適切な色を①〜④からひとつ選びなさい。

A 「Hue」が同じ色の組み合わせ

B 「Value」が同じ色の組み合わせ

C 「Chroma」が同じ色の組み合わせ

D マンセル表色系の基本5色相が色相環の順番に並んでいるもの

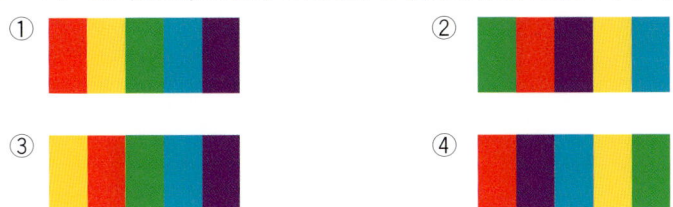

3 次のPCCSに関する記述について、最も適切なものを①〜④からひとつ選びなさい。

A sf2の記号で表される色

B Gy-6.0の記号で表される色

C 14：BG-7.0-2s

D 心理補色の組み合わせ

E 色相環上で中性色の組み合わせ

F 同じ色相のグループ

G ディープトーンの組み合わせ

■応用問題（3級）解答と解説

1 A④ B① C② D③ E① F③ G② H④ I② J①

2 A① B② C④ D①

解説

A： ①10RPの濃淡、②5Bと3PB、③5Gと5GY、④5Pと5PB。
B： ①ともにChromaが12、②ともにValueが7、③ともにHueが5Y、④Valueが5と8。
C： ①Hueが同じ、②ともにValueが4、③Hueが同じ、④ともにChromaが3。
D： RYGBPの順のもの。

3 A③ B① C② D② E④ F③ G④

解説

A： ①g2、②ltg2、③sf2、④d2となります。
B： ①Gy-6.0、②g22、③g6、④Gy-3.0となります。
C： ltg14のこと。①b16、②ltg14、③sf14、④g14。
D： ①v9とv18、②v8とv20、③v6とv14、④v2とv12。
E： 中性色は9：gY〜12：Gと20：V〜24：RPまでの色です。
F： ①v10、d10、dk8。②dp2、4、6。③ltg4、p4+、dp4。④p8+、d8、dk6。
G： ①dk22、18、12。②b12、14、18。③dp16、dk2、dk4。④dp14、10、22。

PART 2 応用問題（2級）

1 次のNCSに関する記述について、間違っているものを①～④からひとつ選びなさい。

A ①NCSはヘリングの反対色説に基づいた体系である。
②NCSの色相環はY、R、B、Gの4色で4等分されている。
③NCSの色相環はY、R、B、Gの4色を配置し、さらに3等分する。
④NCSの色相環の向かい側にある色どうしは同時に記述されることはない。

B ①NCSでY20RはYとRの中間色相で黄みの多い色相である。
②NCSでR70BはRとBの中間色相で赤みの多い色相である。
③NCSでB30GはYとRの中間色相で青みの多い色相である。
④NCSでG60YはYとRの中間色相で黄みの多い色相である。

2 次のオストワルト表色系に関する記述について、最も適切なものを①～④からひとつ選びなさい。

A オストワルト等色相三角形において、等黒色系列はどれか。
①ge　　ie　　le　　ne
②ia　　ic　　ie　　ig
③ga　　ic　　le　　ng
④pa　　nc　　le　　ig

B オストワルト色相環の説明で正しいものはどれか。
①オストワルト色相環の22、23、24の色相はpurpleである。
②オストワルト色相環の1、2、3の色相はredである。
③オストワルト色相環の16、17、18の色相はturquoiseである。
④オストワルト色相環の10、11、12の色相はleaf greenである。

C 下記の表はオストワルト表色系の混合比であるが、「nc」について正しいものはどれか。

記号	a	c	e	g	i	l	n	p
白色量	89	56	35	22	14	8.9	5.6	3.5
黒色量	11	44	65	78	86	91.1	94.4	96.5

①白色量は56である
②黒色量は94.4である
③純色量は38.4である
④純色量は50.4である

D オストワルト記号「2pa」の物理補色に最も近いものはどれか。

■応用問題（2級）解答と解説

1 A③ B②

解説
A：NCSは基本4色相で等分し、間を2色の類似度で表示します。
B：2つの色相を表すアルファベットの間の数字は、後ろの色相への類似度を示します。

2 A① B③ C④ D③

解説
A：アルファベットの記号は前が白色量、後ろが黒色量を表します。②は等白系列、③は等純系列です。
B：オストワルト表色系はyellowの1、2、3から始まります。
C：ncのnは白色量5.6を、cは黒色量44をそれぞれ表しているので、純色量は50.4となります。
D：2paは黄色の真ん中の色で、物理補色は向かい合う14pa（ultramarine blue）となります。①は8pa、②は20pa、③は14pa、④は23paです。

PART 3

色の表示Ⅱ
～色名

ポイントと流れ

PART 2 とは違った言葉による色表示の方法「色名」を学びます。

色名 ┬ 基本色名─系統色名
　　 └ 固有色名─慣用色名

3級では、JISの色名規格の系統色名と慣用色名のそれぞれを大まかに覚えます。

2級では、色名ができあがるまでの成り立ちやISCC-NBS色名法を学び、さらに、JIS系統色名を「物体色の色名」「光源色の色名」と細かく覚えていきます。

系統色名にはPCCS、JISの物体色、光源色と少しずつ違った点があり、難解な箇所です。3つを比較して相違点をまとめられるように覚えるとよいでしょう。

慣用色名は覚えるのに苦労する人が多いようです。名前の由来とともに、まずは、JISの系統色名を頼りに大まかに色をとらえていくようにするといいと思います（明るい赤など）。

出題傾向

3級では慣用色名を中心に、由来から色を選ぶ問題か色を見て名前を選択する問題がだいたい1題出題されます。

2級でも同じように、慣用色名を中心に名前の由来や歴史と結び付けた問題が1題出題されることが多いようです。今のところ系統色名の出題は少ないのですが、基本色彩語やカテゴリーなどの問題が出されています。文章問題の中で部分的に出題されることも考えられます。

1 色名

　色を表記したり、伝えるにはPART 2で習ったように、何かしらの基準を元に数値や記号で示すと正確に伝えることができ、学術、産業など専門的に精密さを必要とされる場面では特に重要です。これらは19世紀以降、特にマンセルの色彩体系発表（1905年）以降に盛んになったもので、それ以前に色を伝える方法は言葉による色の名前でした。現在でも厳密な精密性を必要としない場では色名による方法は日常的に使われています。また、色名を研究すると各国の歴史的背景や民族性など、さまざまな特徴が現れてきます。

1　色表示のことば分類
■ 基本色彩語（BASIC COLOR TERMS）
　基本色彩語とは、色をある範疇ごとに分ける<u>分類名</u>のことです。一般的に色そのものを表す言葉をさしますが、現在の日本での基本色彩語としては、もう少し広い範囲で日常生活において必須である色として、外来語も含めた下記の**11種類**が挙げられます。

　　無彩色―白、灰色、黒
　　有彩色―赤、ピンク、オレンジ、黄、茶色、緑、青、紫

■ 色名（COLOR NAME）
　一般的に基本色彩語と違い、色から連想される事象を用いるなど名前に由来があり、国や民族によってイメージする色が変わる場合があります。

　　　文学的な色名―実際の物や事象を当てはめて色名としたもので、
　　　　　　　　　二次的色彩語ともいわれます。
　　　　　　桜色、鶯色、ピーチ、ラベンダーなど
　　　技術的な色名―使用された染料や顔料や、その原材料の名前そのものを色名にしたもの。
　　　　　　植物染料…藍色、茜色（あかねいろ）、梔子色（くちなしいろ）、刈安色（かりやすいろ）など
　　　　　　動物原料…カーマイン（介殻虫）、セピア（イカ墨）、

貝紫
鉱物顔料…朱色、黄土色、群青色、緑青色など

商業的な色名―その色ができたときの出来事や、流行った地名、
（流行色名）　　人名など。直接的にはその色と関係がない場合でも、一般的に色の商業価値を上げるものとなっています。
新橋色、江戸紫、路考茶、璃寛茶、マゼンタ、ビタミンカラー、アースカラーなど

■ 色カテゴリー

では、その基本色彩語はそれぞれの言語によって違うのでしょうか？

1969年、アメリカのバーリン（文化人類学者）とケイ（言語学者）の研究で、「基本色彩語が進化していく過程には普遍性がある」と発表されました。その後、ケイとマクダニエルにより、人の色覚理論として重要なヘリングの反対色説の6主要色が、多くの言語における基本色彩語の典型と重なることがわかりました。この「白、黒、赤、黄、緑、青」を基本カテゴリーといいます。

また、この6つの基本色彩語に分かれる前のいくつかの言語が未分化だったときの色カテゴリーを複合カテゴリー、基本カテゴリーの重なりから生まれた新しい色彩語のカテゴリーを派生カテゴリーと呼びます。

複合カテゴリー	▶ 基本カテゴリー	▶ 派生カテゴリー
基本色彩語が未分化な色カテゴリー 日本語の緑の範囲までを「アオ」と呼ぶような範疇	人の色覚（色知覚）と密接な色カテゴリー ヘリングの6主要色 W、R、Y、G、Bu、Bk	基本カテゴリーの2つの色域の重なりから派生したカテゴリー 白＋黒→グレイ 赤＋青→紫 赤＋白→ピンク 黄＋黒→茶 赤＋黄→オレンジ

2 ISCC-NBS色名法

色の言葉による表示も、何かしらの基準があり表示方法が規定されれば、あいまいさが軽減され共通認識の下に使えるようになります。

そこで、1939年からアメリカのISCC：全アメリカ色彩協議会(Inter-Society Color Council) が研究を始めた表示方法は、NBS：連邦標準局（National Bureau of Standards）によって**マンセル色立体に対応**した形で制定され、1955年ケリーとジャッドにより「**ISCC-NBS色名法**」という名で発表されました。

＊日本流行色協会（JAFCA）では、このISCC-NBS系統色名を「Jafca Basic Color Code」として採用しています。

ISCC-NBS色表示方法の6レベル

ISCC-NBS色名法の色表示は、マンセル色立体をブロックに区分してから段階ごとに下記のような6レベルに分けています。

色名による表示	レベル1	13の色名ブロック（JIS基本色名に相当） white、gray、black、red、orange、yellow、yellow green、green、blue、purple、pink、brown、olive （マンセル色相とは色名が異なる）
	レベル2	29の色名ブロック（レベル1の13＋16） violet以外はレベル1の13ブロックの中間色域の色名で主にpurplish pinkのように-ishが付く「色相に関する修飾語」を伴う色名
	レベル3 右図参照	267の色名ブロック（有彩色234＋無彩色33） 「色相に関する修飾語」＋「明度・彩度に関する修飾語」が付いた色名と修飾語のついた近無彩色（色みのある無彩色） （JIS「物体色の色名」の日本語の系統色名に相当）
詳細	レベル4	カラーオーダーシステムにおける色票の記号や数値で表される色
	レベル5	マンセルシステムをさらに細かく色相1／2、明度0.1、彩度1／4の間隔で表示される色
	レベル6	マンセル値を機械的測色によって求めxy色度座標で表示される色

ISCC-NBSによる色彩分類（色相名と略号）

色相名	略号	色相名	略号
red	R	purple	P
reddish orange	rO	reddish purple	rP
orange	O	purplish red	pR
orange yellow	OY	purplish pink	pPk
yellow	Y	pink	Pk
greenish yellow	gY	yellowish pink	yPk
yellow green	YG	brownish pink	brPk
yellowish green	yG	brownish orange	brO
green	G	reddish brown	rBr
bluish green	bG	brown	Br
greenish blue	gB	yellowish brown	yBr
blue	B	olive brown	OlBr
purplish blue	pB	olive	Ol
violet	V	olive green	OlG

ISCC-NBSのトーン区分（明度・彩度に関する修飾語）

white	-ish white	very pale (v.p.)	very light (v.l.)		
light gray (l.Gy.)	light-ish gray (l-ish.Gy.)	pale (p.)	light (l.)	brilliant (brill.)	
		light grayish (l.gy)			
medium gray (med.Gy.)	-ish gray (-ish.Gy.)	grayish (gy.)	moderate (m.)	strong (s.)	vivid (v.)
dark gray (d.Gy.)	dark-ish gray (d-ish Gy.)	dark grayish (d.gy)	dark (d.)	deep (dp.)	
black (Bl.)	-ish black (-ish Bl.)	blackish (bl.)	very dark (v.d.)	very deep (v.dp.)	

3　JISによる色名規格

　日本でもISCC-NBS色名法に習い、1957年JIS：日本工業規格（Japan Industrial Standards）によってマンセル色立体に対応した「物体色の色名」と「光源色の色名」が制定され、その後の改定を経て現在に至っています。

※ JIS Z 8102:2001「物体色の色名」（2001年）
　 JIS Z 8110:1995「色の表示方法─光源色の色名」（1995年）

■ JIS「物体色の色名」
系統色名

　JISの「物体色の色名」には「系統色名」と「慣用色名」がありますが、ここでは「系統色名」について解説します（「慣用色名」はP75参照）。系統色名は色を系統的に分類し、すべての範囲を表現できるようにした方法で、次のように表記されます。

　　　「修飾語」＋「基本色名」

基本色名とは

　基本色彩語に近いものですが、JISではマンセル色表示を日本語で表したものに相当する**13種類**になっています。

　　無彩色－白、灰、黒
　　有彩色－赤、黄赤（きあか）、黄、黄緑、緑、青緑、青、青紫、紫、赤紫

＊表記のしかたは日本語の慣習に従っており、緑黄、紫青などは使われません。

修飾語
有彩色の明度および彩度に関する修飾語
　鮮やかな、ごく薄いなど、PCCSのトーンと近似していますが、少し違っています。明度および彩度に関する修飾語は省略することができません。
無彩色の明度に関する修飾語
　灰色のみにつけ、白黒には使用できません。薄い、明るい、中位、暗いがあり、中位は省略することができます。
色相に関する修飾語
　色みの偏り、赤み、青みなど。有彩色には基本色名の**１文字の色名**

に「〜みの」を付けて使われますが、無彩色には「青紫みの」や「黄緑みの」のほか、「紫みを帯びた赤みの」など「〜みの」が重なるのを避けるために「〜を帯びた」に変えた修飾語があり、無彩色（白、灰、黒）の色相に関する修飾語は有彩色より細かくなっています。

＊次ページの図の赤網かけの部分に当たります。
＊わずかに色みを帯びた無彩色のことを、PCCSでは準無彩色といいます。

JIS系統色名の表示方法

　基本色名に修飾語を下記の順で付加し、マンセル色立体のすべての色域を表示できます。有彩色と無彩色では修飾語の順番が違います。

| 無彩色 | 無彩色：「明度に関する修飾語」＋「基本色名」
色みを帯びた無彩色（準無彩色）：
　　　　「色相に関する修飾語」＋「明度に関する修飾語」＋「基本色名」 |
| 有彩色 | 「明度および彩度に関する修飾語」＋「色相に関する修飾語」＋「基本色名」 |

略号による表示方法

　略号による表示は、上記の表示の順番どおりにつないでいきます。

無彩色の略号による表示

明度に関する修飾語のみが付く場合
修飾語と基本色名をそのままつなぐ：暗い灰色　dkGy
色相に関する修飾語のみが付く場合（〜みの）
修飾語と基本色名をハイフンでつなぐ：赤みの白　r-Wt
色相に関する修飾語が重なって付く場合（〜みを帯びた〜みの）
2つの色みの偏りの間に「・」を付ける：
緑みを帯びた黄の黒　g・y-Bk
色相に関する修飾語と明度に関する修飾語が付く場合
2つの修飾語の間をハイフンでつなぐ：
黄赤みの薄い灰色　yr-plGy
紫みを帯びた赤みの明るい灰色　p・r-ltGy

有彩色の略号による表示	明度および彩度に関する修飾語のみが付く場合
	修飾語と基本色名をハイフンでつなぐ：鮮やかな青　vv-B
	明度および彩度に関する修飾語と色相に関する修飾語が付く場合
	2つの修飾語の間をハイフンでつなぐ：灰みの赤みを帯びた紫　mg-rP
	※「明るい灰みの」「灰みの」「暗い灰みの」の領域に色相に関する修飾語が付く場合は「〜みを帯びた」になります（「みの」が重複するため）。

JIS明度・彩度の修飾語

明度	無彩色	色みを帯びた無彩色	有彩色			
	白 Wt　white	△みの白 △-Wt	ごく薄い〜 vp-〜 very pale	薄い〜 pl-〜 pale		
	薄い灰色 plGy　pale gray	△みの薄い灰色 △-plGy	明るい灰みの〜 lg-〜 light grayish	柔らかい〜 sf-〜 soft	明るい〜 lt-〜 light	
	明るい灰色 ltGy　light gray	△みの明るい灰色 △-ltGy	灰みの〜 mg-〜 grayish	くすんだ〜 dl-〜 dull	強い〜 st-〜 strong	鮮やかな〜 vv-〜 vivid
	中位の灰色 mdGy　medium gray	△みの中位の灰色 △-mdGy	暗い灰みの〜 dg-〜 dark grayish	暗い〜 dk-〜 dark	濃い〜 dp-〜 deep	
	暗い灰色 dkGy　dark gray	△みの暗い灰色 △-dkGy	ごく暗い〜 vd-〜 very dark			
	黒 Bk　black	△みの黒 △-Bk				

→ 彩度

JIS系統色名の基本色名と色相に関する修飾語

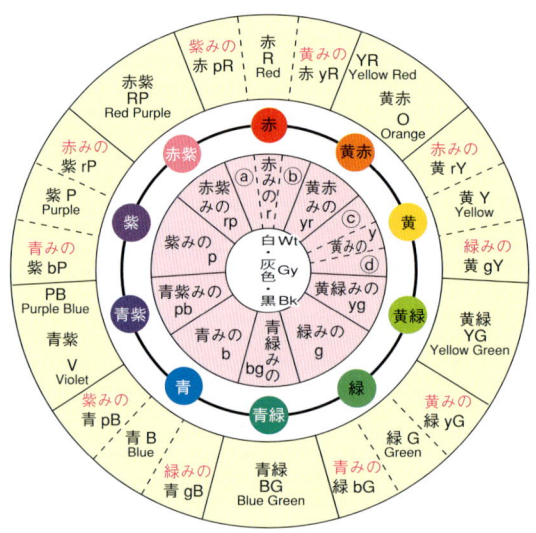

ⓐ　紫を帯びた赤みの　p・r
ⓑ　黄みを帯びた赤みの　y・r
ⓒ　赤みを帯びた黄みの　r・y
ⓓ　緑みを帯びた黄みの　g・y

小文字色相記号
r—reddish
y—yellowish
g—greenish
b—bluish
p—purplish

■部分は無彩色（色みを帯びた無彩色）の色相に関する修飾語
赤字は有彩色の色相に関する修飾語

■ JIS「光源色の色名」

　光源色の色名にも系統色名と慣用色名があり、JIS Z 8110「色の表示方法－光源色の色名」があります。物体色との違いとして、**基本色名**の無彩色は**白のみ**で黒と灰色がなく、有彩色は**ピンク**が加わって11色となり、合計は12色となります。また、このピンクの色相に関する修飾語として**オレンジ**が加えられています。

　また、光の色であることから、明度・彩度に関する修飾語はなく、**鮮やかさに関する修飾語**として「**薄い（pl.）**」と「**鮮やかな（vv.）**」の2つがあります。

光源色の系統色名の一般的な色度区分

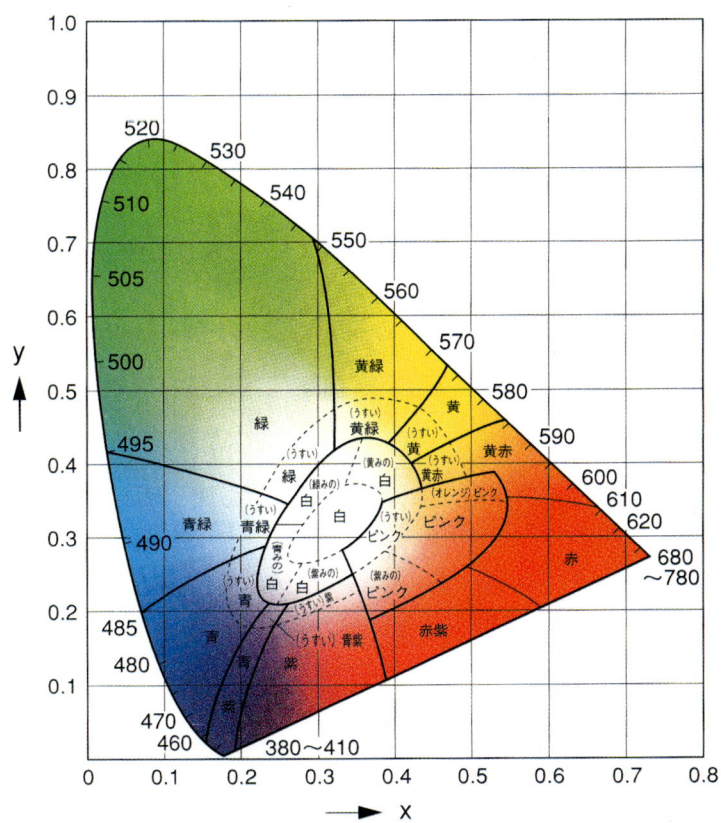

基本色名

略号	色相名（対応英語）		基本色名
R	red		赤
YR	yellow red	どちらも可	黄赤
	orange		橙
Y	yellow		黄
GY	green yellow	どちらも可	黄緑
	yellow green		
G	green		緑

略号	色相名（対応英語）	基本色名
BG	blue green	青緑
B	blue	青
PB	purple blue	青紫
P	purple	紫
RP	red purple	赤紫
Pk	pink	ピンク
W	white	白

色相に関する修飾語

　1文字の基本色名に「～みの」を付けた5種と「オレンジ」の計6種類があり、それぞれに適用する基本色名が決められています。

略号	修飾語	適用する基本色名の略号
r	reddish（赤みの）	YR　P
y	yellowish（黄みの）	W　YR　P
g	greenish（緑みの）	W　Y　B
b	bluish（青みの）	W　G　P
p	purplish（紫みの）	W　Pk　B
o	orange（オレンジ）	Pk

鮮やかさに関する修飾語

　薄い－pale（pl.）と鮮やかな－vivid（vv.）の2種類で、どちらも白には使わず、さらに「薄い」は赤に、「鮮やかな」はピンクに付けることができません。略号のあとにはピリオド「．」を付けます。

表記の方法

　「鮮やかさに関する修飾語」＋「色相に関する修飾語」＋「基本色名」の順に表記します。略号の場合は物体色のようにハイフンは付けず、そのまま連記します。

　例　薄いピンク　　pl.Pk
　　　鮮やかな緑みの黄　vv.gY

2 慣用色名

事象や物を色の名前とする色名（固有色名）は、色を連想し伝達しやすい反面、正確さに欠けるため、JISではよく使われる色名（慣用色名）269色が制定され、相応する系統色名と色の三属性によるマンセル値が決められています。

慣用色名をマンセル色立体に当てはめるとすべてに及ぶわけではなく、偏りがあることがわかります。

固有色名
顔料・染料などの原料、鉱物、植物、動物などを色名にしたもののほかに、場所や一時的な流行に由来したもの、古くから使われている伝統色名など。
例：茜色（あかねいろ）、瑠璃色（るりいろ）、若竹色（わかたけいろ）、鴇色（ときいろ）、カナリヤ、納戸色（なんどいろ）、新橋色（しんばしいろ）など

慣用色名
固有色名の中で広く知られていたり、日常的によく使われる一般的なもの。
例：空色、藍色、栗色、サーモンピンク、アイボリーなど

JIS慣用色名

 色名（よみがな）系統色名　略号　マンセル値（HV/C）

和色名

（2級）

鴇色（ときいろ）明るい紫みの赤　lt-pR　7RP7.5/8
国際保護鳥である鴇の飛ぶ姿に見られる美しい風切羽（かざきりばね）や尾羽の色。2003年国産の鴇は絶滅したが、かつては日本各地にその飛ぶ姿が見られた。

桜色（さくらいろ） ごく薄い紫みの赤　vp-pR　10RP9/2.5
紅花染めの最も淡い色。桜の花の色。襲の色目の色。

韓紅花（からくれない） 鮮やかな赤　vv-R　1.5R5.5/13
（2級）
日本では古くは藍が染料全体を示す言葉であったため、呉（中国の江南地域）から伝わった染料の紅花を呉藍といった。一般的には紅色であるが、濃い紅色を特に舶来のものを意味する「唐」や「韓」を付けて呼び分けた。

珊瑚色（さんごいろ） 明るい赤　lt-R　2.5R7/11
古くから宝石として装飾品や、砕いて絵の具に使われていた珊瑚の色。系統色名は「明るい赤」であるが、やや黄みのピンク。

紅梅色（こうばいいろ） 柔らかい赤　sf-R　2.5R6.5/7.5
紅梅の花のようなピンク。平安時代の初春（旧暦二月）の襲の色目。『枕草子』では、季節はずれの着用は「すさまじきもの」（興ざめ）と書かれている。

蘇芳（すおう） くすんだ赤　dl-R　4R4/7
（2級）
飛鳥、奈良時代から使われる染料で、豆科の蘇芳の芯材と実からとる。

茜色（あかねいろ） 濃い赤　dp-R　4R3.5/11
緋色同様、茜染めの赤だが、暗い赤色をいう。藍と並ぶ最古の染料。1869年に合成染料アリザリンができた。

朱色（しゅいろ） 鮮やかな黄みの赤　vv-yR　6R5.5/14
紅や緋より、黄みの赤。元は天然の硫化水銀顔料朱砂（辰砂）の色。現在は人工硫化水銀の色、銀朱をさしている。

鳶色（とびいろ） 暗い黄みの赤　dk-yR　7.5R3.5/5
江戸時代の流行色。鳶の羽に似た濃く暗い茶色。羽より赤みの暗い茶色をさす場合もある。鳶に関する色には他にも鳶茶、黒鳶、紅鳶、鳶八丈などがある。

（2級）
弁柄色（べんがらいろ） 暗い黄みの赤　dk-yR　8R3.5/7
インド・ベンガル地方から伝わった顔料から名が付いたといわれる。江戸時代から広く使われる鉄分を含んだ赤土の顔料で、伝統町家の格子などにも用いられる。

海老茶（えびちゃ） 暗い黄みの赤　dk-yR　8R3/4.5
えびは元々「葡萄」と書き、平安時代には山葡萄の暗い赤紫色であったが、その後、海産物の海老と混同されて現在のような茶色となり、明治時代、華族の女学生の制服の袴に使われて広まった。

（2級）
黄丹（おうに） 強い黄赤　st-O　10R6/12
黄丹という顔料の色。染料は紅花と梔子。皇太子の正式な服色として長い間禁色だった。現在も皇太子の正式服色。

煉瓦色（れんがいろ） 暗い黄赤　dk-O　10R4/7
西欧を中心に建築に使われた煉瓦の色で、日本でも明治以降使われるようになった。英名ブリックレッドと同じ、赤褐色。

（2級）
桧皮色（ひわだいろ） 暗い灰みの黄赤　dg-O　1YR4.3/4
源氏物語にも襲の色目で登場する平安時代から使われる色名。檜（桧）の皮のような色で蘇芳の黒みのある色ともされる。

栗色（くりいろ） 暗い灰みの黄赤　dg-O　2YR3.5/4
栗の実の皮の色。栗皮色、落栗ともいう。赤茶色。

（2級）

代赭色（たいしゃいろ）くすんだ黄赤　dl-O　2.5YR5/8.5
弁柄同様、鉄分である酸化鉄の赤い土の色だが、こちらのほうがやや黄みの色。中国山西省代州の赭土が有名で代赭色という。

（2級）

柑子色（こうじいろ）明るい黄赤　lt-O　5.5YR7.5/9
柑子は蜜柑の一種で、日本で古くから栽培されていた橘の変種。ポピュラーな温州蜜柑の色は蜜柑色といい、明治以降の新しい色名。柑子色はそれよりも黄みよりの少し薄い色をさし、平安時代からの古い色名とされる。

（2級）

琥珀色（こはくいろ）くすんだ赤みの黄　dl-rY　8YR5.5/6.5
古代の樹脂からできた宝石琥珀の色。とても高価なものであるため顔料として用いたのではないが、その色から色名が付いた。近世の比較的新しい名前である。

山吹色（やまぶきいろ）鮮やかな赤みの黄　vv-rY　10YR7.5/13
山吹の花の色。橙にちかい黄色。平安時代より使われる色名で、黄金色にも例えられたため、大判・小判をさす言葉にも使われた。

（2級）

朽葉色（くちばいろ）灰みの赤みを帯びた黄　mg-rY　10YR5/2
落ち葉が枯れて朽ちていく色を表した色で、「朽葉四十八色」といわれるほどさまざまな色がある。他には黄朽葉、赤朽葉、青朽葉など。

（2級）

鬱金色（うこんいろ）強い黄　st-Y　2Y7.5/12
ショウガ科植物の根茎の染料。英名はターメリック。薬や料理にも使われる。カレーやたくあんの色。

(2級)

刈安色（かりやすいろ）薄い緑みの黄　pl-gY　7Y8.5/7
奈良時代にすでに登場する古い色名で黄色の植物染料刈安の色。黄八丈として有名な八丈島の絹織物は同じイネ科の小鮒草を使って染めたもので、同じような色になる。

(2級)

黄蘗色（きはだいろ）明るい黄緑　lt-YG　9Y8/8
ミカン科の黄蘗の木の皮をはがすと内側に鮮やかな黄色の層があり、黄色の染料や薬として用いられた。防虫効果もあるため中国では経典の紙を黄蘗で染めた。仏教伝来とともに日本にも伝わり、染め紙として奈良時代に使われていた。

(2級)

海松色（みるいろ）暗い灰みの黄緑　dg-YG　9.5Y4.5/2.5
海藻の海松の色。オリーブ系の暗い灰みがかった緑。江戸時代、年配向けの色として流行した。

(2級)

鶸色（ひわいろ）強い黄緑　st-YG　1GY7.5/8
マヒワという雀くらいの小鳥の羽毛の色。明るい黄みの緑。萌黄との中間の色を鶸萌黄という。

(2級)

鶯色（うぐいすいろ）くすんだ黄緑　dl-YG　1GY4.5/3.5
鶯の羽毛のようなくすんだ黄緑色。和名では獣毛の色名はほとんどないが、鳥の羽毛は他にも鴇色、鶸色などがある。

(2級)

萌黄（もえぎ）強い黄緑　st-YG　4GY6.5/9
草木が萌え出る色、若葉や新芽の色。他に萌木、萌葱（ねぎが萌え出る色）とも書く。

(2級)

常磐色（ときわいろ）濃い緑　dp-G　3G4.5/7
一年中葉の色が変わらない常緑樹の松や杉の濃い緑を尊んだ名。英語ではエバーグリーン。他の常緑樹の色名としては、少し薄いくすんだ緑の松葉色、暗い灰みの緑には縁起のよい名の千歳緑がある。

(2級)

緑青色（りょくしょういろ）くすんだ緑　dl-G　4G5/4
飛鳥・奈良時代から使われる緑色顔料・孔雀石（石緑）の色で、「ろくしょう」ともいう。日本画の岩絵の具としても使われる。緑青をさらに細かく砕いてできる白みの色を白緑という。

若竹色（わかたけいろ）強い緑　st-G　6G6/7.5
若い新鮮な竹の色。さえた緑。若は鮮やかな色の形容、灰みのくすんだ形容は老で、老竹がある。竹の色は他にも青竹、煤竹茶などがある。

青磁色（せいじいろ）柔らかい青みの緑　sf-bG　7.5G6.5/4
中国から平安時代に伝わった磁器、青磁の色。青と付くが明るい青みの緑。実際の青磁の色の範囲は広く、黄み、青み、濃淡とある。

(2級)

鉄色（てついろ）ごく暗い青緑　vd-BG　2.5BG2.5/2.5
藍染めの色で、緑みのある青をいう。これより青みの濃いものは鉄紺という。

(2級)

新橋色（しんばしいろ）明るい緑みの青　lt-gB　2.5B6.5/5.5
明治に入り使われるようになった合成染料の鮮やかなターコイズ系の青。新橋界隈の芸者衆に好まれ、新橋色と呼ばれるようになった。

浅葱色（あさぎいろ）鮮やかな緑みの青　vv-gB　2.5B5/8
藍染めの浅い段階の色。藍染めは薄い段階では緑みを帯び、濃くなるにつれ、紫みを帯びてくる。浅葱よりわずかに薄いものを水浅葱という。

（2級）

納戸色（なんどいろ）強い緑みの青　st-gB　4B4/6
江戸時代の流行色名で、藍染めの色。納戸の薄暗い色から付いたといわれるが、諸説ある。色みにより、藤納戸、鉄納戸、桔梗納戸もある。

（2級）

瓶覗（かめのぞき）柔らかい緑みの青　sf-gB　4.5B7/4
藍染めの初期の段階の色を表す。瓶を覗き込んだくらい少し染まったというところから付いたといわれる。覗き色、白殺しともいう。

空色（そらいろ）明るい青　lt-B　9B7.5/5.5
晴れた日の青空の色。古くからさまざまな言語で使われる色名のひとつであるが、国によりさす色に多少違いがある。和名では白を含んだ明るい青色をさす。

藍色（あいいろ）暗い青　dk-B　2PB3/5
藍はインディゴでも有名であるが、世界最古の植物染料といわれる。日本の藍染めはタデアイを使い、染めの段階により名前が変わるが、藍色は紺の手前の濃い色をさし、藍染めの総称としても使われる。

（2級）

縹色（はなだいろ）強い青　st-B　3PB4/7.5
藍染めの浅葱の次の段階の色。五色の青に相当する色。深、中、次、浅の4段階に分かれていた。奈良時代からある古い色名だが時代とともに変化し、藍染め全般をさしたり、藍汁に糸が漂（縹）ったくらいの薄い色や、その後は花田、花色など露草の色をさしたりした。

瑠璃色（るりいろ）濃い紫みの青　dp-pB　6PB3.5/11
日本でも珍重された宝石瑠璃の色で、英名はウルトラマリン・ブルー。鮮やかな青。

群青色（ぐんじょういろ） 濃い紫みの青　dp-pB　7.5PB3.5/11
中国渡来の鉱物顔料、群青の色で、青が群れる（集まった）を意味する濃い青。岩絵の具として使われる高価なもの。群青の粒子を細かく砕いた色が紺青、さらに細かく砕いた薄い色が白群。

桔梗色（ききょういろ） 濃い青紫　dp-V　9PB3.5/13
桔梗の花の色。濃い青みの紫。秋の襲の色目にもこの名がある。

江戸紫（えどむらさき） 濃い青みの紫　dp-bP　3P3.5/7
（2級）
武蔵野に自生した紫草で染めた青みの鮮やかな紫。今紫ともいう。赤みの京紫と比較される。江戸歌舞伎の助六が病鉢巻に使い流行。「江戸紫と京鹿子」と東西の都の染色の特徴に表現されたり、「紫と男は江戸に限る」と川柳に読まれるほど江戸の名物だった。

古代紫（こだいむらさき） くすんだ紫　dl-P　7.5P4/6
（2級）
江戸紫の「今紫」に対し、平安時代以前からの伝統的な少しくすみのある赤みの紫をいう。

茄子紺（なすこん） ごく暗い紫　vd-P　7.5P2.5/2.5
茄子のような暗い紫。江戸時代にできた色名といわれるが、大正時代に流行った流行色である。

牡丹色（ぼたんいろ） 鮮やかな赤紫　vv-RP　3RP5/14
平安時代の襲の色目に用いられるが、このような鮮やかな色が化学染料で出せるようになった明治以降に、色名として使われるようになった。

生成り色（きなりいろ） 赤みを帯びた黄みの白　r・y-Wt　10YR9/1
染色や漂白を施さない素材の自然のままの色をさし、黄みがかった白。自然回帰志向の近年になり使われるようになった。主に木綿や麻などの植物繊維のものをさすことが多い。

（2級）

銀鼠（ぎんねず） 明るい灰色　ltGy　N6.5
銀は「しろがね」と呼ばれ、鼠は無彩色の灰色をさす名称であったことから、白にちかい明るい灰色のことをいった。英名シルバーグレイにあたる。

（2級）

利休鼠（りきゅうねずみ） 緑みの灰色　g-mdGy　2.5G5/1
茶人の千利休にちなんだ色。抹茶のような緑みの灰色。

（2級）

煤竹色（すすたけいろ）
赤みを帯びた黄みの暗い灰色　r・y-dkGy　9.5YR3.5/1.5
囲炉裏などの煤で煤けて茶色く変色した竹の色をさす。煤竹茶ともいう。竹は日本に自生する身近な植物のため、青竹色、老竹色、若竹色などたくさんの色名がある。

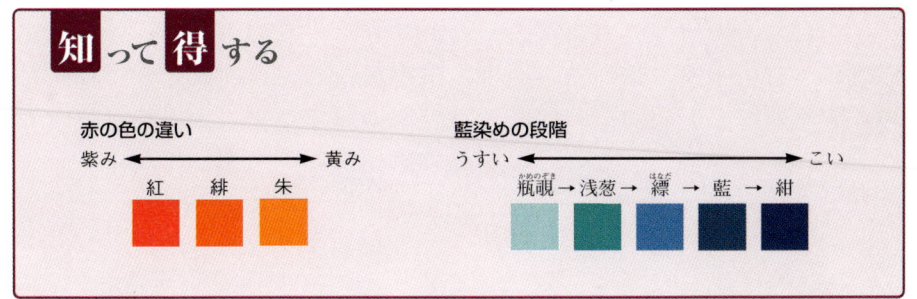

慣用色名（2級・3級） | **83**

外来色名

コチニールレッド　鮮やかな紫みの赤　vv-pR　10RP4/12
（2級）
メキシコの介殻虫（コチニール）を原料とする真紅。大航海時代に新大陸からヨーロッパに伝わった、動物性染料。ヨーロッパでは元々ケルメス介殻虫を使用していた。鮮やかな赤の色名を「カーマイン」という。

ワインレッド　濃い紫みの赤　dp-pR　10RP3/9
赤ワインの濃い赤紫。ヨーロッパではお酒に関する色名が多く、赤ワインに由来するものはバーガンディ、ボルドーなどがあるが、ワインレッドは英名。

オールドローズ　柔らかい赤　sf-R　1R6/6.5
（2級）
鈍い灰みがかったやや紫みのピンク。ローズが付く色名は他にもローズレッド、ローズピンクなどがある。オールドと付く色名は一般に灰みを帯びたくすんだ色をさす。

ボルドー　ごく暗い赤　vd-R　2.5R2.5/3
英名のワインレッドより暗い赤。フランス・ボルドー地方の赤ワインの色。

カーマイン　鮮やかな赤　vv-R　4R4/14
メキシコの介殻虫（コチニール）を原料とする紅色の中で鮮やかな赤の色名をカーマインという。大航海時代に新大陸からヨーロッパに伝わった、動物性染料。

マルーン　暗い赤　dk-R　5R2.5/6
（2級）
スペイン産の栗の名前はフランス語ではマロン。これはマロン・シュートという焼き栗の色。日本にも栗が付く茶は数多くある。

バーミリオン　鮮やかな黄みの赤　vv-yR　6R5.5/14
日本の朱色と同様、元は天然の硫化水銀の原鉱、朱砂（シナバー）の色であったが、16世紀以降は水銀と硫黄が反応した硫化水銀の人工朱色の、より鮮やかな黄みの赤をさす。

スカーレット　鮮やかな黄みの赤　vv-yR　7R5/14
さえた黄みの赤。介殻虫（ケルメス）が原料。カーマインより鮮やかな黄みの赤。ポピーレッド同様、和名では緋色にあたる。

テラコッタ　くすんだ黄みの赤　dl-yR　7.5R4.5/8
（2級）
イタリア語で「焼いた土」の意味で、粘土を焼いた素焼きの陶器や瓦の色。

サーモンピンク　柔らかい黄みの赤　sf-yR　8R7.5/7.5
黄みのピンク。鮭の切り身の色（鮭色）。

チャイニーズレッド　鮮やかな黄赤　vv-O　10R6/15
（2級）
中国湖南省辰州の土からとれる水銀朱「真朱」を辰砂といい、その朱色のような色をチャイニーズレッドという。

バーントシェンナ　くすんだ黄赤　dl-O　10R4.5/7.5
（2級）
イタリア・シエナ地方の酸化鉄を主成分とする土を焼いた色。天然の顔料、絵の具として用いられてきた。焼いていない色はローシェンナ。

チョコレート　ごく暗い黄赤　vd-O　10R2.5/2.5
南米原産のカカオが原料のチョコレートの黒みの強い暗い茶。コロンブスがヨーロッパにもたらし、元々飲み物であったため、板チョコができる以前から使われていた色名であるが、現在のような色をさすのは20世紀からといわれる。

ピーチ　明るい灰みの黄赤　lg-O　3YR8/3.5
西洋の桃の果肉の色。日本の桃色はその花の色からピンク色をさす。

ローシェンナ　強い黄赤　st-O　4YR5/9
（2級）
イタリア・シエナ地方の土の色から付いた色名で、フレスコ画などの絵の具に用いられた。この土を焼いたときの色のバーントシェンナより赤みが少ない。

タン　くすんだ黄赤　dl-O　6YR5/6
（2級）
タンニンを多く含むカシやナラの樹皮の抽出液で、牛などの皮をなめしたものをタン皮といい、そのなめし皮の色をタンという。

エクルベージュ　薄い赤みの黄　pl-rY　7.5YR8.5/4
（2級）
エクルはフランス語の未加工を表すエクリュからきており、未漂白の生成り色をさすが、元々エクリュは主に絹や麻、ベージュも未加工の羊毛の色として使われていた。

ゴールデンイエロー　強い赤みの黄　st-rY　7.5YR7/10
（2級）
ゴールデンは金色のような、金色に輝くの意。ゴールデンイエローは、金を表現するときに用いられるような赤みのある黄色。

マリーゴールド　鮮やかな赤みの黄　vv-rY　8YR7.5/13
日本でいうキンセンカの花のこと。日本の伝統色名の萱草色（かぞういろ）。

アンバー　くすんだ赤みの黄　dl-rY　8YR5.5/6.5
（2級）
和名の琥珀色にあたる、宝石の琥珀のような色のこと。15世紀にはすでに登場する古い色名。

ベージュ　明るい灰みの赤みを帯びた黄　lg-rY　10YR7/2.5
元はフランス語の漂白していない羊毛の色からきており、今では広く薄い茶をさす。未加工をさす同様の色名にはエクリュがある。

（2級）
バーントアンバー　ごく暗い赤みの黄　vd-rY　10YR3/3
イタリア・ウンブリア地方の土アンバーを焼いて作ったもの。ローアンバーより暗い褐色になる。

セピア　ごく暗い赤みの黄　vd-rY　10YR2.5/2
イカ墨からとった顔料で、乾燥させ絵の具としたり、写真のインクとしても使われた。

カーキー　くすんだ赤みの黄　dl-rY　1Y5/5.5
軍服、戦闘服に使われる色でちりやほこりの意。19世紀イギリスの軍服に使われ、日露戦争時、日本でも採用。軍服の色はやや緑がかっている。

ブロンド　柔らかい黄　sf-Y　2Y7.5//
現在では金髪をさす。元は明るい黄色をさしていたようである。

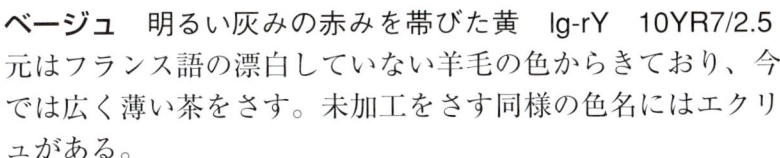
（2級）
ネープルスイエロー　強い黄　st-Y　2.5Y8/7.5
イタリアのヴェスヴィオ火山の鉱物で作られる、鉛アンチモン化合物の黄色顔料。ルネッサンス画には欠かせない黄色で、ナポリで盛んに使われたため「ナポリの黄色」といわれた。この名になったのは後世のことで、クリームイエローが19世紀に登場するまでは代表的な黄色顔料だった。

（2級）
ローアンバー　暗い黄　dk-Y　2.5Y4/6
イタリア・ウンブリア地方の土の色。天然の土から作る顔料で、鉄とマンガンの化合物。

クリームイエロー　ごく薄い黄　vp-Y　5Y8.5/3.5
牛乳から作るクリームの色。黄みの白からカスタードクリームのような、もう少し黄みの強い色をさすこともある。

ジョンブリアン　鮮やかな黄　vv-Y　5Y8.5/14
（2級）
元はアンチモン化合物の黄色（ネープルスイエロー）をさしていたらしい。フランス語で輝かしい黄色の意味。鮮やかな黄色をさす色名。

カナリヤ　明るい緑みの黄　lt-gY　7Y8.5/10
大西洋のカナリヤ諸島周辺が原産のカナリヤの羽毛の明るい黄色。古くから飼育されており、ヨーロッパには16世紀頃、日本にも18世紀にはすでに輸入されていた。

オリーブ　暗い緑みの黄　dk-gY　7.5Y3.5/4
オリーブの実の色。ISCC-NBCやPCCSでは黄の色相の暗色系をさす基本的な色名にも使われる（オリーブグリーン参照）。オリーブは5千年以上前から栽培の記録のある、ヨーロッパではなじみの植物である。

レモンイエロー　鮮やかな緑みの黄　vv-gY　8Y8/12
レモンの皮の色のような少し緑みによった鮮やかな黄色。

オリーブグリーン　暗い灰みの黄緑　dg-YG　2.5GY3.5/3
古い栽培の歴史のあるオリーブだけに、オリーブと付く色名は多い。これはオリーブより緑みによった色で、他にオリーブイエロー、オリーブブラウン、自衛隊軍服のOD（オリーブドラブ）色などがある。

（2級）

シャトルーズグリーン　明るい黄緑　lt-YG　4GY8/10
フランスの修道院で作られていたリキュール・シャトルーズの色。20世紀の流行色名。シャトルーズは英語、フランス語ではシャルトルース。

（2級）

リーフグリーン　強い黄緑　st-YG　5GY6/7
木の葉のような黄緑色。グラスグリーンに比べ、比較的新しい色名。

（2級）

グラスグリーン　くすんだ黄緑　dl-YG　5GY5/5
とても古い色名のひとつで草の葉の色。草色。植物の緑をさす色名は多く、上記のリーフグリーン以外に、メドーグリーン（牧草）、モスグリーン（苔）、アイビー（蔦）、ミントグリーンなどがある。

（2級）

アップルグリーン　柔らかい黄みの緑　sf-yG　10GY8/5
青りんごの色。日本ではりんごといえば赤だが、欧米では青と結び付くので、アップルグリーンは一般的な色名。

（2級）

ミントグリーン　明るい緑　lt-G　2.5G7.5/8
ペパーミント、スペアミントなどのハッカの葉の色で、20世紀にできた色名。ミント酒のような色とする説もある。

コバルトグリーン　明るい緑　lt-G　4G7/9
コバルトアルミン酸塩の顔料で1777年に発見された。鮮やかなグリーンをコバルトグリーン、同じ顔料で強い青色のものをコバルトブルーという。

エメラルドグリーン　強い緑　st-G　4G6/8
宝石のエメラルドのような鮮やかな緑。絵の具の色名として使われ、印象派の画家達に愛用された。

(2級)

マラカイトグリーン　濃い緑　dp-G　4G4.5/9
孔雀石（石緑）から作られる鉱物の顔料で、古くから使われた。古代エジプトで呪術や薬用として塗られたアイラインには、キプロス産のマラカイトが使われていたとされている。

(2級)

ボトルグリーン　ごく暗い緑　vd-G　5G2.5/3
17世紀頃よりワインを入れるのに使われた、濃い緑色のガラスびんの色。

ビリジアン　くすんだ青みの緑　dl-bG　8G4/6
絵の具の色名として有名であるが、1859年フランスのギネが特許を取った水酸化クロム顔料。

(2級)

ピーコックグリーン　鮮やかな青緑　vv-BG　7.5BG4.5/9
孔雀（くじゃく）の羽に見られる青緑色。光の干渉で青や緑に変化して見える。緑みの色をピーコックグリーン、青みの色をピーコックブルーという。

(2級)

ナイルブルー　くすんだ青緑　dl-BG　10BG5.5/5
アフリカ大陸を流れるナイル川を思わせる色。くすんだ緑みがかった青色。19世紀に登場する色名で、ナイルグリーンという色名もある。

ターコイズブルー　明るい緑みの青　lt-gB　5B6/8
宝石トルコ石の青緑色をさすが、ターコイズグリーンより青みの強い青緑。

マリンブルー　濃い緑みの青　dp-gB　5B3/7
ヨーロッパの海軍・水兵の制服の藍染めの色から付いた。現在では化学染料が使われる。

シアン　明るい青　lt-B　7.5B6/10
色料の三原色のひとつ。やや緑みの感じられる青。シアニン系色素。

スカイブルー　明るい青　lt-B　9B7.5/5.5
晴れた日の空の色。薄めの明るい青色。空色をさす色名には、他にもアズール、セルリアンなど、たくさんある。

セルリアンブルー　鮮やかな青　vv-B　9B4.5/9
（2級）
セルリアンはラテン語で空の意味だが、空色よりも濃くやや緑みを帯びた青をさす。これは、錫酸(しゃくさん)コバルトを焼成(しょうせい)した鮮やかな絵の具をさす色名に取って代わられたためである。

ベビーブルー　明るい灰みの青　lg-B　10B7.5/3
主にキリスト教圏で聖母マリアが青い着衣で描かれたことから（ウルトラマリンブルー参照）、乳幼児の服としてよく使われる薄い空色のような青。ベビーピンクもある。

コバルトブルー　鮮やかな青　vv-B　3PB4/10
コバルト顔料の色（コバルトグリーン参照）。ルノアールなど印象派の画家達に好まれた絵の具の色のひとつ。

ミッドナイトブルー　ごく暗い紫みの青　vd-pB　5PB1.5/2
（2級）
真夜中のような黒に近い暗い青。20世紀の流行色名。

ネービーブルー　暗い紫みの青　dk-pB　6PB2.5/4
イギリス海軍の制服がインディゴ染めの濃い紺色だったことから、日本では紺色をネービー（海軍）の青と呼ぶようになり、紺色の一般名として定着した。

PART 3　色の表示Ⅱ〜色名

ウルトラマリンブルー　濃い紫みの青　dp-pB　7.5PB3.5/11
宝石ラピスラズリ（瑠璃）の鉱物顔料。海を越えて伝わった青の意。大変高価で絵画の聖母マリアの着衣の彩色に使われた。別名マドンナブルー。

ウィスタリア　鮮やかな青紫　vv-V　10PB5/12
（2級）
ラベンダーよりも鮮やかな藤の花の青紫色。藤色は、日本では平安時代から使われる古い色名だが、これは19世紀の色名といわれる。

バイオレット　鮮やかな青紫　vv-V　2.5P4/11
スミレの花のような青紫。青と紫の中間色相（青紫）をさす基本的な色名として使われる。ニュートンが著書『光学』でスペクトルの最も短波長側の色をバイオレットとし、一般的になった。

ラベンダー　灰みの青みを帯びた紫　mg-bP　5P6/3
ラベンダーの花のような薄い紫系の色。ラベンダーは、古代ローマでも薬草として使われ、香水や精油の香料としても有名で、日本には江戸時代に入った。明治にはすでに色名となり、19世紀後半の流行色名のひとつとなった。

モーブ　強い青みの紫　st-bP　5P4.5/9
1856年パーキンがコールタールから作った世界初の人工化学合成染料。アオイの花の色からとった名前。

パープル　鮮やかな紫　vv-P　7.5P5/12
英名の色相・紫の基本色彩語。紫は日本でもヨーロッパでも貴重な色で、身分の高いものに許された高貴な色であったが、日本では紫草の根、ヨーロッパでは貝紫のパープル腺からとった染料を使った。

 **マゼンタ**　鮮やかな赤紫　vv-RP　5RP5/14
色料の三原色のひとつ。イタリアの地名。発見当時のマゼンタの戦いから付けられた。アニリンの合成染料。別名フクシン。

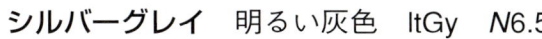 **アイボリー**　黄みの薄い灰色　y-plGy　2.5Y8.5/1.5
象牙色。人が象牙を使っていた歴史はすでに古代ローマにあり、色名としても14世紀には使われていた。象牙を焼いた色はアイボリーブラック。

 シルバーグレイ　明るい灰色　ltGy　N6.5
元々は光る銀の色だが、一般に明るいグレイをさす。日本にも銀鼠がある。さらに白に近い色はシルバーホワイト。

（2級）**スレートグレイ**　暗い灰色　dkGy　2.5PB3.5/0.5
スレートは、ヨーロッパでは主に屋根瓦に用いられる粘板岩の薄い石板のこと。スレートグレイは、その石板のような色をさす。

チャコールグレイ　紫みの暗い灰色　p-dkGy　5P3/1
消炭色。黒にちかいかなり暗い灰色。

（2級）**ランプブラック**　黒　Bk　N1
炭や煤は最も古い顔料といわれ、ランプブラックは油煙の煤を原料とする黒色絵の具。

知って得する

■ **覚えにくい色の名前を覚えるには……**

　色の名前や由来が覚えられないという人は多いのですが、関連付けたり、グループでまとめたりすると覚えやすくなります。
　例えば、土に関する名前は地名に由来したものが多く、また、原料のままだと「ロー」、焼くことで赤みが増し暗い色になる場合は「バーント」が付きます。

　　地名に由来した土に関する名前…弁柄色、代赭色、テラコッタなど
　　「ロー」や「バーント」が付くもの…ローシェンナ、バーントシェンナ、ローアンバー、バーントアンバーなど

　他に、地名が付く名前や地名に由来する名前は、

　　新橋色、江戸紫、チャイニーズレッド、ネープルスイエロー、ナイルブルー、マゼンタなど

　お酒に関する名前は、

　　ワインレッド、ボルドー、シャトルーズグリーン、ボトルグリーンなど

　ヨーロッパではお酒に関する色名は多く、逆に和名ではほとんど見られません。
　他にも花の名前、宝石の名前、動物に由来する名前などとまとめてみると、意外と頭に入りやすくなります。

PART 3 基礎問題（3級）

JISの表記とPCCSの表記のしかたは混同しやすく、間違いやすいところです。2つの違いを比較しながら、しっかりと覚えましょう。

色名

色の正確さが求められる現代では、色を記号や数値で表示することが中心であるが、言葉による表示も用いられ、それを（①　　　　　）と色名の2つに分類しています。①は日常生活の中で必要不可欠な色の分類で、日本語では主に（②　　）種類があげられます。色名には名前の意味や由来があり、下記のように3つに分けられます。
- （③　　　）——具体的な物や事象の名前を借りて色名としたもの
  例：（④　　　　　　　　　　　）←具体的な色名を記入
- （⑤　　　）——染料・顔料、その原料、着色の技術から派生した名前
  例：（⑥　　　　　　　　　　　）←具体的な色名を記入
- 商業的な色名——商業的価値を高めるように付けられた名前で流行色名もこれに当たる　流行色名の例：（⑦　　　　　　　　　　）

JISの色名規格

JISでは1957年アメリカの（①　　　　　　　）に基づき、「光源色の色名」と（②「　　　　　　」）を制定しました。②は（③　　　　）色立体に対応しており、基本色名に修飾語を付けて表す（④　　　　　　　）では、その全域を表現できます。基本色名の無彩色は（⑤　　　）種類、有彩色は（⑥　　　）種類です。また（⑦　　　　）色名のうち比較的よく知られる（⑧　　　　　）も269色制定されています。

④の表記のしかた
- 無彩色（色みを帯びた無彩色）
  「（⑨　　　　　）に関する修飾語」＋「（⑩　　　　　　）に関する修飾語」＋基本色名
- 有彩色
  「（⑪　　　　　）に関する修飾語」＋「（⑫　　　　　　）に関する修飾語」＋基本色名

JIS慣用色名

A 動物性染料が使われた慣用色名はどれですか？
①茜色　②鶯色　③カーマイン　④サーモンピンク

B 最も古い植物染料のひとつといわれる慣用色名はどれですか？
①群青色　②藍色　③バーミリオン　④オリーブ

C 印象派の画家達に愛された絵の具の色としても有名な慣用色名は？
①コバルトブルー　②モーブ　③カーキー　④マゼンタ

D～Fの色票について、最もふさわしい慣用色名はどれですか？

D
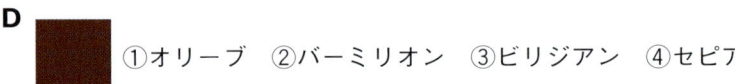
①オリーブ　②バーミリオン　③ビリジアン　④セピア

E

①瑠璃色　②青磁色　③浅葱色　④桔梗色

F

①浅葱色　②萌黄　③若竹色　④鶯色

■基礎問題（3級）解答

色名
①基本色彩語　②11　③文学的な色名　④空色、桜色、鶯色、ピーチ、オリーブ、マリーゴールドなど　⑤技術的な色名　⑥藍色、群青色、茜色、カーマイン、セピアなど　⑦新橋色、生成り色、マゼンタ、ネービーブルーなど

JISの色名規格
①ISCC-NBS色名法　②物体色の色名　③マンセル　④系統色名　⑤3　⑥10　⑦固有　⑧慣用色名　⑨色相　⑩明度　⑪明度及び彩度　⑫色相

JIS慣用色名
A③　B②　C①　D④　E①　F②

PART 3 基礎問題（2級）

頭に入りにくいところですが、テスト自体が内容のまとめになるよう基本を中心に3級の内容を含めて作ってあります。できなかった箇所は、テキストで確認しながら要点を覚えるように見直してください。

色名

1 下記の文章の空欄に当てはまる最も適切な語句を①～④からひとつ選びなさい。

JISでは、「物体色の色名（JIS Z 8102）」と「色の表示方法─（A）の色名（JIS Z 8110）」の2つが日本語による色表示とされている。色名の規格は色を正確に表示するためのものであるが、色を表示する言葉の研究は古くから行われている。20世紀の色彩語が分化していく過程で、カテゴリー化される色域に普遍的な法則性があるという（B）の発表は注目を集め、その後、（C）という言葉が定着することになった。
（C）は多くの言語で同じ特定の色に集中し、それは（D）の6主要色と一致する。そこでこのカテゴリーは基本カテゴリーと呼ばれることになった。このカテゴリーが形成される前の段階は、例えば日本において緑の範囲までを「アオ」と呼ぶように未分化なものだったので（E）カテゴリーと呼ばれる。また、基本カテゴリーの2つの色域が重なる部分から新しい（C）が生まれるようになり、これは（F）カテゴリーと呼ばれる。

A　①透過色　　②表面色　　③反射色　　④光源色
B　①ケイとマクダニエル　　②バーリンとケイ
　　③ヘリング　　　　　　　④ケリーとジャッド
C　①基本色彩語　　②基本色名　　③慣用色名　　④派生範疇
D　①マンセルの基本色相　　②オストワルト表色系
　　③ヘリングの反対色説　　④ISCC－NBS色名
E　①発生　　②未分化　　③複合　　④派生
F　①分化　　②派生　　③新規　　④複合

2 次のISCC-NBS色名法の記述について、空欄に当てはまる最も適切な語句を①〜④からひとつ選びなさい。

色を表示する言葉の研究が、全アメリカ色彩協議会（ISCC）で1939年から行われており、最終的に（A）に対応するようアメリカの連邦標準局（NBS）で色名法を制定し、（B）の連名で発表されたのがISCC—NBS色名法である。これは日本のJISの色の表示方法や（C）に大きな影響を与えた。
ISCC-NBSの表示方法は（D）段階にまとめられるが、その分類は（A）の等色相面をいくつかのブロックに区画し、大きなブロックから小さなブロックに分割していく。
レベル1では（E）の色名ブロックに分かれるが、これはJISの（F）に相当する。レベル2では29のブロックに区画され、（G）の色名以外は、レベル1の色名の中間にある色域を表し、ほとんどが（H）に関する修飾語を伴う色名となっている。レベル3では267ブロックに細分化され、（H）に加え、（I）に関する修飾語が追加され、JISの（J）の日本語に関する（C）に相当している。

- **A** ①オストワルト色立体　②マンセル色立体　③NCS　④CIE表色系
- **B** ①ケイとマクダニエル　②バーリンとケイ
     ③ヘリング　　　　　　④ケリーとジャッド
- **C** ①固有色名　②慣用色名　③系統色名　④基本色名
- **D** ①6　②5　③10　④12
- **E** ①5　②10　③13　④15
- **F** ①固有色名　②慣用色名　③系統色名　④基本色名
- **G** ①violet　②purple　③pink　④orange
- **H** ①明度　②彩度　③色相　④明度と彩度
- **I** ①明度　②彩度　③色相　④明度と彩度
- **J** ①「光源色の色名」　②「物体色の色名」
     ③「色の表示方法」　④「表面色の色名」

3 次のJIS色名の記述について、空欄に当てはまる最も適切な語句を①〜④からひとつ選びなさい。

JISの基本色名は（A）に基づき、有彩色（B）色、無彩色（C）色が決められている。（D）についてはyellow redと（E）、青紫については（F）とvioletのそれぞれ2通りの対応英語がある。

有彩色ではトーンという言葉が使われず、「(G)に関する修飾語」といわれるが、無彩色では「(H)に関する修飾語」といい、(I)に付ける。

色相に関する修飾語は有彩色同様に無彩色にも付けられ、有彩色より(J)なっており、(K)の基本色名に付けられる。

表示のしかたを略号で示すと、有彩色の「鮮やかな緑みの青」なら(L)、「明るい赤紫」なら(M)となる。無彩色では「赤みの中位の灰色」は(N)、暗い灰色は(O)となる。

A ①マンセル表色系　②マンセル色立体　③PCCS　④オストワルト
B ①5　②10　③12　④24
C ①3　②5　③10　④8
D ①赤　②黄みの赤　③黄赤　④橙
E ①red　②yellowish red　③reddish yellow　④orange
F ①blue purple　②purple blue　③purple　④purplish blue
G ①明度　②彩度　③色相およびトーン　④明度および彩度
H ①明度　②彩度　③色相およびトーン　④明度および彩度
I ①白　②灰色　③白と黒　④すべて
J ①少なく　②簡単に　③暗く　④細かく
K ①白　②灰色　③白と黒　④白、灰色、黒
L ①vv-gB　②vG/B　③v-gB　④vvg/B
M ①b-RP　②b-rP　③lt-RP　④lt/RP
N ①R/mdGy　②r-mdGy　③R-mdgy　④rmd/Gy
O ①dk-Gy　②dk/Gy　③dkGy　④dk-gy

4　光源色の色名の記述について、空欄に当てはまる最も適切な語句を①～④からひとつ選びなさい。

光源色の色名にも系統色名と(A)があり、基本色名に修飾語を付けて示すが、光源色の基本色名には(B)がなく、代わりに(C)が入り、有彩色11色、無彩色(D)色である。「色相に関する修飾語」には、物体色の場合と同じく一文字の基本色名に「～みの」を付けるが、これに(E)が追加されている。もうひとつの修飾語は「(F)に関する修飾語」で「薄い」と「(G)」の2つだけである。表記の語順は「(H)に関する修飾語」＋「(I)に関する修飾語」＋「基本色名」で、必要のない場合には修飾語は付けなくてもよい。「薄い紫みの青」を略号で表すと(J)、「鮮やかな黄緑」は(K)となる。

A	①固有色名	②慣用色名	③照明色名	④物体色名
B	①白	②灰色	③白と黒	④黒と灰色
C	①黄赤	②オレンジ	③ピンク	④橙
D	①1	②2	③3	④4
E	①オレンジ	②ピンク	③ブラウン	④オリーブ
F	①彩度	②明度と彩度	③鮮やかさ	④明度
G	①濃い	②鮮やかな	③鈍い	④暗い
H	①色相	②明度と彩度	③鮮やかさ	④彩度
I	①彩度	②明度と彩度	③鮮やかさ	④色相
J	①pl.pB	②p-pB	③p.p b	④pl-pB
K	①v-YG	②vv.YG	③v-GY	④vv.GY

慣用色名

次の慣用色名に関する各設問に、最も適切な語句を①〜④からひとつ選びなさい。

A ヨーロッパの色名には獣毛に由来したものが多く見られるが、日本の伝統的な色名にはほとんど見られず、その代わり鳥の羽の色に由来したものが多い。次の色票は鴇色、鶸色、鳶色、海松色のいずれかであるが、これらの中で鳥の羽の色に由来しないものはどれか？

B 焼いた鉄の肌のような色を鉄色というが、これにあたるものはどれか？

C 下記の中で藍染めに由来しない色名はどれか？

D フランス語の「輝かしい黄色」という意味だが、元々は「ナポリの黄色」

と呼ばれたアンチモン酸鉛の化合物の黄色い絵の具に由来した慣用色名はどれか？

① ローシェンナ　② ゴールデンイエロー　③ ジョンブリアン　④ ネープルスイエロー

■基礎問題（2級）解答と解説

色名

1　A④　B②　C①　D③　E③　F②

解説
複合カテゴリーと派生カテゴリーは混同しやすいので気をつけましょう。

2　A②　B④　C③　D①　E③　F④　G①　H③　I④　J②

解説
ISCC-NBSについては細かな色名がテキストに出てきますが、レベル1〜3までは成り立ちがわかるようにしておきましょう。

3　A①　B②　C①　D③　E④　F②　G④　H①　I②　J④
　　　K④　L①　M③　N②　O③

解説
JISの系統色名では、PCCSやマンセルとの違いを明確にしましょう。特に、明度と彩度に関する修飾語は、PCCSのトーンと違う点がいくつかあります。また、表記のしかたでは有彩色と無彩色では順番が違い、間違いやすくなります。正確に覚えておくようにしましょう。

4　A②　B④　C③　D①　E①　F③　G②　H③　I④　J①　K④

解説
光源色の略号は、修飾語のあとにハイフン（-）を使わず、ピリオド（.）を使います。また、黄緑は物体色ではYGですが、光源色ではGYとなります。

慣用色名

A③　B①　C④　D③

A：①鴇色、②鳶色、③海松色、④鴉色
B：①鉄色、②銀鼠、③利休鼠、④韓紅花

PART 3　応用問題（3級）

1　次に示した色の表示が、JIS系統色名として最も適切なものを①〜④からひとつ選びなさい。

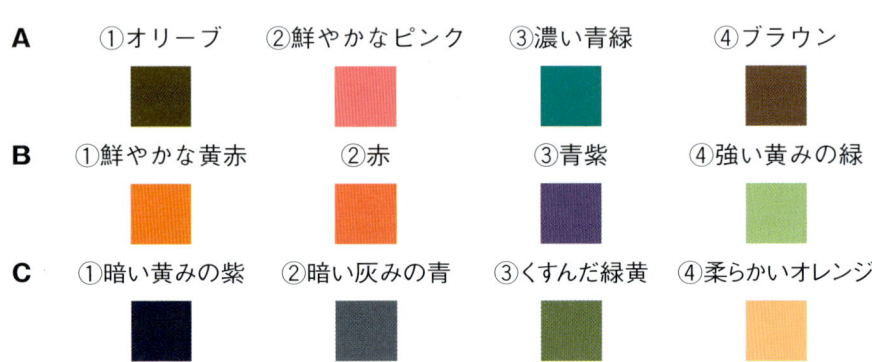

A　①オリーブ　②鮮やかなピンク　③濃い青緑　④ブラウン

B　①鮮やかな黄赤　②赤　③青紫　④強い黄みの緑

C　①暗い黄みの紫　②暗い灰みの青　③くすんだ緑黄　④柔らかいオレンジ

2　次のJISの慣用色名のうち、由来や名前など各設問に最も適切なものを①〜④からひとつ選びなさい。

A　中国の唐の時代に作られ、平安時代に日本に伝わった青い磁器のような色から「青磁色」と呼ばれるようになった。

①　②　③　④

B　硫化水銀の朱は古くから知られているが、イミテーションの朱が作られるようになってからも、どちらの朱色も「バーミリオン」と呼ばれた。

①　②　③　④

C　モーブ

①　②　③　④

D　空色

①　②　③　④

3 次の空欄に当てはまる最も適切なものを①~④からひとつ選びなさい。

日本工業規格では、アメリカの「(A) 色名法」を基に色表示法が制定され、色名に関する規格には「(B) の色名」と「(C) の色名」の2つがある。
「(B) の色名」は (D) 色立体の各色域に対応して定められた2つの色名法の (E) と (F) があり、(F) は現在269色制定されている。(E) は基本色名に修飾語を付加して表すが、基本色名は無彩色で (G) 種類、有彩色で (H) 種類が定められ、有彩色には (I) に関する修飾語が必ずつけられるが、(J) に関する修飾語と無彩色の (K) に関する修飾語は必要がなければつけなくともよい。

A	①NCS	②カラーハーモニーマニュアル	③DIN	④ISCC-NBS
B	①光源色	②反射色	③透過色	④物体色
C	①光源色	②反射色	③透過色	④物体色
D	①PCCS	②オストワルト表色系	③マンセル	④CIE表色系
E	①光源色名	②慣用色名	③系統色名	④物体色名
F	①光源色名	②慣用色名	③系統色名	④物体色名
G	①2	②3	③5	④10
H	①10	②12	③15	④20
I	①明度及び彩度	②明度	③色相及び彩度	④色相
J	①明度及び彩度	②明度	③色相及び彩度	④色相
K	①明度及び彩度	②明度	③色相及び彩度	④色相

4 次の各問のJISの色名に関する説明の中で、最も適切なものを①~④からひとつ選びなさい。

A ①系統色名の有彩色の表示は「色相に関する修飾語」+「明度及び彩度に関する修飾語」+基本色名である。
②系統色名の有彩色の表示は「明度及び彩度に関する修飾語」+「色相に関する修飾語」+基本色名である。
③系統色名の有彩色の表示は「色相に関する修飾語」+「明度及び彩度に関する修飾語」+慣用色名である。
④系統色名の有彩色の表示は「色相に関する修飾語」+「明度に関する修飾語」+基本色名である。

B ①系統色名の無彩色の表示は「色相に関する修飾語」+「明度に関する修飾語」+基本色名である。
②系統色名の無彩色の表示は「色相に関する修飾語」+「明度及び彩度に関する修飾語」+基本色名である。
③系統色名の無彩色の表示は「明度に関する修飾語」+「色相に関する修飾語」+基本色名である。
④系統色名の無彩色の表示は「色相に関する修飾語」+「彩度に関する修飾語」+基本色名である。

■応用問題（3級）解答と解説

1 A③ B① C②
解説
A：①は「暗い緑みの黄」、②は「鮮やかな紫みの赤」、④は「暗い灰みの黄赤」。
B：JISの場合、「明度及び彩度に関する修飾語」は必ずつき、基本色名だけの表示はありません。②は「鮮やかな赤」、③は「濃い青みの紫」、④は「柔らかい黄みの緑」となります。
C：①は「暗い紫みの青」、③は「くすんだ黄緑」、④は「柔らかい黄赤」。
　黄赤、黄緑、青緑、青紫、赤紫など、日本語の慣習に従った色の表現や、「〜み」の修飾語はつけられる色が限定されていることに注意しましょう。

2 A④ B② C① D③

3 A④ B④ C① D③ E③ F② G② H① I① J④ K②
解説
JISの色名規格はアメリカのISCC‐NBS色名法に基づいて制定され、マンセル色立体の各色域に対応していますが、ISCC‐NBSやマンセルの色名がそのまま使われているわけではありません。また、系統色名では、PCCSのトーンと近似した「明度及び彩度に関する修飾語」がつけられますが、呼び方や位置に若干の違いがあることを理解しておきましょう。

4 A② B①
解説
JISの系統色名は、有彩色と無彩色で表示の順が違います。

PART 3 応用問題（2級）

1 次の各問の記述について、最も適切なものを①〜④からひとつ選びなさい。

A 基本色彩語が進化すると基本カテゴリーの2つの色域の重なる部分に新しい色カテゴリーが派生するが、その派生カテゴリーにあたらないものはどれか。
① 赤と青から派生した紫
② 黄と緑から派生した黄緑
③ 白と赤から派生したピンク
④ 黄と黒から派生した茶

B 次の色票に示されたJIS慣用色名「古代紫」の系統色名として最も適切なものはどれか。

① 渋い青みの紫
② 鈍い赤みの紫
③ くすんだ紫
④ くすんだ青紫

C 次の色票の慣用色名の説明として最も適切なものはどれか。

① カシやナラなどの樹皮のタンニンを多く含む抽出液でなめした皮の色から付いた色名
② イタリア語で「焼いた土」を意味する、粘土を焼いた素焼きの陶器などの色
③ 宝石の琥珀のような色
④ イタリア・ウンブリア地方の土からできた天然顔料の色

D 次の慣用色名の説明にふさわしい色はどれか。
アフリカ大陸を流れるナイル河を思わせる色で、19世紀にはナイルブルーとして登場しており、数年後にはナイルグリーンも色名となった。

①  ②  ③  ④

■応用問題（2級） 解答と解説

1 A② B③ C① D④

解説

A：他に白と黒から派生した灰、赤と黄から派生したオレンジがあります。

B：くすんだ紫で、dl-Pです。

C：①の色票はタンです。②はテラコッタ、③はアンバー、④はローアンバーです。

D：ナイルブルーは緑みがかった青色が特徴です。①はミントグリーン、②はマリンブルー、③はセルリアンブルーです。

PART 4 光と色Ⅰ ～光の性質と色の見え

■ポイントと流れ

「色とは何か」を光・眼・見え方から理解します。
 3級では、光の特性、眼の構造と細胞の働き、見た目の色の現れ方を学びます。カッツの見え方の分類はイラストや写真を参考に理解するとよいでしょう。眼の細胞は細かく難しいところです。伝達経路の順に覚えるようにしましょう。
 2級では、照明された物体の見え方を光の性質から考えます。光に関する用語や観測、視覚、色覚説などを3級の眼の構造から進展させて覚えていきます。

■出題傾向

3級では、この章全体を通した内容や、後の章に出てくる照明や混色と合わせて1～2題出題される傾向にあり、文章の穴埋め問題や適切・不適切を選択する問題が主です。
 2級でも、この章全体を通した総括的な問題や眼の細胞の働き、色覚説などが文章の穴埋め問題などで1題ほど出題されます。

1 色とは？

■ 可視光(かしこう)

色は光がないと見えません。光は私達が普段、聞いたり話したりしている携帯電話や、テレビに利用されている**波長（電磁波）**の仲間で、そのうち視覚で色と感じることのできるごく狭い範囲をさし、それを**可視光（380～780nm）**といいます。

※1nm＝10億分の1m

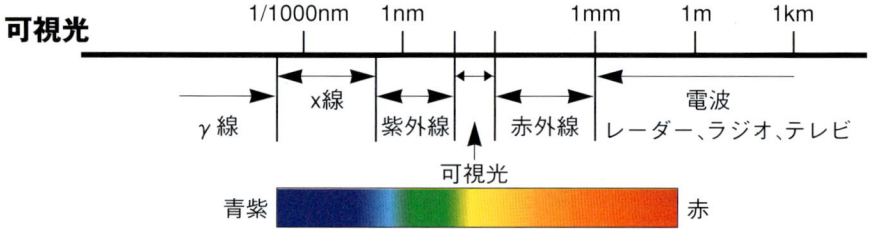

■ 白色光とスペクトル

光をプリズムを通し分光すると、虹の順に長波長の赤から短波長の青紫へと少しずつ変化しながら並んでいます。この**スペクトル**（P28「色相環」参照）を発見した（1666年）のが**ニュートン**です。すべての波長域が合わさると太陽光のような透明の光（**白色光**）に見えます。このように波長が合わさった光を**複合光**、スペクトルの中の１つの波長の光を**単色光**といいます。

> **知**って**得**する
>
> ■ **可視光の両脇の波長は？**
> 　赤の外の波長＝赤外線　皮膚が暖かく感じられます。暖房、医療具にも使われています。
> 　青紫の外の波長＝紫外線　皮膚を焼く化学作用のほかに殺菌作用があり、紫外線ライトとして使われています（UVはUltra Violetの略）。
>
> ■ **電磁波**
> 　電磁波は**波長**と**振幅**で表します。波長は波の１つの山から次の山までの距離を表し、振幅は波の１つの山の振れ幅（高さ）を表します。

2 光の性質

透明な光が私達の目にさまざまな色となって見えるのは、波長の違う複合光である光が物に当たったとき、反射や吸収、屈折などにより、分光や混色が起きるからです。波長である光には、いろいろな性質があります。

■ 物体色
反射と吸収
通常、私達が物を見たときに色が見えるのは、物に光が当たり、反射と吸収が起こり、反射した光が眼によって色として知覚されるからです。反射には<u>正反射（鏡面反射）</u>と<u>拡散反射</u>があり、それが物体表面の質感の違いとして現れます。

正反射（鏡面反射）…光が入ってきた入射角と同じ角度で反射する。鏡面、光沢。

拡散反射……………入射角の反対一方向だけでなく、さまざまな方向に反射する。凸凹、つや消し。

透過
色ガラスやセロファンなど、透明な物体の色は反射ではなく、そのものがフィルターとなり一部の波長を吸収し、透過した波長だけが色として見えます。透過にも<u>正透過</u>と<u>拡散透過</u>があります。

正透過……入射した光が物体をまっすぐに通過して進む。
　　　　　例：透明ガラス

拡散透過…入射した光がさまざまな方向に拡散して通過する。
　　　　　例：曇りガラス

■ 光の現象
屈折
<u>プリズム</u>に光が当たると、光はガラスの三角柱の一面に斜めに当たって屈折し、内部を透過した光が再び別の一面に斜めに当たるとき、

さらに大きく屈折して透過し、波長の違いで分光し**スペクトル**となります。自然現象のスペクトル、**虹**は大気中の水滴がプリズムの役割を果たしています。

このように光は、空気からガラスや水のような**媒質の違う物体を透過するときに屈折**をします。この屈折は長波長より短波長で大きく起こるため、分光して見えます。

眼でも、角膜と水晶体で光の屈折が起きています。

干渉

シャボン玉にゆらゆらと見える色は、光が表面に当たり反射した光と裏側に当たった光が重なり、干渉を起こし現れます。干渉は薄膜に光が当たったときのように、**2つの光が重なったときに起きる**現象です。

光の波長の山と山が重なると振幅が大きくなり明るく、山と谷が重なると振幅が小さくなり暗くなります。**シャボン玉や油膜**は厚みが均一ではないので、見る角度によりさまざまな色に変化します。

回折

光や音波などの波長は、障害物に当たると裏側に回り込む性質があり、回折といいます。光はその隙間が同じくらいの波長か、それより小さいときに回折し、長波長の方が回り込みやすく、短波長の方が大きく回り込むために分光が起きます。これは回折格子として光学機器に応用されています。CDなどの**光ディスクの表面**では、いくつもの細かなスリットで回折が起き、それらがさらに干渉し合い、表面にさまざまな色が現れます。

散乱

空が青く見えるのは、太陽からの光が地球を取り巻く大気中の小さな粒子に当たり、さまざまな方向に散乱するためで、散乱しやすい短波長の青い色が見えています。このように**小さな粒子に光が当たり、さまざまな方向に散ることを散乱**といいます。

3 光の性質

　光の性質を知ることで、色の見え方の変化や違いを理解することができます。基本的な光の性質や照明に関することを、その用語で覚えましょう。

■ 光の性質に関する用語

分光分布
　光を放つものがどのような波長の光をどれくらいの強さで発しているのかを表す、波長ごとにその量を示し曲線でつないだグラフ。

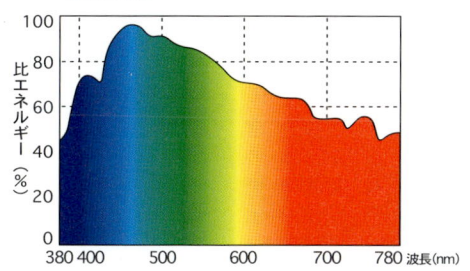

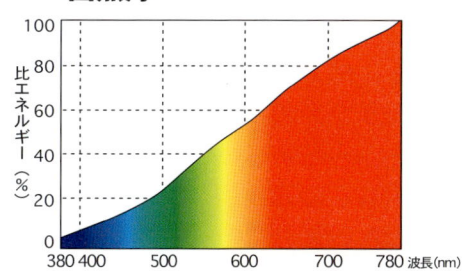

分光反射率
　物体に可視光が当たって吸収と反射をしたとき、**どの波長がどれくらい反射しているか**を比率で表したもの。

■ 照明に関する用語

光束（単位　lm：ルーメン）

　光源から放射される光の量。放射束をCIE標準分光視感効率と最大視感度に基づいて評価した量のこと。一般的に光の量を表し、2つの光源を比較した場合、明るいほうが光源からの光の量が大きいということになる。

　1 lmは、1 cd（カンデラ）の光度の点光源（一点から出る光）が一定の範囲に発する光束の量。明所視での最高感度555nmの光1 W（ワット）の光束は683lmで、最も明るく感じる。

放射束（単位　W：ワット）

　時間単位あたりの放射エネルギー※（全波長域に1秒間に放出されるエネルギー量）のこと。この放射量すべてが色や明るさで感じられるわけではないので、この放射量に対する測光量は光束（ルーメン）で表す。

※紫外線〜可視光〜赤外線までを含む電磁波

光度（単位　cd：カンデラ）

　光源のある方向に対する光の強さを表す。点光源がある角度へ発する光束をその角度で割ったもの。

輝度（単位　cd/㎡：カンデラ毎平方メートル）

　光源の光の強さやまぶしさのこと。

　輝度は光源の大きさ（面積）が関わる。例えば、同じ光束の光源でも、小さな面積のものだとまぶしく、大きな光源だとまぶしさが少なくなる。

　また、照明された反射面や透過面の明るさの程度も表す。反射面では、同じ光束を当てられても、反射率の高い面のほうが輝度は高くなる（同じ明るさで照らされても、黒い面より白い面のほうが輝度が高く、まぶしく感じる）。

照度（単位　lx：ルクス）

　照らされる面の明るさの度合いを表す。あらゆる方向から面に入射

する光束の単位面積あたりの量をいう。

　光源から出る光束が同じでも、照らされる面の距離が変われば照度は変わる。照度は距離の2乗に反比例する（距離が2倍になると照度は1／4になる）。つまり、光源からの距離が離れると暗くなる。

照明に関わる用語

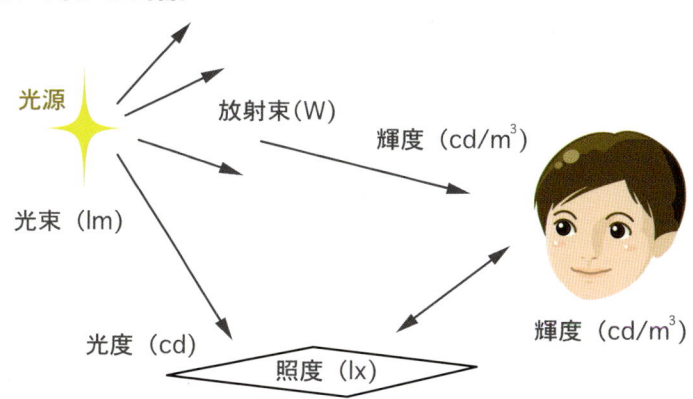

光源の距離と照度の関係

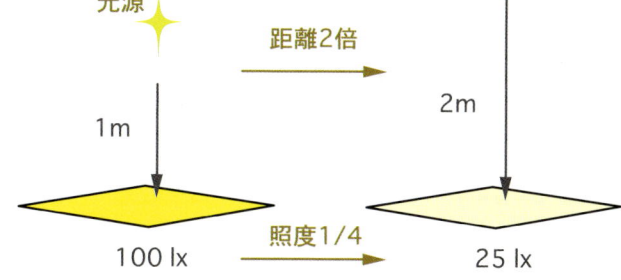

標準観測者

　観測者により判断結果にバラつきが生じないようにするためには、観測者、対象物の大きさ、観察方法に標準が必要である。そのためCIE（国際照明委員会）では、標準になる仮想の観測者として次の2つを定めている。

　　CIE測色標準観測者………小さなサンプルを観察する場合
　　CIE測色補助標準観測者…大きなサンプルを観察する場合

4 眼のしくみ

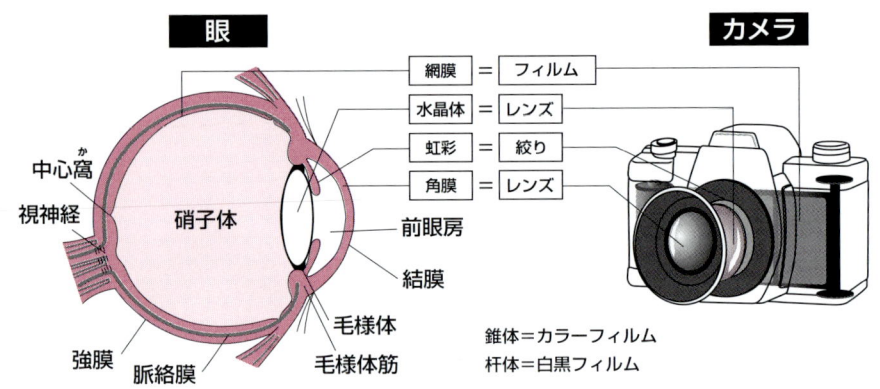

強膜……白目。カメラのボディに当たる。眼を守り、暗箱の役割をする。
脈絡膜…血管が通り、眼に栄養を送る。
網膜……像を結ぶフィルムの役割。白黒フィルムに当たる杆体、カラーフィルムに当たる錐体の2つの視細胞がある。

■ 光が網膜で像を結ぶまでの経路

網膜に到達する光の量や、角度（屈折）を調整します。

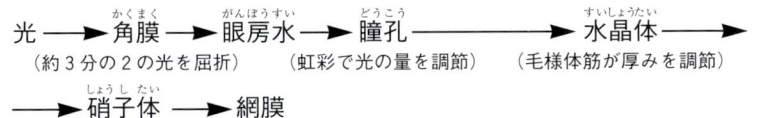

　光はレンズの働きの角膜（黒目）で約3分の2ほど屈折し、眼房水を進み、光の量に応じて虹彩が絞りのように瞳孔の大きさを調節します。2枚目のレンズの水晶体は、毛様体筋が厚みを調節し、さらに光を屈折させて焦点合わせの微調整をし、ゼリー状の硝子体を通り、網膜に像を結びます。

■ 網膜の構造と細胞

網膜は、受け取った光の情報を分析し、電気信号に変えて脳へと送る、多層からなる構造を持つ重要な部位です。

最も外側の層には視細胞、内側には神経節細胞があります。

中心窩

網膜の中心にあり、最もよく見える（解像度が高い）場所を中心窩といいます。視細胞のうち錐体が集中しています。この周辺は血液が集まり、眼底がやや濃い黄色に見え黄斑といいます。

視神経乳頭

中心窩から少し（13度）ずれたところには、脳へ情報を送る視神経を束ねて眼の外へ出す視神経乳頭があります。ここは、ややくぼんだ白い楕円形で視細胞がなく、像を見ることができず、盲点（マリオットの暗点）といいます。

網膜の構造

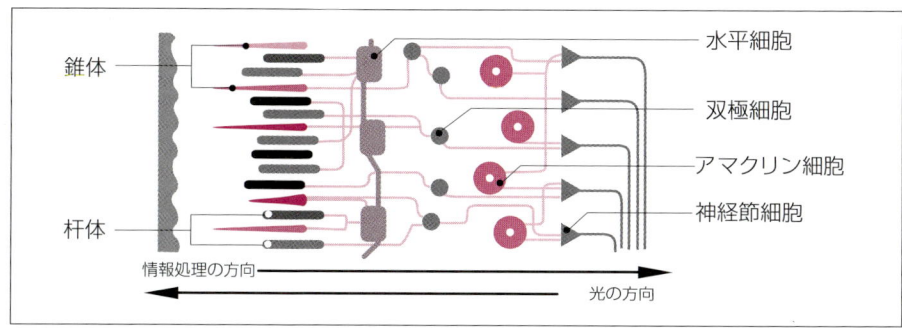

■ 網膜から脳へ伝わる経路

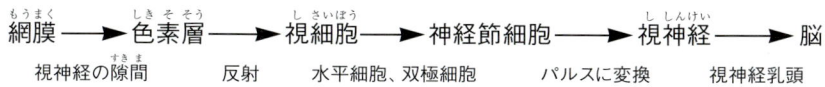

■ 視細胞

網膜の外側の層には錐体と杆体の2つの視細胞があります。

眼のしくみ（3級）

錐体…明るい所で働く（明所視）　カラーフィルムの役割
　　　　中心窩付近、約10°までに集中　約600万個　555nmがピーク
　　　　色を識別する3種の錐体をもつ
　　　　L錐体（長波長─赤）、M錐体（中波長─緑）、S錐体（短波長─青）
杆体…暗い所で働く（暗所視）　高感度白黒フィルムの役割
　　　　網膜全体に分布（中心窩から約20°離れた部分にピーク）
　　　　約1億2000万個　510nmにピーク　明暗に反応

■ 水平細胞
視細胞どうしを結び、働きを調整する細胞で、補色残像に関わります。

■ 双極細胞
視細胞から信号を受けて神経節細胞と結び、空間認識に関わります。
　　　ON型細胞　…光が当たると反応　┐
　　　OFF型細胞…光が消えると反応　┘双方の働きで輪郭を認識

■ アマクリン細胞
神経節細胞を結び、双極細胞の信号を調整します。順応に関わります。

■ 神経節細胞
情報をパルスに変え、視神経から脳へと送ります。1つの神経が情報を得る網膜上の細胞の範囲を<u>受容野</u>といいます。
　　　ON中心型細胞　…受容野の中心に光がある（ON型）ときに反応
　　　OFF中心型細胞…受容野の中心で光が消えた（OFF型）ときに
　　　　　　　　　　　反応
他に大細胞や、色情報に関わる小細胞などもあります。

網膜の細胞

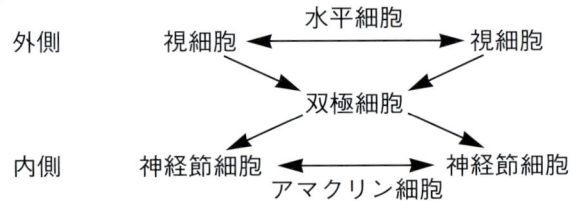

知って得する

■ 眼の老化

　視覚のピークは20歳前後といわれ、色の識別能力も20代から衰えてきます。眼の老化としては主に、老眼と老人性白内障があります。

老眼……40代から水晶体の柔軟性の欠如により、レンズの厚み調節が鈍くなり、焦点合わせがうまくいかなくなる。
老人性白内障……レンズに亀裂と濁りが生じて、物がぼやけたり、眩しさを感じる。水晶体が黄褐色に変化するため、色が変化して見える。50～60代に始まり約70～80％に見られ、90代でほぼ100％。

　高齢者にも見やすい案内板や表示を考えるには、色の見え方が変化する老人性白内障を考慮する必要があります。

　　色の変化…青系→無彩色に見える
　　　　　　　低明度の色→ほとんど黒に近い色
　　　　　　　高明度の色→黄みの白や黄色系の色
　　　　　　　暖色系→比較的変化が少ない
　　配色………明暗の少ない配色→識別が困難（特に白×黄）
　　　　　　　明暗のはっきりした配色→見やすい
　　柄…………細かい柄→消えてしまう
　　　　　　　大きな柄→見やすい

　高齢者にも見やすく、安全な配色にするには、明暗をハッキリとさせ、大きな文字や絵で寒色、暖色をうまく使い分けることが大切です。
　商品説明、案内標識、インテリアなどの分野でも重要です。

■ 視力

　眼では、光を角膜で約3分の2、水晶体で約3分の1屈折し、網膜に結像しますが、その屈折が網膜の位置からずれるなど、うまくいかないと近視や遠視、乱視になります。

■ 硝子体の障害

　硝子体は眼球内をゼリー状の物質で満たし、補強の役割をしていますが、さまざまな障害も起こる場所です。例えば、網膜との癒着は「光視症」を起こします。他に、加齢などによって濁りが起こり、その影が網膜にうつって虫や糸くずのように見える「飛蚊症」、網膜にできた裂け目などに硝子体の液が入り、網膜をはがしてしまう「網膜剥離」などがあります。

PART 4　光と色Ⅰ～光の性質と色の見え

5 視覚系の構造

前項の「眼のしくみ」に出てきた網膜にある**視細胞**について、2級ではもう少し細かく学んでいきます。

■ フィル・イン（filling-in）

盲点では像を見ることができないはずですが、私達は普段それを意識することはありません。盲点は両眼に存在し、右視野と左視野に分かれているため、両眼で見ていればお互いの視覚情報を埋めることができます。しかし、片眼で見ても盲点部分の情報は周辺の知覚で充填され、周辺の情報と同様に見ることができます。これを**フィル・イン（充填知覚）**といいます。

同様に色を識別する錐体は網膜の中心部分にしかないのですが、私達が中央だけでなく全体にわたって色を認識できるのも、周囲の知覚が情報を充填しているためと考えられています。

■ 視細胞の感度と分光視感効率曲線

視細胞の錐体と杆体には、それぞれ可視光の波長に対する感度の違いがあります。つまり、波長によって明るさの感じ方が異なるのです。その視細胞の波長による感度の特性を**視感効率**といいます。

分光視感効率曲線とは、**視細胞の錐体と杆体の可視光の波長における感度**をグラフで示したもので、どの波長をどれくらい明るく感じるかを最大1.0となるように表しています。CIEではCIE測色標準観測者の分光視感効率を定めています。

錐体（明所視）では555nm（黄緑）、杆体（暗所視）では510nm（緑）がピークで、これは**プルキンエ現象**（P121「プルキンエ現象」参照）に関係しています。

分光視感効率曲線

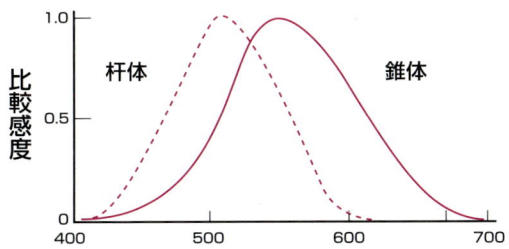

錐体の感度曲線　＝　明所視感度曲線
杆体の感度曲線　＝　暗所視感度曲線

■ 視物質・杆体のロドプシン

　杆体には光に反応する**ロドプシン**という高感度の視物質があります。光が当たると退色、分解が始まり、暗所では合成されます。ロドプシンは波長によって光の吸収量が異なり、510nm付近がピークとなります。ロドプシンは暗所視における杆体の分光視感効率と関わっています。

知って得する

　ロドプシンは退色していないときはピンク色で、その名もギリシャ語の赤（rhodos）からきており、別名視紅（しこう）といいます。
　杆体は1種類しかなく、動物からも容易に抽出できるため、早くから研究されてきましたが、色を識別する3種の錐体は、視物質の存在はわかっていますが、抽出が困難なために詳細がわかっていません。

6 色の見え

1 順応

■ 色順応（色覚恒常）

照明条件が変わると色が違って見えますが、白熱灯でも太陽光の元でもしばらくすると、赤は赤に、青は青に感じ始めます。また、色のついたサングラスをかけているときでも、しばらくすると普段と同じように、まわりの景色の色を感じることができます。これは目が自動的に色の見え方を補正するためで、この作用を色順応または色覚恒常といいます。

■ 明暗順応

トンネルや映画館など暗い場所から明るい場所へ、あるいは明るい場所から暗い場所へ移動すると、最初はまわりのものがよく見えませんが、やがて目が慣れて見えるようになります。これをそれぞれ明順応、暗順応といいます。この順応もロドプシンにより説明ができます。

暗順応

明るいところ（明所視）では、杆体にあるロドプシンは光を吸収して分解されており、錐体が働いています。急に暗いところ（暗所視）に移ると、錐体は働くことができず、杆体へと働きが移行しますが、ロドプシンが分解状態にあるため、すぐには反応できません。

したがって、一時的に２つの視細胞とも反応ができない状態になりよく見えなくなりますが、しばらくするとロドプシンが再合成され、少しずつ見えるようになります。暗順応が完全に安定するには30分ほどかかります。

明順応

暗いところから明るいところへ移動する場合は、杆体から錐体の働きへと移行する状態になります。ロドプシンは大変高感度なので、光をすぐに吸収して分解が始まり、明順応は暗順応より短い時間ですみ

ます。明順応は2、3分で安定し始め、10分ほどで完全に安定します。

明所視（錐体視）

太陽や人工灯など明るさがあり、錐体が働いて物の形や色がはっきりとわかる状態です。

薄明視

弱い光の中で、物の色や形が薄ぼんやりとわかる明るさ。錐体と杆体の働きが入れ替わる状態です（プルキンエ現象）。

暗所視（杆体視）

月明かりなどでほの暗い中、杆体が働いて明暗により物の形がわかる状態です。

■ プルキンエ現象

前述の通り、錐体と杆体には感度のピークにずれがあります（P119「分光視感効率曲線」参照）。明所視では錐体が働き、555nmをピークとする長波長側の光に対する感度がよく、長波長側の色が明るく鮮やかに見えます。

ところが、あたりが薄暗くなり薄明視や暗所視へ変わると、視覚の働きは錐体から杆体へ移行していきます。杆体の感度のピークは510nmと短波長側ですので、短波長側の色が明るく見えるようになります。この感度の推移を**プルキンエシフト**といいます。

このように、明るいところでは明るく鮮やかに見えた赤が薄暗くなるにつれ暗くくすみ、徐々に青が明るく見える現象を発見者の名前から**プルキンエ現象**といいます。

2　残像

ある色の像をじっと見続け、白や灰色の面に目を移すと、同じ像が反対の色となって現れることを残像（網膜残像）、あるいは補色残像現象といいます（P189「継時対比」参照）。このとき現れる色を心理補色といいますが、減法混色の際に無彩色になる物理補色とは、やや違った色になります。

3　側抑制

　縁辺対比（マッハバンド）やハーマングリッドでは、色や明るさの境界線を強調するような見えが起こります（P197参照）。網膜上で、視細胞→双極細胞→神経節細胞→脳、と信号が伝達する際、輪郭線の情報を神経節細胞が脳へ送ります。このとき、視細胞からの色や明るさの境界線の信号が強調されていれば、その存在をより明らかにすることができます。

　このように、色が接する**境界線の情報をより強調**させ際立たせる働きを**側抑制**といいます。

マッハバンドの拡大図

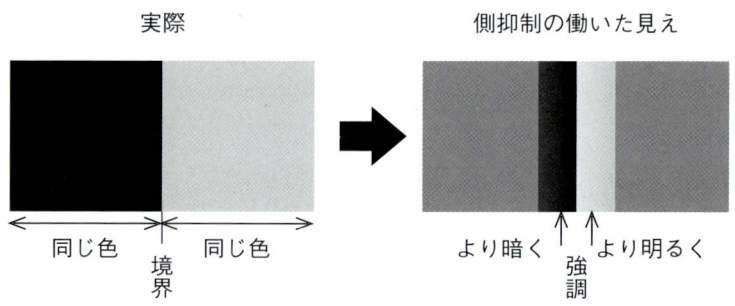

7　色の見え方の分類

　雪の白、うさぎの毛の白、雲の白、紙の白、大理石の白などのように、色には同じ波長の色であっても、その素材感やきめなど、さまざまな**見え方**の違いがあります。ドイツの心理学者カッツは、その見た目の色の現れ方を分類しました。OSA（アメリカ光学会）でも、カッツの定義を元に分類をしています。

カッツの分類	OSAの分類	
面色（図①） 澄んだ青空のように色の認識はあるが距離感や奥行き、質感の実感がなく、視野全体が1つの色に覆われたように感じられる見え方。還元衝立の穴からのぞいた色も同じように見える	**開口色** 還元衝立（衝立に小さな穴があり、そこから物を見る）を通すと、距離や質感が知覚できず、純粋な色だけを知覚する。カッツの面色の一部に当たる 	
表面色（図②） 一般的に見る物体の反射色としての色。距離、奥行き、質感、形がわかる見え方	**表面色** 物体色として知覚できるもののうち、カッツの表面色、透明面色、鏡映色がこれに当たる。距離感、方向、質感、堅さなどが感じられる物体の表面の色の現れ方	**物体色** 物の色として認識されるもので、カッツの表面色、透明面色、鏡映色、空間色がこれに含まれる
透明面色（図③） 色ガラスやセロファンなど、透明な色のフィルターの縁が視野に入るようにして景色を見るとフィルターの存在が認識でき、視野全体がそのフィルターの色で満たされるのではなく、フィルターを通して見える面だけが、その色が景色に重なって見える見え方		
鏡映色（図④） 色のついた鏡に映った物や景色に、その鏡の色が透かして見える色の現れ方		
空間色（図⑤） グラスに赤ワインを注ぐとワインの部分が色のついた空間として認識できる。そのように透けた感じの空間の容積の存在がわかる見え方	**空間色** 透明で均一な物の色の見え方で、カッツの空間色に当たる	
光沢（図⑥） 物体の表面が光を反射して光り、白く色のないように見える現れ方		
光輝（図④） ろうそくの炎や電球の明かりなど、自らが光を発して輝いて見える見え方	**光源色** 自らが光を発している物体の色。距離感はある。カッツの光輝・灼熱もこれに含まれる	
灼熱 焼けたガラスや鉄のように、表面だけでなく内部までその色で満たされて光を発しているような見え方		
	照明色 照明によって照らされた空間の光の色。質感やきめは感じられない	

図① 面色

図② 表面色

図③ 透明面色

図④ 鏡映色・光輝

※右側が鏡映色、左側のろうそくの炎が光輝。

図⑤ 空間色

図⑥ 光沢

8 色覚説

　網膜から脳へ情報が送られ、色を知覚し識別する働きを「色覚」といいます。「色はなぜ見えるのか」というメカニズムの解明は、17世紀以後、多くの人に研究されてきましたが、「光と色」への関心は、古代ギリシャのアリストテレスにまでさかのぼるといわれ、現在もそのメカニズムの解明は続いています。それでは、現在主流とされている段階説に至るまでの歴史を見ていきましょう。

■「光と色」の研究
古代ギリシャ　アリストテレス
　・光は粒子
　・光は眼から出て物に当たり、その反射によって色を知覚する
　・眼から出る光の粒子（白→黄→赤→菫→緑→青→黒へと変化）

17世紀　ニュートン
　有名なスペクトルを発見し（P108「白色光とスペクトル」参照）、分光した光を混色して別の色を作り、メタメリズム（P160参照）を観察するなど、さまざまな視覚の科学的実験を行い、色を主に物理学的に解明した「光学」を1704年に刊行。
　・光は粒子
　・光→眼→神経を通じ脳へ
　・光に色はない。色は光がもたらす人間の感覚特性

19世紀　ゲーテ
　ニュートンから遅れること100年。ドイツの文豪として有名なゲーテは約30年にわたって色彩を研究し、科学的実験から色を客観的に論じたニュートンを批判した。ゲーテは色の精神作用としての視覚現象や人間の感情と色彩の関係を重んじ、ニュートンと対極の考えを示した。1810年に「色彩論」を刊行。

■ 色覚説

17世紀のニュートンの研究以後、18世紀には眼の光を感じる組織の解明が盛んになり、三色説と四色説が登場します。

1　三色説（ヤング-ヘルムホルツの三原色説）

18世紀「光の波動説」で有名なイギリスの物理学者ヤングは、網膜がすべての色に反応する感覚（神経組織）を持つのは不可能であると考え、当時すでに画家の間で知られていた三原色の考えと網膜の感覚器を結び付け、1802年「三原色説」を発表しました（当時は加法混色と減法混色は未知で、後にヘルムホルツが2つの三原色をそれぞれ明らかにしました）。

19世紀ドイツの生理学者ヘルムホルツはこの研究を引き継ぎ、視細胞にはR、G、Bに反応する細胞があり、それぞれ3つの神経組織に分かれて脳へと伝達されて色知覚が起こるという色覚のメカニズムを体系化しました。ヘルムホルツは視細胞―視神経―脳の色覚に伝わる段階をすべてこの3色に対応すると考えました。

これを「ヤング-ヘルムホルツの三原色説」といいます。また、これ以外にも色知覚を3色の受容器からの情報伝達で起こるとする説があり、これらを「三色説」といいます。

2　四色説（ヘリングの反対色説）

ドイツの生理学者ヘリングは、色覚が3対の反対色の組み合わせによる6つの感覚からなると考えました。

ヘリングは、例えば紫からは同時に赤も青も感じることができるため、紫は赤と青の反応からの色だということが理解できるが、赤と緑の反応であるはずの黄色からは赤や緑を感じることができないので、黄色も独立した色（原色）であると考えました。

また、赤（R）と緑（G）のように1つの色から同時に感じることができない2色の関係として、3組の反対色（R-G、Y-B、W-Bk）を仮定し、網膜にはこれに対応した神経組織があり、光の刺激によって分解合成反応が起きて色の知覚が生じると考えたのです。

この赤と緑、黄と青、白と黒の6色は、それぞれ他の色を感じることがない心理的な原色であり、このうちの色知覚に関わる有彩色（赤

と緑、黄と青）を**有彩心理四原色**といいます。ヘリングが唱えたこの説は「**四色説（反対色説）**」と呼ばれます。

3　段階説

ヤング-ヘルムホルツ説からは混色の理論の説明は成り立ちますが、補色残像のメカニズムは説明できませんでした。しかし、ヘリングの反対色説により、補色残像のほか、順応や対比なども説明できるようになりました。

20世紀になるとマークス（英）や富田（日）らによって、S錐体、M錐体、L錐体の3つの錐体が確認され、ヤング-ヘルムホルツ説が裏付けられた一方、ジェームソンとハーヴィッチによって反対色の知覚メカニズムが測定され、また反対色細胞が発見されるなどして、ヘリングの四色説も解明されつつあります。

現在では、**網膜の視細胞の段階では**「**三色説**」の3つの視細胞の働きがあり、その先の**視神経の段階では**「**四色説**」の知覚反応が起こるとする、「**段階説**」が有力な説として考えられています。

PART 4　基礎問題（3級）

ここでは、過去問題では確認できない、2005年から増えた言葉を中心に復習しましょう。
それぞれの空欄に当てはまる語句を入れてみましょう。

電磁波と光
さまざまな波長の電磁波の中で、私達が目で見ることができる波長を（①　　　）といい、その範囲を超えた長波長側には暖かさを感じる（②　　　）が、短波長側には日焼けを起こす（③　　　）があり、目で見ることはできません。
通常白色として見える太陽光は、虹でもわかるようにたくさんの波長で構成される（④　　　）で、その中の単一の波長の光を（⑤　　　）といいます。

光の性質
- 光が一般的な物体に当たると反射・（①　　　）し、反射した光が入射角と同じ角度で反射することを（②　　　）といい、光沢やつやのある面に見えます。また、あらゆる方向に反射することを（③　　　）といい、つや消しの表面に見えます。一方、セロファンや色ガラスなどの物体に当たると一部の波長を吸収し（④　　　）した光が見えますが、曇りガラスのような面は入射光が直進せず、（⑤　　　）します。
- 光は通過する媒質が変わるとその境界で（⑥　　　）し、波長によって異なる角度の方向に進むので、白色光は（⑦　　　）して虹の帯が現れます。
- 油膜やシャボン玉のような薄膜では、透過した光や反射した光の波がぶつかり、振幅が大きくなったり打ち消されたりする（⑧　　　）が起きます。
- 光は、その波長より小さな隙間に当たると回り込む性質があり、（⑨　　　）といいます。コンパクトディスクの表面では、たくさんのスリットで⑨が起き、さらに相互に⑧し合い、さまざまな色が現れます。
- 晴れた日の空が青いのは太陽光が大気中の塵などで（⑩　　　）するためで、波長の（⑪　　　）ほうが⑩しやすいため青く見えるのです。

眼のしくみ

光が網膜に達する経路は、まず1枚目のレンズである（①　　　）でその大半の屈折を受け持ち、眼房水を進み、光の量に応じ（②　　　）が瞳孔の大きさを調整します。2枚目のレンズの（③　　　）を（④　　　）筋が引っ張り、微調整の屈折をし、ゼリー状の（⑤　　　）を通過し網膜に像を結びます。
網膜で最も解像度が高いのが（⑥　　　）で、そこには血流が集まり（⑦　　　）といいます。⑥から少しずれたところには脳へと情報を送る視神経を外に出す（⑧　　　）があり、そこには視細胞がなく（⑨　　　）となっています。

網膜の構造

- 多層からなる網膜では、情報を脳へ送るための情報処理を行う、さまざまな細胞があります。
- 視細胞には2つの細胞があり、1つは十分な光のもとで働く（①　　　）で、もう1つはわずかな光で働く（②　　　）です。①は②より数が（③　　　）、中心窩に集中し、RGBの波長域それぞれに感度の高い、（④　　　）（長波長に高感度）、（⑤　　　）（中波長に高感度）、（⑥　　　）（低波長に高感度）の3つがあり、これらからの3つの信号で光の波長、色がわかります。
- この視細胞どうしの連絡と調整を行う（⑦　　　）細胞は、視細胞からの信号を受け取り、ON型とOFF型の細胞で像の輪郭をとらえる（⑧　　　）細胞が神経節細胞へ情報を送ります。神経節細胞を結び、⑧細胞からの信号の調整を行うのは（⑨　　　）細胞で、順応に関わると考えられています。
- 神経節細胞には（⑩　　　）の中心部で光を感知したときに反応する（⑪　　　）細胞と、まったく逆の働きをする細胞があります。

色の見え方の分類

カッツの分類の言葉と説明をつないでみましょう。

①面色　　　　A　形態や質感があり、距離感がわかる見え方
②表面色　　　B　光を発し輝いている色の見え方でOSA分類の光源色に当たる
③透明面色　　C　なめらかな表面に照明光が反射したハイライトの部分の見え方
④空間色　　　D　距離感や質感も曖昧で、還元衝立の穴からの見え方でもある
⑤鏡映色　　　E　空間を占めているように感じられる見え方
⑥光沢　　　　F　色ガラスなどの縁が視野に入るように景色を見たとき、ガラスの部分だけ、その色が景色に重なっているように見える見え方
⑦光輝・灼熱　G　色鏡に映った物が、その鏡の色を透かしたように見える見え方

PART 4　光と色Ⅰ～光の性質と色の見え

■基礎問題（3級）解答

電磁波と光
①可視光　②赤外線　③紫外線　④複合光　⑤単色光

光の性質
①吸収　②正反射（鏡面反射）　③拡散反射　④透過　⑤拡散透過
⑥屈折　⑦分光　⑧干渉　⑨回折　⑩散乱　⑪短い

眼のしくみ
①角膜　②虹彩　③水晶体　④毛様体　⑤硝子体　⑥中心窩　⑦黄斑
⑧視神経乳頭　⑨盲点

網膜の構造
①錐体　②杆体　③少なく　④L錐体　⑤M錐体　⑥S錐体
⑦水平　⑧双極　⑨アマクリン　⑩受容野　⑪ON中心型

色の見え方の分類
①－D　②－A　③－F　④－E　⑤－G　⑥－C　⑦－B

PART 4 基礎問題（2級）

光の性質、視覚系の構造、色覚説について、基礎問題で確認しておきましょう。

光の性質

左側の光の尺度に関係する語句について、最も適切な説明を右側から選び、線でつなぎなさい。

A 光束　　①単位はW：ワット。電磁波の全波長域に1秒間に放出されるエネルギー量のこと

B 放射束　②単位はcd：カンデラ。光源の光の強さの単位。これは点光源がある方向へ発する光束をその角度で割ったもの

C 光度　　③単位はcd／㎡：カンデラ毎平方メートル。光源の光の強さやまぶしさ。また照らされた反射面の明るさも表す

D 輝度　　④単位はlm：ルーメン。1lmは1cdの点光源が一定の範囲に発するこの量のことである

E 照度　　⑤単位はlx：ルクス。照らされる面の明るさの度合いで、あらゆる方向からその面に入射する光束の単位面積あたりの量

視覚系の構造①

次の文章の空欄に最も当てはまる語句をそれぞれ①～④からひとつ選びなさい。

私達の眼の網膜上には2つの視細胞がある。ひとつは、（A）だが光の波長の違いを識別し、（B）がわかる錐体細胞（錐体）と、もうひとつは、（C）だが光の波長の違いを伝達できず、（D）に反応する杆体細胞（杆体）である。（E）は黄斑部分に集中しているが、（F）は中心窩の中央部分では見つかっていない。
視細胞の明るさの感度は波長によって異なり、同じ強さの光でも明るさの感じ方が違う。このような光に対する感度の波長特性を（G）といい、錐体が働く（H）では555nmの（I）、杆体が働く（J）では510nmの（K）が最も明るく見える。

このような人間の2種の視細胞のメカニズムの感度は、色や照明を定めるのに重要であるため、CIEではCIE測色標準観測者における（L）として標準的なこの感度を定めている。このような感度をグラフに表したものを（M）という。

A	①高感度	②低感度	③長波長	④中波長
B	①色	②明暗	③強さ	④光量
C	①低明度	②短波長	③低感度	④高感度
D	①色	②感度	③彩度	④明暗
E	①杆体	②視細胞	③錐体	④水平細胞
F	①錐体	②杆体	③神経節細胞	④双極細胞
G	①分光分布	②視感効率	③分光反射率	④視細胞分布
H	①明所視	②薄明視	③暗所視	④昼間視
I	①黄色	②黄緑	③緑	④青緑
J	①明所視	②薄明視	③暗所視	④昼間視
K	①青紫	②青	③青緑	④緑
L	①分光視感効率	②視感効率曲線	③分光分布率	④分光反射率
M	①分光分布曲線	②分光視感効率曲線	③分光反射率曲線	④分光反射率

視覚系の構造②
次の各問の説明の中で誤っているものはどれか、①〜④からひとつ選びなさい。

A ①視細胞は光を吸収して神経信号を出すが、杆体にあるこの光を吸収する視物質をロドプシンという。
②ロドプシンは光が当たると退色して分解し、暗くなると再び合成する。
③ロドプシンは555nm付近の光を最も吸収して退色する。
④ロドプシンの510nm付近の分光特性が暗所視における視感効率であると考えられる。

B ①明るい場所ではロドプシンはほとんど分解された状態にあり、急に暗くなると錐体は反応できず、杆体もすぐには反応できないため、一時的に2種類の視細胞はどちらも反応できなくなる。
②明るいところから急に暗いところへ移っても、しばらくするとロドプシンが再合成されて錐体が反応できるようになる。これが暗順応である。
③ロドプシンが分解されて、錐体で見ている状態が明順応である。
④錐体が機能できない暗所視で杆体が反応する状態が暗順応である。

C ①周囲が徐々に暗くなり錐体視から杆体視へと移る途中を薄明視という。
②暗くなるに従って最大視感効率は短波長側へと推移する。つまり、明るいところでは長波長の光に、暗くなると短波長の光に感度は高くなる。
③明所視から暗所視へ移行するときの光に対する感度の推移をプルキンエ現象という。
④明るいところでは赤が明るく鮮やかに見え、暗くなると青が明るく見えるようになってくる。これをプルキンエ現象という。

D ①視細胞から出た信号は双極細胞から神経節細胞へ送られ、神経節細胞は色や明るさの輪郭線の情報を脳へ送る。
②視細胞から送られる色や明るさの違いの情報信号を平均化することにより、脳への疲労を抑制することができる。
③色や明るさの輪郭線の存在を明らかにするために、隣接する領域の信号を強調する働きを側抑制という。
④側抑制による視覚現象として、縁辺対比やハーマングリッドがある。

色覚説

次の文章の空欄に最も当てはまる語句をそれぞれ①〜④からひとつ選びなさい。

色と光の関係は古代ギリシャの（A）の記述にも見られ、光は粒子であり、眼から出ると考えられていた。やがて17世紀になるとニュートンが、色は光の特性ではなく、光が人間にもたらす感覚特性であると主張した。その後18世紀になると、眼の中に光を感じる組織があることが理解されるようになる。
しかし、何万ともなるすべての色を判断する組織が眼にあると考えるのは現実的ではないと、（B）は考え、その説を（C）が明確にし、眼に入った光はR、G、Bの3つの神経組織に分けられて脳へ伝達され色知覚が生じると仮定した。そのような説は（D）と呼ばれる。
このR、G、Bと同様に（E）も単一の純色に見え、他の色知覚を構成する心理的な原色のひとつである考えたのが（F）で、これを（G）という。
現在では網膜の初期段階では（D）、その後の段階では（G）となるという（H）が主流となっている。

A ①プラトン ②ソクラテス ③アリストテレス ④ゲーテ
B ①ヤング ②ジャッド ③ベゾルド ④ヘリング
C ①オストワルト ②ヘルムホルツ ③ブリュッケ ④マルクス

D	①反対色説	②四原色説	③三色説	④段階説	
E	①オレンジ	②黄色	③バイオレット	④パープル	
F	①ジェームソン	②プルキンエ	③トーマス	④ヘリング	
G	①三色説	②単色説	③段階説	④四色説	
H	①心理四原色説	②反対色説	③段階説	④有彩心理四原色説	

■基礎問題（2級）解答と解説

光の性質
A—④　B—①　C—②　D—③　E—⑤

視覚系の構造①
A② B① C④ D④ E③ F② G② H① I② J③
K④ L① M②

視覚系の構造②
A③ B② C③ D②

解説

A：ロドプシンは杆体の視物質で、510nm付近の光に対して最も吸収し退色します。この分光特性が、暗所視における視感効率であると考えられています。

B：錐体は明所視、杆体は暗所視で働きます。

C：明所視から暗所視へ視細胞の働きが移行するときに起こる感度の推移をプルキンエシフトといい、そのときに起こる波長の色の見え方をプルキンエ現象といいます。

D：視細胞から送られる色や明るさの違いに関する信号を強調することによって境界線を明らかにする働きを側抑制といい、縁辺対比などの現象はこれによって起こると考えられています。

色覚説
A③ B① C② D③ E② F④ G④ H③

PART 4 応用問題（3級）

1 次の空欄に当てはまる最も適切なものを①〜④からひとつ選びなさい。

私達が色を見るためには、物、視覚、光が必要であるが、私達が視覚を通し感じることができる光を（A）という。光は（B）の一種で、（A）は（C）nmの範囲の複数の波長で構成され、（D）と呼ばれる。（D）としての太陽光は白色に見えるが、虹やシャボン玉のように白色光からさまざまな色が見えることがある。これを17世紀に実験で明確にしたのは（E）で、プリズムを使い白色を分光して（F）をスクリーンに投影した。この（F）から取り出した単一の光を（G）という。

A	①可視光	②単色光	③白色光	④複合光
B	①赤外線	②電磁波	③紫外線	④不可視光
C	①280〜780	②380〜780	③400〜600	④380〜880
D	①可視光	②単色光	③合成光	④複合光
E	①マルクス	②ゲーテ	③ニュートン	④プラトン
F	①フィルター	②カラーバンド	③スペシューム	④スペクトル
G	①単色光	②単一光	③複合光	④可視光

2 次の空欄に当てはまる最も適切なものを①〜④からひとつ選びなさい。

光を感じた眼は、その情報を信号に変えて脳へと送る。その経路は、まず眼の前面に（A）があり、光の（B）を行い集光する。その光は、虹彩が（C）の大きさを変えて光量を調節し、（D）の厚み調節により焦点調整を行い、網膜に結像する。網膜には光を神経信号に変える（E）種類の視細胞があり、そのうち（F）は中心部分に多く、たくさんの光がないと反応できないが、（G）の識別ができる。

A	①水晶体	②レンズ	③角膜	④強膜
B	①屈折	②回折	③干渉	④吸収
C	①毛様体筋	②瞳孔	③硝子体	④視神経乳頭
D	①水晶体	②レンズ	③角膜	④強膜

E ①1 ②2 ③3 ④5
F ①杆体細胞 ②水平細胞 ③双極細胞 ④錐体細胞
G ①明暗 ②輪郭 ③順応 ④色

■応用問題（3級）解答

1　A①　B②　C②　D④　E③　F④　G①

2　A③　B①　C②　D①　E②　F④　G④

PART 4 応用問題（2級）

1 次の図は物の表面の反射を表したものであるが、どのような反射に見えるか最も適切なものを①〜④からひとつ選びなさい。

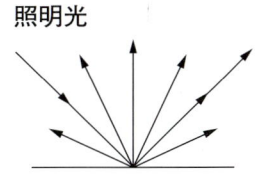

照明光

① 完全な拡散反射で、マット（つや消し）な紙のような面の反射で、どこから見ても同じ明るさに見える
② 正反射で、鏡のようにそのまま映る反射面
③ 拡散反射の中で一部分強く鏡面反射しており、光沢やきらめき感がある反射
④ さまざまな面に乱反射している拡散反射で、にごった面に見える

2 次の文章の中の空欄に当てはまる、最も適切な語句を①〜④からひとつ選びなさい。

眼球内の感光部である2種類の視細胞には（A）に対する感度の違いがあり、同じ強さの光でも波長によって（A）が違って感じる。このような光に対する視細胞の感度の波長特性を（B）という。明るいところでは（C）nmの黄緑が最も明るく見え、これは明所視における（D）の（B）であり、暗くなると（E）nmの緑が最も明るく見える。これは暗所視における（F）の（B）と考えられる。（F）の視物質である（G）の光の吸収・退色のピークは（E）nm付近でこの分光特性が、暗所視における（B）であると考えられている。
（H）ではこの標準的な視細胞の感度を定めており、それをグラフで示したものが（I）である。

A	①色相	②明るさ	③彩度	④照度
B	①分光反射率	②視細胞感度	③感度効率	④視感効率
C	①550	②555	③520	④510
D	①杆体	②錐体	③神経細胞	④ロドプシン
E	①555	②500	③450	④510
F	①錐体	②水平細胞	③杆体	④黄体
G	①ロドプシン	②フィル・イン	③プルキンエ	④ルーメン
H	①CIE	②ISCC	③NCS	④NBS
I	①分光視感反射率	②視細胞分布	③分光視感効率曲線	④測色観測者

3 次の文章の中の空欄に当てはまる、最も適切な語句を①～④からひとつ選びなさい。

ヤングと（A）によって完成された三色説は、網膜には（B）に対応する3種類の物質があり、網膜に到達した光にその物質がどの程度、反応するかで色を知覚するというものであるが、これによって三原色の混色の説明ができる。一方（C）は、この三色説では紫や青紫はそのどちらからも（D）が知覚でき、（D）の強さの比較で違いがわかることも理解できるが、RとGの反応で知覚される（E）からは、RとGを感じることができないため、この理論ですべてを説明するのには無理があると考えた。また、RとG、（F）は同時に感じることはなく、三色説では補色残像を説明できないため、WとBk、RとG、（F）を組み合わせた3つの神経組織から色知覚が生じると仮定した。この説を（G）という。

- **A** ①マクスウェル ②ケイ ③グラスマン ④ヘルムホルツ
- **B** ①M、C、Y ②R、G、B ③R、Y、B ④R、G、Y
- **C** ①ヘリング ②ニュートン ③ゲーテ ④ヘルムホルツ
- **D** ①MとC ②RとB ③RとC ④MとB
- **E** ①オレンジ ②黄緑 ③黄色 ④シアン
- **F** ①BとY ②CとY ③BとM ④CとM
- **G** ①六色説 ②段階説 ③三色組説 ④四色説

■応用問題（2級）解答と解説

1 ③

解説
入射した照明光があらゆる方向にまんべんなく広がっている拡散反射の中で、一部分だけが鏡面反射（正反射）をしている図になっています。つまり、これは正反射による光沢を含む面の反射です。

2 A② B④ C② D② E④ F③ G① H① I③

解説
視細胞の錐体・杆体の光の明るさに対する感度の違いからくる視感効率に関する問題です。視細胞のメカニズムは色や照明を決める際に重要となります。

3 A④ B② C① D② E③ F① G④

PART 5

光と色Ⅱ〜照明

2級 3級

■ ポイントと流れ

照明光とそれに関する用語や演色性とCIE測色用の光について、またランプの種類や特徴などを覚えます。物体の色は照らされる光によって見ることができ、光が変わると色は変わります。そこで、この章では人工の光である照明にはどのようなものがあるのかを学びます。3級では、主に照明光の大まかな分類と代表的な光源による見えを習い、2級で細かな内容へと進みます。

■ 出題傾向

3級では、前章や次章の混色と総括した問題の中で出題されることがほとんどです。
2級でも、この章だけでの単独の出題ではなく、「光と色」全体の総括した問題の中で出題される傾向にあります。

1 照明光

　物を見るには光が必要ですが、自ら光を発するものを光源といいます。私達は長い間、太陽光を光源としてきましたが、現在では太陽に代わるさまざまな人工の光があります。それらの人工の光は太陽とは含まれる波長が違うため、同じ物を見ても違った色に見える場合があります。
　その人工の光・照明に関する用語や特性を理解していきましょう。

■ 光色（こうしょく）

　光色とは、「光源色」のことで、光源の分光分布（P111「分光分布」参照）で決まります。つまり、太陽光のようにすべての波長域をまんべんなく含めば白色光に、白熱電球のように中〜長波長域を多く含めば黄色っぽい光色になります。

■ 色温度（いろおんど）

　照明光の違いを表すには、分光分布による光色を「色温度」という数値で示し、K：ケルビン（℃＋273→0℃は273K）という単位を使用します。
　色温度は、光源の色と黒体を熱したときに発する色が同じ色になったときの絶対温度に置き換えて表します。黒体は鉄と同様に高温になるに従い、赤から青白へと変化します。

　　低温　赤　→　黄　→　白　→　青白　高温

　約3000Kで白熱電球のような光色、5000Kぐらいで太陽の白色光に近く、6500Kぐらいでは日中の北窓や、蛍光ランプの少し青みを帯びたような色になります。つまり、色温度が低いほど赤みの光色に、高いほど青白い光色になります。

絶対温度

　セ氏−273.15℃は、物体の分子活動が停止する、これ以上の低い温度はないという絶対零度です。ここを0として表すのが色温度で用いられる絶対温度（ケルビン温度）です。

黒体

入射するすべてのエネルギーを波長や方向に関わらず、すべて吸収して100%放射できる理想的な物体のことを黒体といいます。

相関色温度

光色が黒体の色と一致しない場合は、最も近似した黒体の温度で表します。これを**相関色温度**といいます。

■ 演色と演色性

物を見るときの光源の分光分布が変わると色は違って見えます。物は照らされた光を反射または透過することで知覚されるため、照らす光の分光分布が違えば反射する分光分布も変わるからです。このように、**照明に照らされた物の色の見え方**を「**演色**」といいます。

照明が長波長を多く含む白熱灯なら、物体は全体的に赤みを帯び、赤は鮮やかに、青はくすんで見えます。一方、短波長を多く含み、長波長が少ない蛍光灯ならば、物体は青みを増して、赤はくすんで見えます。このように、**物体の色の見え方に光源が与える性質**を「**演色性**」といいます。

色彩恒常（色順応）

照明条件が変わると色が違って見えるのが演色性です。ところが私達は、白熱灯の下でも太陽光の下でもしばらくすると同じような色に感じ始めます。これは、**眼が自動的に色の見え方を補正する**ためで、この作用を**色彩恒常**または**色順応**といいます。

知って得する

■ **色彩恒常の見え方の補正とは……**

自然昼光の下で順応している私達の眼は、RGBに対する感度が均等に働いています。しかし、光源の分光分布が自然昼光のようにまんべんなく波長を含む照明ではない場合、RGBの感度の比が不足している波長域のエネルギーを補うように働き、自然昼光の下とほとんど同じ知覚となるようにするのです（例えば短波長が足りなければ、Bに対する感度が上がります）。

PART 5　光と色Ⅱ〜照明

■ 演色評価数

　光源の演色性を評価するときの演色性を表す指数です。基準となる光を100として、100に近ければ演色性が高い、**基準の光**の見えに近いということになります。

　JIS（日本工業規格）では**15種類の試験色**（JIS Z 8726）を、基準の光と演色性を調べる試験光源で照明したときに生ずる色度のずれ（**色差**）で演出性を評価します。15種類の試験色のうちNo.1〜8の平均値を**平均演色評価数**（Ra：アールエー）といいます。

　しかし、光源はさまざまな場面で用いられ、食事をおいしく見せる、顔色を美しく見せるなど、その場にあった演色が求められています。平均演色評価数は、赤色のずれが大きいものも青色のずれが大きいものも同じずれの数値として評価してしまいます。そのため、これら8種類の試験色以外にも複数の試験色を用いた**特殊演色評価数**も評価の対象とする必要があります。

基準の光

　私達が慣れ親しんできた光、つまり太陽光（**自然昼光**）や炎による光とみなされる**白熱電球**が、一般的に基準の光となります（P144「標準イルミナント」参照）。

JISの15種類の試験色

　国際的方法に日本独自の色を加え、次のように定めています。

- No.1〜8　　ほぼ全色相の中明度・中彩度の色（平均演色評価に使用）
- No.9〜12　　高彩度色
- No.13　　　欧米人の肌色
- No.14　　　葉の色
- No.15　　　日本人の肌色

■ 蛍光ランプの種類とランプの演色評価数

　JISでは蛍光ランプを**光色によって下記の5つ**に分け、また、光源の分光分布の違いによる**演色評価数の値で3つ**に分けています。演色性の高い高演色形は、さらに3つに分類されます。色評価用には高演色形、学校やオフィスの照明にはRa80以上の3波長形が適します。

光色の種類と演色評価数の分類

光色 { 電球色（L） / 温白色（WW） / 白色（W） / 昼白色（N） / 昼光色（D） }

演色評価数 { 普通形 / 3波長形（3波長域発光形） / 高演色形 { 演色A / 演色AA / 演色AAA } }

代表的なランプの演色評価数

光源（蛍光ランプ）	相関色温度(K)	Ra	光源（HIDランプ）	相関色温度(K)	Ra
普通形昼光色	6500	74	水銀ランプ	5800	14
普通形昼白色	5000	72	蛍光水銀ランプ	3900	40
普通形白色	4200	61	蛍光メタルハライドランプ	3800	70
普通形温白色	3500	60	すずハライドランプ	4600	90
3波長形昼白色	5000	88	高圧ナトリウムランプ	2100	25
色評価用昼白色	5000	99	高演色形高圧ナトリウムランプ	2500	85

資料：（財）東京大学出版会「色彩用語事典」

＊HIDランプとは高輝度放電ランプの総称（スタジアムや道路の照明に用いられる）

■ 照明の好ましさ

　照明は使う場面によって好ましさが変わります。色評価であれば演色性の高さが重要ですが、場合によっては必ずしも演色性が高いものがふさわしいわけではありません。光色の暖かいものや、照度（lx）の高いものがよいなど、その場に応じて好ましさは変化します。

　クリュイトフは、照明の照度と色温度（光色）の関係による有名な実験によって、照明の快適さは「相関色温度が高い照明（青白い光色）の場合には照度も高くしないと快適に感じず、色温度が低い照明（暖かい光色）の場合には照度も低いほうが快適に感じる」としています。

レストランは暗く暖かい照明で落ち着いた雰囲気を演出している

オフィスは明るく白っぽい照明で活動的な雰囲気を演出している

■ 標準イルミナント

　光源に何かしらの基準がなければ、私達は色を伝えたり演色性を評価したりすることはできません。そこでCIE（国際照明委員会）では、測色用の照明を国際標準の光として光源の分光分布の数値を規定し、標準イルミナントと補助標準イルミナントを定めています。

標準イルミナント
・標準イルミナントA
　　一般照明用タングステン白熱電球の光（約2856K）
・標準イルミナントD_{65}
　　平均的な昼光（CIE昼光）を代表する光（約6504K）

補助標準イルミナント
　補助標準イルミナントには、D_{50}、D_{55}、D_{75}、C（北窓昼光）の4つがあります。

■ 標準光源・常用光源

　測色用に分光分布が定められた仮想の光をイルミナントといい、これを人工的に再現したものを標準光源といいます。現在、この分光分布を持つ光源は標準イルミナントAで、標準イルミナントD_{65}にはありません。そこで近似した光源で代用しますが、これを常用光源といい、常用光源D_{65}が用いられています。

＊標準イルミナントのDはDaylightの頭文字。
＊標準イルミナントに示される65、50などの数字は約6500K、5000Kなどの色温度を示しています。

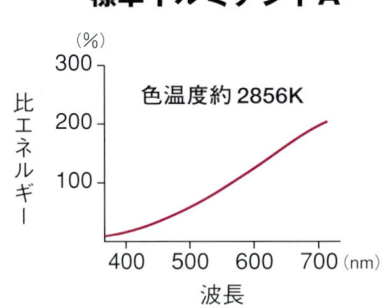

標準イルミナントA
色温度約2856K

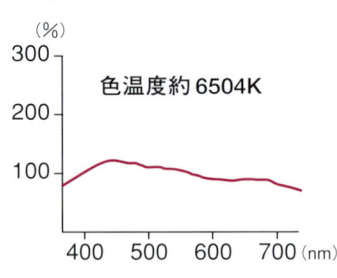

標準イルミナントD_{65}
色温度約6504K

CIE昼光

　光の基準として、太陽の光（自然昼光）は欠かすことができませんが、太陽光は地域、時間、季節によって常に変化をしています。そこで、ジャッドら3人の色彩学者により、自然昼光の分光分布の観測が実施され（米国・ロチェスター、英国・エンフィールド、カナダ・オタワ）、そのデータから代表的な仮想の昼光の分光分布が計算されてCIE昼光となりました。

　日本でもデータを集め計算したところ、わずかな誤差であったため、日本の昼光もCIE昼光で代用できることになっています。

2 光源の種類

■ 光源の種類と分類

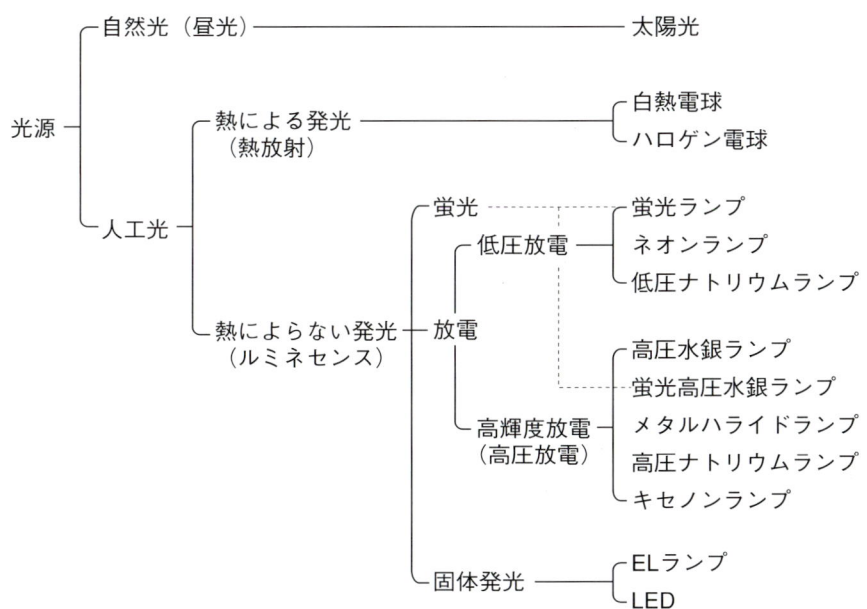

太陽や月に代わる照明として人類が手に入れたのは炎です。そして、その炎の明かりを絶やさないための薪や松明、ロウソク、さらに灯油やガスなどを用いた明かりが登場します。何万年も続いた炎による明かりは18世紀、電気エネルギーによる電灯に代わり、20世紀には、現在では最も普及している蛍光灯などの放電ランプへと進化しました。

最近では、半導体技術の応用による発光ダイオード（LED）が注目される一方、今後は、自然エネルギーや省電力、高効率など、地球環境に配慮した照明が求められています。

```
炎による光  →  電灯    →   放電ランプ  →  LED
（熱による発光）            （熱によらない発光）
```

太陽光

色温度は約6500K。大気を通り抜ける際に短波長が散乱しやすいため、赤みを増した色で地表に到達する。1日のうちでも太陽の位置によって色はかなり変化する（朝焼けや夕焼けと日中の色の違いなど）。

白熱電球

100年ほど前にできた炎の光による人工光源。電流をタングステンフィラメントに流して熱し光を出す。赤みを帯びた光で、経済的には非効率な光源である。欧米では住宅の照明によく使われる。

ハロゲンランプ

白熱電球内部にハロゲン化物を入れた白熱光源の一種であるが、輝度が高く、白熱電球より色温度が高いため、高級感があり、商業施設の照明に多く用いられる。

蛍光ランプ

ガラス管内に水銀を封入し、放電現象によって多量放射する紫外線を、管内壁に塗られた蛍光物質が可視光に変換して発光するランプ。蛍光物質の種類を変えることで光色を変えられる。寿命が長く、消費電力も少ない。世界的に普及し、日本の住宅では最も一般的な照明。

ネオンランプ

ガラス管内にネオンやヘリウムなどのガスを封入し、放電現象によって発光させるランプ。ネオンサインとして知られる。

メタルハライドランプ

放電ランプの一種。発光管内に金属ハロゲン化物を封入し、高圧の電圧をかけて放電させることで大光量が得られる。封入する金属によってさまざまな分光分布、光色になり、スポーツ施設の照明に用いられたり、演色性の高いものはデパートなどに使われたりする。また、光化学、植物育成、漁業などにも使用される。

高圧ナトリウムランプ

高圧放電ランプの一種。発光管内にナトリウム金属を封入し、赤橙色の光色を発する。高効率、大光量のため、スポーツ施設や道路照明に使われるが、演色性を改善して白熱電球に似た光色が得られるものは、商業施設やホテルロビーなどに利用される。

低圧ナトリウムランプ

ナトリウムランプの一種。発光管内にナトリウム金属を封入し、低圧放電して発光する。極めて効率性が高いのだが、オレンジ色の単色光のため演色性が非常に悪い。日本では山岳道路以外ではあまり使われない。

高圧水銀ランプ（蛍光高圧水銀ランプ）

高圧放電ランプの一種。発光管内に水銀を封入し、水銀放電によって発光する。強い可視光を発するが、演色性が非常に低いため、地下道や倉庫などで使用される。現在は演色性を改善した蛍光高圧水銀ランプ（ランプの内側に蛍光物質を塗布したもの）があり、道路、トンネル、公園などに使用されている。

キセノンランプ

高圧放電ランプの一種。キセノンガスによる発光を利用。色温度が6000Kで、平均演色評価数が94Raと自然昼光に近く、ランプ寿命の間

はランプ特性の変化が少ないため、色検査用の照明などに用いられる。

発光ダイオード（LED）

　半導体の技術による**固体発光素子**（自然放出光を放出する素子）をLEDという。**低電圧、低消費**だけでなく、小型軽量で寿命も長いため、今後の開発による幅広い活用が期待される。現在、信号灯などに使われている。

エレクトロルミネセンス（EL）

　もともとは1939年に発見された**電界発光**によるランプ。高電圧が必要であったが、1987年有機ELの開発によって、**安くて、軽量で、省電力**なものが作られるようになり、現在は液晶画面のバックライトなどに用いられている。

自然光（昼光）

すべての波長をほぼ均等に含むので、自然な色合い

白熱電球

短波長側の青みの波長が少なく、長波長側を多く含むので、全体に赤みの黄の色合い

昼白色蛍光ランプ

昼光より長波長（赤）が少なく、赤は少しくすみ、全体に青みの色合い

水銀ランプ

長波長（赤）側の波長が極端に少なく、短波長から中波長が中心で、全体に緑みを帯びた色合い

■ ランプの効率

　ランプの効率は、可視放射として有効利用される全光束に対する消費電力の比率で表され、入力電力（ワット：W）分のランプの全光束（ルーメン：lm）で、lm/Wで表記します（白熱電球は15lm/W、直管型3波長系・蛍光ランプは81lm/Wなど）。ランプは徐々に光束が低下し、ランプ寿命の間は明るさが変化します。その変化率は**定格寿命**（h）として数値で示されます。

PART 5 基礎問題（2級・3級）

照明の特性や光源の種類は理解できましたか？
基礎問題で確認してみましょう。

照明光
次の各問の説明の中で誤っているものはどれか、①〜④からひとつ選びなさい。

A ①光色は、どのような波長の光がどのような強さで含まれているかという光源の分光分布で決まる。
②朝日や夕日は600nm以上の長波長を多く含むため赤みが強い光色となり、白熱電球は560nm以上の波長域を多く含むため青みを帯びた光色となる。
③光色を数値で表すには色温度（ケルビン：K）が用いられるが、これは温度で色を表現するものである。
④色温度は赤から黄、白、青白と変化し、徐々に数値が上がる。

B ①照らされた物体の色の見え方を「演色」といい、物体の色の見え方に影響を与える光源の特性を「演色性」という。
②照明光が変わっても、物体からの反射光の分光分布は変わらない。
③照明光が変化しても、物体の色が変わらなく感じる現象を「色彩恒常」という。
④白熱灯でも自然昼光でも、眼のRGBに対する感度の補正により、物体色の見え方はほとんど変わらないようになる。

C ①照明された室内の雰囲気は、光源の演色性や光色、照度によって変化する。
②色温度が高い光源ほど冷たく緊張した印象に、色温度が低い光源ほど暖かく落ち着いた印象になる。
③光源の色温度が低くなるにともない、照度も高くしないと快適に感じない。
④光源の演色性を評価するには、各試験色ごとの「色度のずれ」から演色評価数を求め、そこから平均演色評価数Raの指数を出す。

D ①CIE昼光とは、多くの自然昼光の分光分布をデータ解析することで求めた、仮想の昼光のことである。
②物体の色を世界共通で評価するために、測色用に決められた特別な照明光が標準イルミナントである。
③標準イルミナントにはCとD_{65}の2種類があり、補助標準イルミナントにはA、D_{50}、D_{55}、D_{75}がある。
④標準イルミナントは実際の光源ではなく、標準イルミナントの分光分布を持つ実際の観察用光源を標準光源という。

光源の種類

A〜Hの光源について、最もふさわしい説明を①〜⑧からひとつ選びなさい。

A 太陽光
B 白熱電球
C ハロゲンランプ
D 蛍光ランプ
E メタルハライドランプ
F 高圧ナトリウムランプ
G 低圧ナトリウムランプ
H 高圧水銀ランプ

① 放電ランプの一種。発光管内に水銀を封入し、水銀放電によって強い可視光を発光するランプ。極めて演色性が悪く、地下道や倉庫に用いられる。
② 放電ランプの一種。発光管内に金属ハロゲン化物を封入し、高圧の電圧をかけて放電させることで大光量が得られる。封入する金属によりさまざまな分光分布、光色になり、スポーツ施設の照明に用いられ、演色性の高いものはデパートなどにも使われる。
③ 色温度は約6500Kで、赤みを増した色で地表に到達し、1日のうちで色がかなり変化する。
④ 白熱電球内部にハロゲン化物を入れた白熱光源の一種であるが、輝度が高く、白熱電球より色温度が高いため、高級感があり、商業施設の照明に多く用いられる。
⑤ 放電ランプの一種。発光管内にナトリウム金属を封入し、低圧放電し発光する。極めて効率性が高いが、オレンジ色の単色光で、演色性が非常に悪い。山岳道路以外あまり使われない。

⑥ ガラス管内に水銀をわずかに封入し、放電現象によって多量放射する紫外線を管内壁に塗られた蛍光物質が可視光に変換し発光するランプ。蛍光物質の種類を変えることで光色をいろいろ変えられる。寿命が長く、消費電力も少ない。

⑦ 放電ランプの一種。発光管内にナトリウム金属を封入し、赤橙色の光色を発する。高効率、大光量のため、スポーツ施設や道路照明に使われるが、演色性を改善して白熱電球に似た光色が得られるものはホテルロビーなどに利用される。

⑧ 炎の光による人工光源。電流をタングステンフィラメントに流して熱し、光を出す。赤みを帯びた光で、経済的には非効率な光源である。

■基礎問題（2級・3級）解答と解説

照明光
A② B② C③ D③

解説
Aは光源に関する問題で、①③④はいずれも正解。白熱電球は黄色っぽい光色。

Bは光源によって照らされる物体や見え（演色）に関する問題。通常、自ら光を発しない物体の表面色は反射と吸収で決まり、照らされた光の分光分布の範囲でしか反射をすることができないため、照明光が変われば当然反射する分光分布は変わります。しかし、人間の眼の「色彩恒常」によって眼の感度が補正され、しばらくすると同じような色に感じるようになります。

Cは演色と色温度（光色）に関する問題。色温度が高い、青白い光ほど照度も高くしないと快適に感じません。

DはCIE標準イルミナントに関する問題。標準イルミナントはAとD_{65}。補助標準イルミナントはC、D_{50}、D_{55}、D_{75}。

光源の種類
A③ B⑧ C④ D⑥ E② F⑦ G⑤ H①

PART 5 応用問題（3級）

1 次の写真について、最も適切なものを①〜④からひとつ選びなさい。

①Aの照明光は水銀ランプで、Bは自然昼光である。
②Aは自然昼光で、Bは白熱電球の照明である。
③Aは自然昼光で、Bは昼白色蛍光ランプの照明である。
④Aは昼白色蛍光ランプの照明で、Bは水銀ランプの照明である。

2 次の各問の①〜④のうち、間違っているものをひとつ選びなさい。

A　①熱放射の光源には白熱電球がある。
　　②人工光には熱放射によるものと放電によるものが多い。
　　③蛍光による発光である蛍光ランプは高圧放電による光源である。
　　④放電による光源には低圧と高圧があるが、水銀ランプは高圧放電である。

B　①昼光は光の波長成分が均等で、物の色が自然に見える。
　　②昼光下では赤み成分が強く、白い紙も若干黄みを帯びて見える。
　　③白熱電球は青みの波長が少なく、青や緑はくすんで見える。
　　④水銀ランプは赤み成分が少なく、全体に緑っぽく色再現される。

■応用問題（3級）解答
1　②
2　A③　B②

PART 5　応用問題（2級）

1　次の文章の空欄に当てはまる、最も適切な語句を①〜④からひとつ選びなさい。

照明された物の見え方を「(A)」といい、その見え方に影響を与えている光源の特性を「(B)」という。照らす光源が変わると物体の色も変わる。つまり、(B)の違いによって、色の見え方が変わるのである。照明光が物体に当たると吸収と反射が起こり、その(C)した光が眼に入ると、眼は色を知覚する。したがって、照明の(D)が変われば、物体からの(B)する光も変わり、物体の色は違って見えるのである。

しかしながら私達人間の眼は、色に対する(E)が変化して、照明光が変化しても色はさほど変化したようには感じない「(F)」という特性があり、時間がたって眼が慣れてくると、太陽光の下でも白熱光の下でも見え方はあまり変わらなく感じる。

演色評価数は、(B)を知りたい試験光と基準の光で試験色を比較し、色度のずれである(G)を評価するもので、試験光を(H)とし、そこから(G)を減点して評価する。

A	①演色性	②物体色	③表面色	④演色
B	①分光分布	②演色性	③分光特性	④演色
C	①反射	②吸収	③屈折	④分光
D	①反射率	②反射曲線	③分光反射率	④分光分布
E	①特性	②光色	③感度	④反射
F	①明暗順応	②色彩恒常	③恒常色	④標準色
G	①色差	②温度差	③色温度	④色相差
H	①1	②10	③50	④100

2　次の文章の空欄に当てはまる、最も適切な語句を①〜④からひとつ選びなさい。

商業的、工業的な目的や、国際間などで色彩をやりとりする際に、同じ条件の(A)で物体の色を評価しなければ、混乱が起きてしまう。そこで、物体色の評価を世界共通にするために、(B)では特別な照明光を(C)として、(D)の数値を国際標準で定めている。現在、(C) 2種と補助(C) 4種類があり、(C) A

は（E）を代表する光で、おなじくD₆₅は平均的な（F）を代表する光の（D）であるが、実際にはこのD₆₅の（D）を持つ光源は存在しない。しかし、この代わりになる光源として（G）があり、活用されている。

A	①光源	②気候条件	③日照	④太陽光
B	①CIP	②CIE	③ISCC	④NBS
C	①標準光	②標準光源	③標準照明	④標準イルミナント
D	①分光分布	②光色	③反射色	④ルクス
E	①蛍光ランプ	②白熱電球	③昼光色ランプ	④昼白色ランプ
F	①白熱電球	②蛍光ランプ	③昼光	④太陽光
G	①標準光源	②標準イルミナント		
	③常用光源	④常用イルミナント		

■応用問題（2級） 解答と解説

1 A④ B② C① D④ E③ F② G① H④

解説
照明された物体は色を表しますので「演色」です。その影響を与える照明光の特性が「演色性」です。通常、物体は光で照らされ、その反射で色は知覚されますので、照らされる光が変われば色も変わります。照明光を評価する方法、眼の順応や色彩恒常などの特性も合わせて覚えておきましょう。

2 A① B② C④ D① E② F③ G③

解説
国際標準であるCIEが定めた光の分光分布が標準イルミナントです。標準イルミナントは仮想の光で、それと同じ分光分布を持つ光源が標準光源ですが、標準イルミナントD₆₅はまだ標準光源がなく、似た分光分布を持つ代用光源として常用光源D₆₅があります。

PART 6 光と色Ⅲ〜混色

2級 3級

ポイントと流れ

多種多様な色はどのように作り出されるのか、何色あれば色は作れるのかなどを混色で考えます。テレビやパソコン、カラー印刷、写真などの色がどのように作り出されるのかといった私たちにとって身近な色を学びます。
混色の種類—加法混色、減法混色
2級では、加法混色におけるグラスマンの法則や混色の技術をさらに詳しく覚えます。

出題傾向

3級では、混色に使われる三原色についてや、どの混色方法が使われているかなどを問う基本問題が主に出題されます。
2級では、パソコンのモニター画面の色再現やxy色度図での色再現の範囲などの問題が出ることもありますが、「光と色」全体を通した問題の一部として出題されることもあり、傾向がつかみづらいところです。

1 混色の種類

　違った色どうしを混ぜ合わせると、新たな色ができあがります。私達がほしい色を自由に作り出すためには、どれくらいの元の色（原色）が必要なのでしょうか。これには、色に自らが光を発する光源色と、光が当たり反射・吸収・透過して色が見える物体色があるように、大きく分けて**加法混色**と**減法混色**の2つの混色があります。

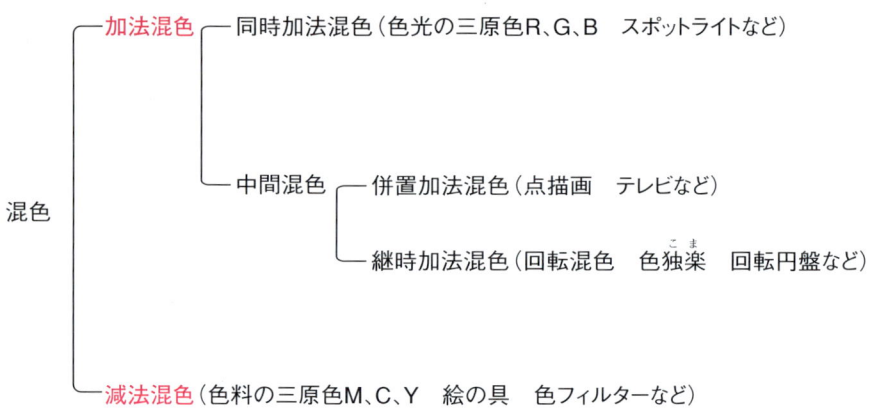

加法混色と色光の三原色

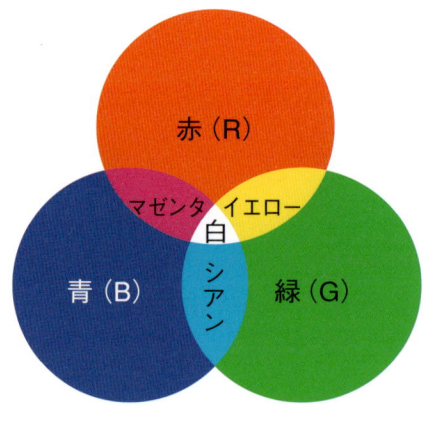

R＋G＋B＝白
R＋B＝M（マゼンタ）
G＋B＝C（シアン）
R＋G＝Y（イエロー）

減法混色と色料の三原色

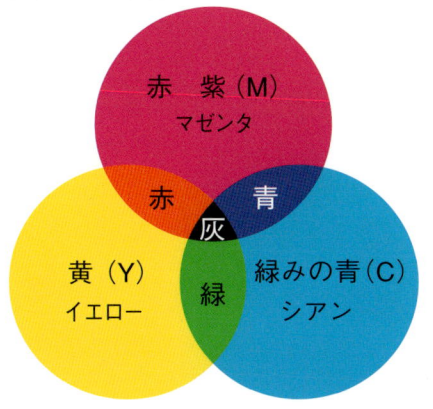

M＋Y＋C＝黒、または灰色
M＋Y＝R（赤）
Y＋C＝G（緑）
M＋C＝B（青）

2 加法混色

1　同時加法混色

　太陽の白色光を分光するとスペクトルができ、いろいろな色の波長が混色されてできあがった複合光であることがわかります。しかし、白色光を作るには必ずしもたくさんの色の波長が必要なわけではなく、赤・緑・青の3色の波長を混色すると白色光になり、強めたり、弱めたりすることですべての色を作ることができます。この3色を**加法混色の三原色**または**色光の三原色**といい、一般に色の頭文字からR、G、Bと呼びます。光を足す混色となりますので、混色された色は元の色より明るくなるため、**加法混色**といいます。このように、色光を重ねていく混色を同時加法混色といいます。

2　中間混色

　加法混色は混色すると元の色より明るくなりますが、混ぜた色のほぼ**中間の明るさ**になる中間混色も加法混色の仲間です。中間混色には併置加法混色と継時加法混色があります。

■ 併置加法混色

さまざまな色の細かい点を高密度で並べ、その点が見分けられない距離から見ると、並べた色が混色して見えます。実際には混色をしていない色を、眼が分離できずに混色して認識するために起き、これを併置加法混色といいます。

この混色は、印象派の画家達の点描画やモザイク壁画、ゴブラン織りの柄にも用いられる方法です。現代では、加法混色の三原色の光を小さな点で並べたテレビ画面や、減法混色の三原色を使った網点印刷などの原理になっています。

■ 継時加法混色

色を塗り分けた独楽（こま）や回転円盤を高速で回すと色の区別ができなくなり、混色して見えます。これを**回転混色**、もしくは理論化した人の

知って得する

■ 三原色
加法混色の三原色は単色光で得られますが、スペクトルを3分の1ずつ長波長、中波長、短波長に集めると、それぞれの色になります。

■ 補色
色光の三原色は「R＋G＋B＝白」になりますが、三原色の1色と残り2色を足してできた色（P156の図参照）を混色しても白になります。この2色の関係を補色といいます。

■ 併置加法混色
19世紀中頃、フランスのゴブラン織り工場の化学者シュヴルールが織物の研究で、縦糸と横糸が離れて見ると混色して見えることなど、配色や対比の法則を多数発見し本にまとめました。

その理論は当時の印象派の画家達に大きな影響を与え、シュヴルールやスーラで知られる点描画（てんびょうが）につながります。当時、絵の具のチューブが発明されて戸外で写生ができるようになり、光の透明感や水面のきらめきを表現するには、絵の具を混ぜる減法混色ではなく、明るさを失わない点描の併置混色に魅力を感じたのでしょう。

名からマックスウェルの回転混色といいますが、回転だけでなく、高速で色を交互に入れ替えても、同様に混色して見えます。このような混色を**継時加法混色**といいます。混色した色は塗られた色の面積比に応じ、中間の明るさになります。

3 加法混色の法則性 2級 3級

1853年ドイツのグラスマンは加法混色の法則性をまとめました。このグラスマンの法則ともいわれるものが後のCIEによるXYZ表色系の基礎となります。

1　グラスマンの第一法則──色の三色性

3色のうちの2色を加法混色しても残りの1色を作ることができない、**独立した3つの色刺激**R、G、B（赤、緑、青）を加法混色することによって、**あらゆる色を作ることができる**というもので、これを「**色の三色性**」といいます。

つまり、XYZ表色系の項（P53の図参照）で説明したように試験色［C］をR、G、Bの光によって等色できるということで、この**3色による組み合わせは一通り**しかなく、下記のような方式が成り立ちます。

［C］≡R［R］＋G［G］＋B［B］　（≡は「合同」の記号）

■ 原刺激と三刺激値

［R］、［G］、［B］はそれぞれ混色に用いる赤、緑、青の**光**を表していて**原刺激**といい、その前につくR、G、Bは［　］の光を混色に用いた**量**を表していて**三刺激値**といいます（R［R］であれば［R］の光をRだけの量混色した、という意味）。

3つの原刺激による等色の組み合わせは一通りしかないので、原刺激がどのようなものであるかを規定しておけば、ある色に対する三刺激値は決まり、その値によって色を数値で表すことができるようになります。

　また、三刺激値を軸とした座標を用いれば、その色の三刺激値の数値を結び、座標上に色を点で表すことができます。

■ **条件等色（メタメリズム）**

　前述のように、太陽光のような白色光を作るにはすべての波長が必要なわけではなく、R、G、Bの3色のみの加法混色でも作ることができます。例えば、スペクトル上から黄色の単色光を取り出し、それと同じ色をRとGの加法混色で作ることもできるのです。

　このように異なる波長の組み合わせの光が等しい色に見えることを等色といいます。等色した色は実際には分光分布が違うので、照明光などの観測条件が異なると違った色に見えることがあります。このようにある条件下で同じ色に見えることを条件等色といいます。

プリズムによる混色

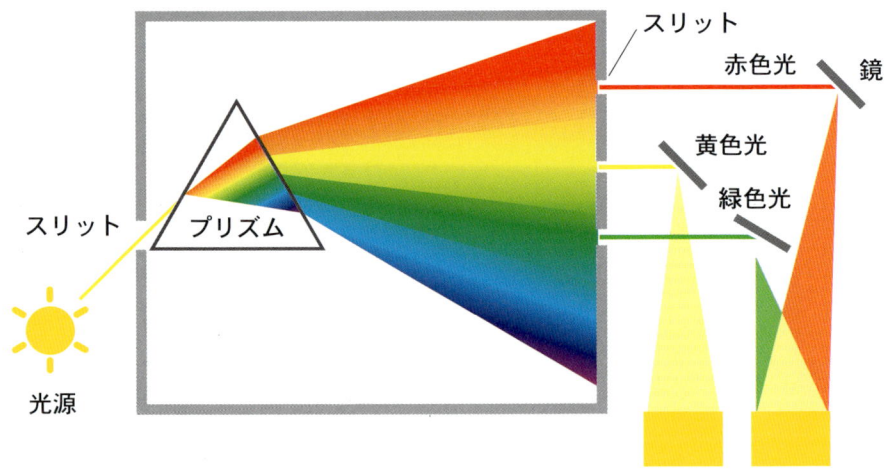

2　グラスマンの第二法則──色の連続性

　3つの色刺激（R、G、B）のうち**1つの色刺激の混色量を連続的に変化させると、混色によってできあがる色も連続的に変化する**というもので、これを「**色の連続性**」といいます。

知って得する

■ 室内と屋外で色の見えが違うのはなぜ？

　室内で上下の服の色を同じ色に揃えたつもりが、戸外の太陽の下で見ると違う色に見えてしまうのは、2つの服が違う着色によってできているためか、あるいは素材が違っているために起こる現象です。

　室内の照明と太陽光では分光分布が違うため、物体の分光反射率も変わります。そのため、異なった波長の組み合わせによって等色した2色の色は、照明の条件が変わると色が変わって見えてしまうのです。

　色を測色するには、測色用ライトが重要であることももちろんですが、パーティなどでおしゃれをする場合は、会場の照明条件によってせっかくのおしゃれが台なしになる場合があるので注意が必要です。

3　グラスマンの第三法則——色の等価性と加法性

■ 色の等価性

単色光であっても複合光であっても、結果として**等色している色光**であれば、それらの色に同じ色を**加法混色した場合**は、混色の**結果は同じになる**というもので、これを「**色の等価性**」といいます。

例えば、シアン(C)の単色光 λC と**等色している**緑(G)と青(B)の加法混色による複合光 $\lambda G + \lambda B$ があり、これらに同じ赤(R)の色光 λR を加えると、どちらも同じ白色光になります。

$$\lambda C \quad + \quad \lambda R = 白色光$$
$$(\lambda G + \lambda B) \quad + \quad \lambda R = 白色光$$

＊λC と $\lambda G + \lambda B$ が等色の場合、結果は同じになる

■ 色の加法性

色の等価性により、第一法則で示した $[C] \equiv R\,[R] + G\,[G] + B\,[B]$ の公式で加法混色を表すと次のような加法性の法則がわかります。

ある色 $[C_1]$ と $[C_2]$ の三刺激値は下記の通りです。

$[C_1] \equiv R_1\,[R] + G_1\,[G] + B_1\,[B]$
$[C_2] \equiv R_2\,[R] + G_2\,[G] + B_2\,[B]$

次に $[C_1]$ と $[C_2]$ を加法混色すると、それぞれの三刺激値を足した場合と同じ結果となります。これを「**色の加法性**」といいます。

$[C_1] + [C_2] \equiv (R_1 + R_2)\,[R] + (G_1 + G_2)\,[G] + (B_1 + B_2)\,[B]$

4　減法混色

絵の具やカラー印刷の場合には、加法混色の三原色を2色混色してできる**マゼンタ、シアン、イエロー**（P156の図参照）の3色が使われます。この3色を**減法混色の三原色**または**色料の三原色**といい、一般にその頭文字から、M、C、Yと表します。

反射や透過の物体色では、色を重ねるとそれぞれの色の吸収するフィルターが増えることとなり、混色により色は暗くなっていきます。これを**減法混色**といいます。透過した色が見えるセロファンを例に、詳しく説明してみましょう。

　例えば、減法混色の三原色の1つ、イエローのセロファンに白色光を当てると短波長（青）を吸収し、長波長（赤）と中波長（緑）を透過して黄色に見えます（R＋G＝Y）。つまり、加法混色の三原色の青を吸収するフィルターといえます。

　マゼンタのセロファンは中波長（緑）を吸収し、長波長（赤）と短波長（青）を透過させ、マゼンタに見えます（R＋B＝M）。つまり、加法混色の三原色の緑を吸収するフィルターを持っているのです。

　この2色のセロファンを重ねると、青と緑のフィルターを重ねることになり、長波長のみが透過でき、赤になります。ただし、光をさえぎるフィルターが2枚になっていますので、**元の色より暗い色**になります。

　減法混色の三原色は、それぞれ加法混色の波長域の1つのフィルターを持つ色なのです。

減法混色の三原色の混色

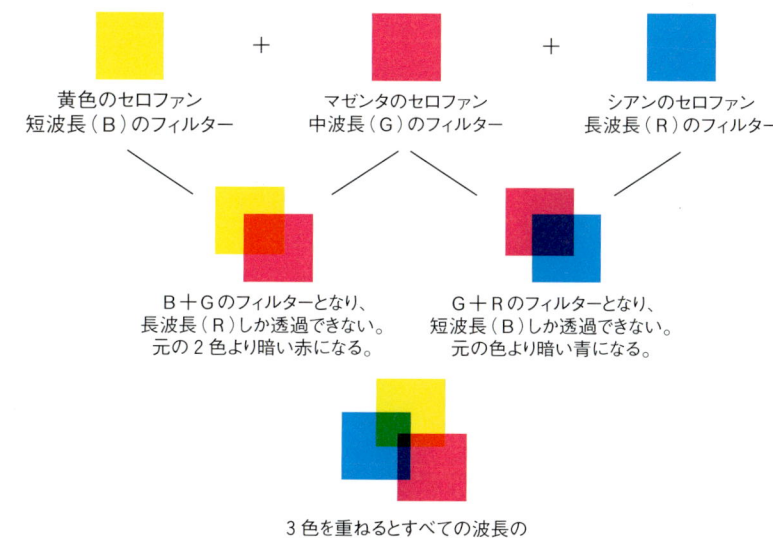

5 加法混色の技術

1 テレビモニターの技術

　カラーテレビでは加法混色の三原色（R、G、B）の小さな光が密集して並んでおり、それぞれの光が発光することで色を再現しています。パソコンや携帯電話の液晶画面も、基本的に加法混色の技術が使われています。

　以下の図は、日本で標準方式として用いられているNTSC方式テレビの三原色（R、G、B）のxy表色系での数値と色再現の範囲をxy色度図で示しています。

※**NTSC方式**
　アメリカのNTSC（米国テレビ方式委員会）が1953年に制定したカラーテレビの放送方式で、R、G、Bで撮影された映像をY、I、Qという信号に変換して発信し（Yは輝度信号でIとQは色差信号。Iはレッドとシアンを、Qはグリーンとマゼンタを表す）、テレビのモニターで再びR、G、Bに変換して再現します。日本のほか、北米、南米、韓国などで標準方式として採用されています。

NTSC方式のテレビの三原色と色再現域

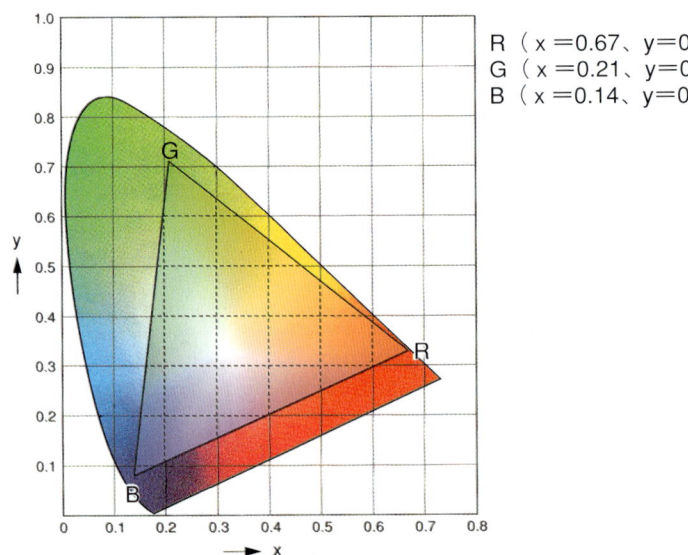

R（x＝0.67、y＝0.33）
G（x＝0.21、y＝0.71）
B（x＝0.14、y＝0.08）

2　パソコン・インターネットの色再現技術

　パソコンのモニターも色再現の技術はテレビと同じです。現在の色再現は**フルカラー**と呼ばれる**1670万色**を基本としていますが、以前のパソコンや携帯端末などにはもっと色再現の少ないものもあるため、OSや機器の違いによらず色再現できる**216色**が**ウェブセーフカラー**と呼ばれ、推奨されています。

　モニターでの**色再現**はR、G、Bの三原色の加法混色によるものですから、これらの色数の違いは、**三原色の発光強度の段階が何段階まであるかの違い**によります。

　また、フルカラーの色を色表示の少ないもので表示する場合は、**近似色の2色を併置混色する**ことで再現しています。

	発光強度の段階	再現色数
ウェブセーフカラー	6段階	216色
フルカラー	256段階	1677万7216色（約1670万色）

■ パソコンの色指定

　これらの色を表示するには、フルカラーの場合はR、G、Bのそれぞれの256段階を**10進法の000〜255の数字**で表すか、**16進法**を使って表示します。

　16進法の場合は、0〜9の数字と10〜15までを表すA、B、C、D、E、Fのアルファベットを用いて、R、G、Bの色をそれぞれ2桁ずつRRGGBBの順に6桁で表示します。

　ウェブセーフカラーでは、16進法の数字のうち00、33、66、99、CC、FFの6つを用います（10進法では0、51、102、153、204、255に相当）。この6つで指定できる色を使えば、機器を問わず同じ色再現ができることになります。

	10進法表示	16進法表示
黒	R＝000　G＝000　B＝000	000000
白	R＝255　G＝255　B＝255	FFFFFF
鮮やかな赤	R＝255　G＝000　B＝000	FF0000

6 減法混色の技術

1　写真の色再現技術

　カラー写真では、減法混色の三原色（M、C、Y）の原理が使われています。現像前のフィルムには赤、緑、青の3つの感光層があり、それぞれの色の波長に反応します。フィルムを現像すると、感光した層はその補色の色素を作り、ネガとなります（R→C、G→M、B→Y）。これが、その波長を吸収する色フィルターとなり、写真として焼き付けると透過した波長は元の色として再現されます。

　ネガフィルムでは、色だけでなく、明暗も反転します。なお、ポジフィルムといわれるスライドや印刷に使われるリバーサルフィルムでは、反転せずにそのままの色が再現されます。

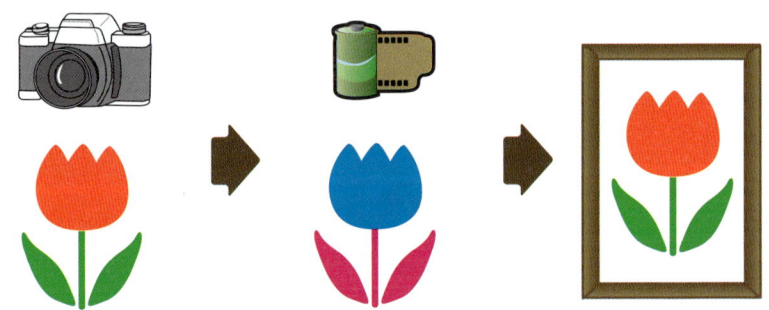

2　繊維の混色技術

　繊維の染色には、基本的には染料による減法混色（糸染、反染、捺染）が用いられますが、先染めした糸を用いた織物の場合には、縦糸と横糸による細かい織り目の点による併置加法混色の技術が応用されています（P158 "知って得する" の「併置加法混色」参照）。

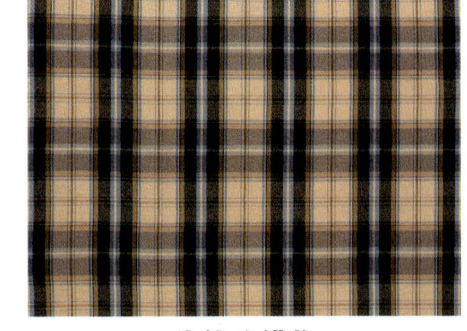

先染め織物

7 加法混色と減法混色の技術

1　印刷の色再現技術

　現在、一般的なオフセット印刷（平版印刷）では、減法混色の三原色＋黒（CMY＋K）のインキが用いられています。

　これらのインキを小さなドット（網点）にし、その大きさを変えることで濃淡を表現します。さまざまな色表現には、背景の色と4色の点の配列による**併置加法混色**、また、点の重なりによる**減法混色**の技術が利用されています。この方法は**網点印刷**ともいわれるように小さな点の集まりですので、併置加法混色を基本に両方の技術が同時に使われています。

右の写真は、左の写真の色鉛筆の芯の部分を拡大したものです。

＊CMYKの4色をプロセスカラーといいますが、この4色で色表現ができない場合などには、金や銀などの「特色」と呼ばれるインキを使う場合があります。
＊グラビア印刷などでは、網点の大きさではなく、インキの厚みを変える方法が使われ、他にも両方を併用する方法もあります。

2　パソコン用プリンターの色再現技術

　プリンターのインキも基本的にはCMYKで、併置加法混色と減法混色を利用した技術ですが、下記のどちらも点の配置は規則的ではありません。

　　インクジェットプリンター…インキを吹き付け、点の大きさを変える
　　レーザープリンター…………点の大きさは同じ。密集度を変える

■ カラーマッチング（調色）の技術

　塗料などの色材を混色すると、それぞれの色材の反射、吸収、透過がさまざまで、予測した色とは、ずれが生じます。目的の色を作ることをカラーマッチング（**調色**）といい、色材の特性や理論を熟知して誤差をできるだけ少なくする技術が必要とされ、現在ではコンピュータでのカラーマッチングも行われています。

知って得する

■ パソコンで作った書類を印刷したらイメージと色が違う!?

　パソコン画面では「RGB」の加法混色、プリンターでは「MCY＋黒」の減法混色が使われています。両方の色を調整する技術の難しさ、さらに紙への質感の変化も加わり、まったく同じ見た目を再現することは難しいといえます。

　テレビモニターの技術で紹介しました「NTSC方式のテレビの色再現域」と「網点印刷の色再現域」を重ねてみました。後者の減法混色の三原色の再現色域のほうが狭いことがわかります。このため両者の色を合わせるにはカラーマッチングが重要となります。

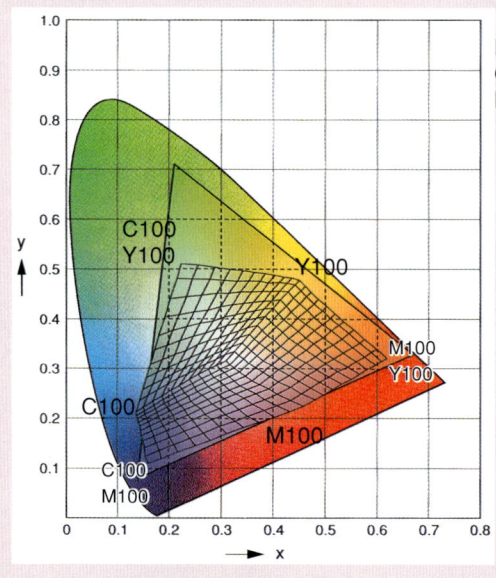

R（x＝0.67、y＝0.33）
G（x＝0.21、y＝0.71）
B（x＝0.14、y＝0.08）

PART 6 基礎問題（3級）

混色の原理について、基礎問題でまとめてみましょう。

混色の種類

混色を2つに大別すると、（①　　　）と（②　　　）があります。①にはさらに、中間混色も含まれます。①では、混色結果は元の色より（③　　　）なり、この混色に用いられる三原色は、頭文字で（④　　　）と呼ばれます。中間混色には高速で色が入れ替わることによって混色して見える（⑤　　　）と、密集して並べられた小さな点が、判別できないために混色して見える（⑥　　　）があります。⑥の技術を応用したものには（⑦　　　）や（⑧　　　）などがあります。
②は重ねる色材が波長を吸収する色フィルターとなり、混色結果は元の色より（⑨　　　）なり、これに用いられる三原色は頭文字で（⑩　　　）です。

PART 6 光と色Ⅲ〜混色

■基礎問題（3級） 解答

①加法混色　②減法混色　③明るく　④RGB（順不同）　⑤継時加法混色
⑥併置加法混色　⑦⑧カラーテレビ、パソコンや携帯電話などのカラー液晶、網点印刷、点描画、モザイク壁画、ゴブラン織りの絵柄など（順不同）
⑨暗く　⑩MCY（順不同）

PART 6 基礎問題（2級）

混色の原理と技術は理解できましたか？
基礎問題で確認してみましょう。

混色

次の文章の空欄に当てはまる最も適切な語句を①〜④からひとつ選びなさい。

グラスマンによる（A）の法則性（1853年）は、グラスマンの法則と呼ばれ、後の（B）表色系の基礎となった。その第一法則では、各々の1色が残りの2色を混色して作ることができないという互いに独立した3つの（C）を混色することで、あらゆる色を作ることができるというものである。これを色の（D）という。これは、ある色光がどのような波長構成による光であっても、［R］［G］［B］のみの波長の（A）で同じ色を作ることができるということである。このように波長構成が違う色が、同じ色に見えることを（E）という。
また色彩用語として、（A）に用いる3つの色光［R］［G］［B］を（F）といい、その混色量R、G、Bを三刺激値という。
第三法則では、同じ色の見え（等色）の色光は波長構成に関係なく、（G）において同じ結果をもたらす。これを「色の（H）」という。

A	①減法混色	②加法混色	③継時混色	④併置加法混色
B	①CIE（XYZ）	②マンセル	③NCS	④PCCS
C	①純色	②刺激値	③色刺激	④等色
D	①独立性	②等色性	③三色性	④刺激性
E	①等価性	②連続性	③演色性	④条件等色
F	①刺激値	②原刺激	③刺激量	④純刺激
G	①同時混色	②減法混色	③回転混色	④加法混色
H	①等価性	②等色性	③等価値色	④条件等色

混色技術①

次の文章の空欄に当てはまる最も適切な語句を①～④からひとつ選びなさい。

テレビモニターの色再現では色光の三原色が使われるが、基本的には（A）の技術が使われている。インターネットも同様の技術で、現在ではフルカラーといわれる約（B）色の色再現が主流であるが、最も少ない色しか再現できないモニターのための「（C）カラー」もある。モニターはR、G、Bの三原色の強さを変えて混色することで、さまざまな色を再現する。光の強さを何段階にコントロールできるかで、再現される色数は変わり、「（C）カラー」は6段階、フルカラーは（D）段階に変えることができる。色再現の少ないモニターではフルカラー表示を近似色2色の（E）によってかなり自然な色を再現する。
これらテレビモニターによる色再現範囲は、xy色度図の色光RGB三原色の色三角形内部になる。

A	①継時加法混色	②減法混色	③併置加法混色	④同時混色
B	①750	②1000	③10万	④1670万
C	①ウェブセーフ	②ウェブセービング		
	③モニターセーブ	④カラーセーフ		
D	①16	②26	③256	④756
E	①減法混色	②併置加法混色	③継時加法混色	④同時加法混色

混色技術②

次の文章の空欄に当てはまる最も適切な語句を①～④からひとつ選びなさい。

カラー印刷で一般的なオフセット印刷では、色再現に（A）の三原色と黒が使われる。印刷面を微細な点の集合にし、点の（B）を変えて濃淡が変化したようにみせる。これを（C）印刷という。このようなカラー印刷では、背景の色と点が混色される（D）混色と、複数の色の点が重なる（E）混色の原理が利用されている。
この印刷で使われる4色は（F）カラーと呼ばれる。印刷インキを2色ずつ組み合わせた場合の色再現域をxy色度図に示すと色光RGB三原色の色三角形の色域よりも（G）なっている。

A	①加法混色	②色料	③色光	④継時混色
B	①濃さ	②明るさ	③大きさ	④形

C	①網状	②吹き付け	③網点	④点状
D	①併置加法	②継時加法	③同時加法	④減法
E	①併置加法	②継時加法	③同時加法	④減法
F	①フル	②プロセス	③オフセット	④ウェブセーフ
G	①狭く	②広く	③大きく	④長く

■基礎問題（2級）解答と解説

混色
A② B① C③ D③ E④ F② G④ H①
解説
条件等色とは、波長構成の違う光が、お互い同じ色の見えになることです。等価性とは、波長構成が違っても同じ色に見える色光は、それらに同じ色を加法混色した場合に同じ結果をもたらすというものです。

混色技術①
A③ B④ C① D③ E②
解説
パソコンモニターの色再現は用語や数字がたくさん出てきます。覚えにくいところですが、パソコンや携帯端末など日常にも役立つ内容です。

混色技術②
A② B③ C③ D① E④ F② G①
解説
色料の三原色のインキを用いた網点印刷と色光の三原色による混色技術を、再現色域の違いなどと比較して覚えるようにしましょう。

PART 6 応用問題（3級）

次の各問の記述のうち、ふさわしいものを①～④からひとつ選びなさい。

A 混色の説明として正しいものはどれか。
① 加法混色の三原色は、一般にマゼンタ、シアン、イエローである。
② 減法混色の三原色は、一般にマゼンタ、シアン、グリーンである。
③ 加法混色の三原色は、一般に赤、緑、青である。
④ 減法混色の三原色は、一般に赤、黄、青である。

B 混色の説明として間違っているものはどれか。
① 色を塗り分けた回転こまによる混色は、継時加法混色の一種である。
② スポットライトを重ね合わせた混色は同時加法混色の一種である。
③ テレビの画面は併置加法混色の原理を応用している。
④ 網点印刷は減法混色と継時加法混色を利用したものである。

C 色料の三原色のうちのシアンとイエローを混色して得られる色に近いものはどれか。

① 　② 　③ 　④

D 色光の赤と緑を混色して得られる色に近いものはどれか。

① 　② 　③ 　④

E 色光のグリーンとマゼンタを混色して得られる色に近いものはどれか。

① 　② 　③ 　④

F 同面積に、赤、緑、青に塗り分けた回転円盤を高速で回転させて得られる混色の色に近いものはどれか。

① ② ③ ④

G 減法混色の三原色に最も近い組み合わせはどれか。

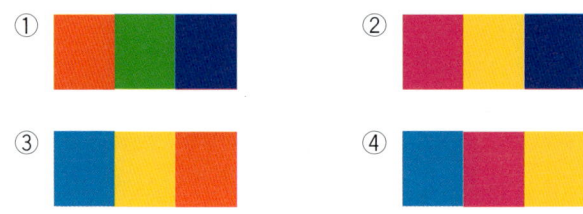

■**応用問題（3級） 解答と解説**

A③　**B**④　**C**②　**D**①　**E**④　**F**③　**G**④

解説

Aでは、加法混色の三原色がRGB、減法混色の三原色がMCYであること、それぞれの補色に当たる色や、一方の三原色の中の2色を混色したときにできる色がもう一方の三原色の1色になることなど、正確に覚えておきましょう。
Bの網点印刷は、インキによる減法混色とインクの小さな点による併置加法混色の両方が用いられています。
Fは色料の三原色で塗り分けられており、お互いの色は打ち消されますが、減法混色ではなく、中間混色（継時加法混色）となるため、明るさは塗り分けられた元の色の中間となります。

PART 6 応用問題（2級）

1　次の文章の空欄に当てはまる、最も適切な語句を①〜④からひとつ選びなさい。

グラスマンの唱えた（A）の法則性は、色を見る人間の眼の視覚系のしくみに基づいている。網膜の（B）にある色を識別する（C）で最初の刺激をとらえて色を知覚する。（C）には、長波長、中波長、短波長のそれぞれに分光感度が対応する（D）があり、光の波長構成の違いによって、この3つの（C）の反応が変わり、（E）となって脳へ伝えられる。つまり、この3つの（C）の反応の割合の変化によってさまざまな色が作り出されているのである。2つの色が単純な波長構成であっても複雑な波長構成であっても、3つの（C）の反応が等しくなれば、眼はそれらの波長構成の違いが区別できず、（F）と感じる。このことから、グラスマンの第一法則の「色の（G）」や（H）は説明できる。

- **A** ①減法混色　②併置加法混色　③加法混色　④中間混色
- **B** ①神経節細胞　②視神経　③脈絡膜　④視細胞
- **C** ①錐体　②杆体　③on型細胞　④毛様体
- **D** ①C錐体、M錐体、Y錐体　②L錐体、M錐体、S錐体
　　③R錐体、G錐体、B錐体　④赤錐体、緑錐体、青錐体
- **E** ①波長　②スペクトル　③電気信号　④色
- **F** ①同じ色　②異なった色　③彩度の違う色　④明度が等しい色
- **G** ①連続性　②等価性　③三原色　④三色性
- **H** ①演色性　②条件等色　③プルキンエ現象　④リープマン効果

2　次の各問の①〜④のうち、間違っているものをひとつ選びなさい。

A　①テレビモニターの色再現ではRGBの色光3色が1組となって、発光する強さを変えて違った段階の三原色を作り出し、これらの色を加法混色することで色を再現する。
　②ブラウン管テレビも液晶テレビもモニターの色再現の原理は共通であるが、パソコン、ハイビジョン用、携帯電話のモニターには違う発色原理が使われている。
　③インターネット上に再現される色は、機器の環境が異なっても同じような色で再現できるように「ウェブセーフカラー」がある。

④1670万色のフルカラーを再現できないモニターは、近似色2色を併置加法混色することで色再現をする。

B ①カラー写真用のフィルムにはネガフィルムとポジフィルムがあるが、ポジフィルムは対象が反転せず、そのまま再現される。
②ネガフィルムの色相は補色の画像となって再現されるが、明暗はそのまま再現される。
③ネガフィルムでは補色の画像になり、印画紙ではさらに補色となって焼き付けられる。
④ネガフィルムもポジフィルムもMCYの透明な層を重ねていく減法混色で色再現される。

C ①色フィルターには特定の範囲の波長が吸収されるが、吸収されずに残った波長は透過色としてフィルターに色が付く。
②色フィルターを重ねると吸収される波長の範囲が変わり、さまざまな色再現ができる。
③透明な色フィルターの色再現は、透過した光による加法混色である。
④マゼンタの色フィルターに白色光をあてると中波長の範囲が吸収される。

■応用問題（2級）解答と解説

1　A③　B④　C①　D②　E③　F①　G④　H②

解説
眼の構造と加法混色の法則性を考える少し難しい問題ですが、PART4で錐体の働きを理解していれば、空欄には基本的な語句が入ることがわかり、文章に惑わされずに答えることができます。グラスマンの第一法則の「色の三色性」は、独立した3色の色刺激の加法混色によってあらゆる色を作ることができるというもので、3つの錐体からあらゆる色が知覚できることとつながります。

2　A②　B②　C③

解説
A：テレビだけでなく、パソコンや携帯電話のモニターも同じ発色原理が使われています。
B：ネガフィルムは色相だけでなく明暗も反転して再現されます。
C：フィルターによって波長が吸収されて光が減っていき、色が混色されるという減法混色です。

PART 7 色彩心理

ポイントと流れ

色彩は、見た目の美しさや心地よさといった視覚的なものだけでなく、軽重感や寒暖感などの知覚的な印象効果、沈静や興奮などの感情的な印象効果といった心理効果が働きます。これらは後に出てくるファッション、インテリア、エクステリアとも関係してきます。この章にその効果をまとめてありますので、各章を学ぶときに参照するとよいでしょう。

また、色の対比はつまづきやすいポイントです。どう色が変化するのかを説明できるように覚えましょう。

2級では、知覚的効果をより具体的に「見えやすさ」や「錯視」として習い、心理的評価方法を色知覚の測定方法として学びます。

出題傾向

3級では、対比を中心にカラー問題が全体を通した内容で1題くらい出題されます。対比はカラーで出題される場合とPCCSの色表示（v2、dp14など）だけで出される場合もあります。

2級では誘目性、視認性、錯視の現象などが、カラー問題を織り交ぜたものと心理的評価方法に関するもので1題ほど出題されます。

1 色の心理的効果

　ここに、色の違う2つの同じ大きさの箱があります。しかし、2つの箱は見ていると違った印象を与えます。

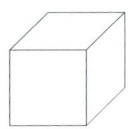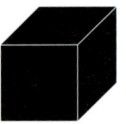

・どちらの箱が大きく見えますか？（膨張・収縮）
・前に置いてあるように感じるのはどちらですか？（進出・後退）
・どちらが重そうに見えますか？（軽重感）
・硬そうに感じるのはどちらですか？（柔硬感）

　これらが色の心理効果で、そのおよぼす影響により、**視覚や触覚に影響**を与える「**知覚的印象効果**」と**感情的な印象へ影響**を与える「**色彩感情**」があります。その効果の一般的な説明と各場面での利用が右ページの表です。

知って得する

■ **中心色相からのずれによる微妙な暖色寒色**

　似合う色診断では、一般にイエローベース、ブルーベースという色の分け方が使われます。この色の分け方は、同じ赤という色でも青の色相に近づいた紫みの赤は涼しげ（**C**ool）に、黄みよりの赤は暖かく（**W**arm）見えるという、通常の暖色寒色よりも微妙な寒暖感を利用しています。

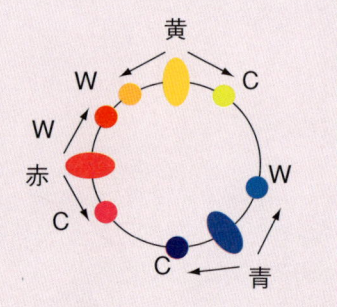

色の感情作用

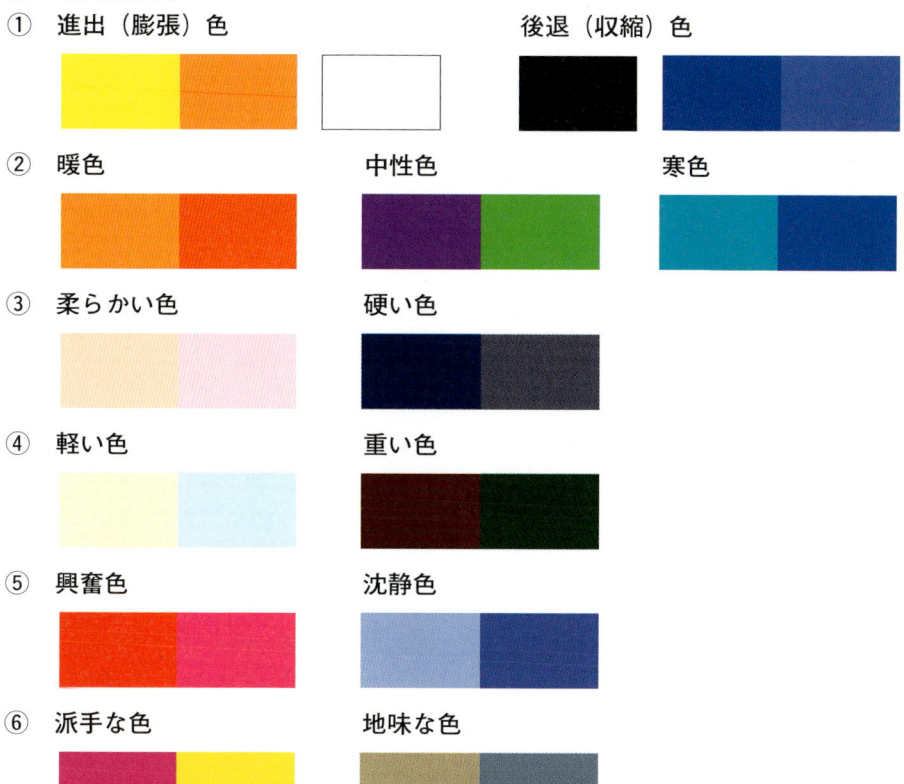

① 進出（膨張）色　　　後退（収縮）色
② 暖色　　中性色　　寒色
③ 柔らかい色　　硬い色
④ 軽い色　　重い色
⑤ 興奮色　　沈静色
⑥ 派手な色　　地味な色

心理効果一覧　効果とファッション、インテリア、エクステリアへの応用

①視覚的な印象作用	大きさや距離感など見た目に影響を与える効果			
心理効果	説　明	ファッション	インテリア	エクステリア
進出・後退 色相による影響	長波長（赤・橙・黄の暖色系）は前に進出して見え、短波長（青など寒色系）は後ろに感じる。膨張・収縮と近似している	ショップの内装や、ディスプレイに用いる	奥行きの調整や、部屋の広さなど距離感の調整に使う	奥行きの調整。ただし、距離感の錯覚による事故など安全面の配慮が必要
膨張・収縮 明度による影響	膨張の極は白、収縮は黒。主に明度に左右されるが、進出・後退と作用は近似している	体のラインの調整や、細く見せる効果に使われる	進出・後退と同様に、奥行きや距離感を調整	明度の高い色の外壁による存在感の強調

色の心理的効果（3級）

②触覚的な印象作用　温度感や柔らかさなど触覚的な印象へ影響を与える効果

心理効果	説　明	ファッション	インテリア	エクステリア
暖色・寒色 （温度感） 色相による影響	赤・橙・黄色は暖かさを感じさせる暖色。青・青緑は寒さ、涼しさを感じさせる寒色。黄緑・緑・紫は温度感のあまり感じられない中性色	色だけでなく、素材の影響が大きい。例えば寒色でも、毛足の長いニットなどは暖かい印象を与える	体感温度の変化。部屋の目的や季節による使い分け。冷暖房への影響。環境、経済的効果もある	体感温度の調整。居心地など快適性への活用。暖色を使う場合でも彩度の変化を加味し調節する
柔らかい・硬い 明度と色相による影響	高明度、低彩度のどちらかといえば暖色系が柔らかく、さらに、高明度で明度差の近い配色は柔らかい印象。低明度、寒色系のほうが硬く、明度差があり、コントラストのある配色は硬い印象となる	年齢や性別、TPOで使われる。ベビー用品、ブラックフォーマルやダークスーツなど	素材の印象を変える。硬いスチールの色を柔らかくして印象を変えるなど	建築素材の素材感の調節など。ビルなど大きな建造物の外壁に明度の高い色を用いることで威圧感を軽減
軽い・重い 同明度であれば色相彩度の影響はほとんどない	黒に近い低明度は重く、白に近い高明度は軽く感じられる	下半身に重い色を使うと安定感が出せ、逆に軽い色を使うと活動的、スポーティな印象になる	重厚感、軽快感での使い分け。床・壁・天井の順で明度を上げ、安定感を出す	大きな建造物などでは重量感の自然な法則に従い、安定感を出す

③感情的な印象作用　興奮、沈静など心へ感情的な影響を与える効果

心理効果	説　明	ファッション	インテリア	エクステリア
興奮・沈静 色相・彩度による影響	暖色、高彩度、特に赤は興奮色で、活気やにぎわいを感じさせる一方、時間の経過を長く感じさせる。寒色、低彩度、特に青は沈静色で、静けさや落ち着きを感じさせ、時間の経過を短く感じさせる	店や服のイメージ、セールでの活用など	部屋の目的、施設での応用。娯楽施設、宴会場、図書館、勉強部屋、寝室等。長居や客の回転率とも関わる	建物の目的、環境に応じた使い分け
派手・地味 彩度による影響が大きく、色相・配色も影響する	高彩度どうしの配色、多色配色は派手に、低彩度、中間色低彩度どうしの色は地味に感じられる	カジュアルやフォーマルなど、TPOに合わせた色使いに利用	部屋のイメージや好み。派手な色をアクセントに利用	店舗のサイン、建物の目的、環境による使い分け（商店街、娯楽施設、温泉旅館、一般住宅など）

2 色の知覚的効果

パッと目につく色、とても見やすい色の組み合わせ、読みやすい色の組み合わせ、それとは逆に見にくい、あるいは読みにくい色の組み合わせなど、私達は色の「見えやすさ」を日常の中でよく経験しています。これは色の知覚的効果といわれるもので、私達が色を使う上での大切な要素となり、ふだん目にする標識などに活用されています。

■ 誘目性

特に注意を向けていないのに、多数の対象の中で自然に目が引きつけられる色は、目立つ色といえるでしょう。その知覚されやすさや目立ちやすさの度合いを「誘目性」といいます。周囲の条件にもよりますが、一般に誘目性の高い色の特徴は次のようになります。赤や黄は誘目性が高く、注意や危険を表示するのによく使われます。

・寒色より暖色
・無彩色より有彩色
・彩度が低い色より高い色
・暗い色より明るい色

赤や黄は誘目性が高い

■ 視認性

交通標識や案内表示などは遠くからでも目につき、すぐに見つけられなければ役に立ちません。このように、探している対象の発見のしやすさの度合いを「視認性」といいます。これには、背景との差（地と図の関係）が最も重要で、下記の順に影響します。

1　明度差
2　彩度差
3　色相差

視認性の最も高い黒×黄は誘目性も高く、工事現場などでなじみのある組み合わせです。

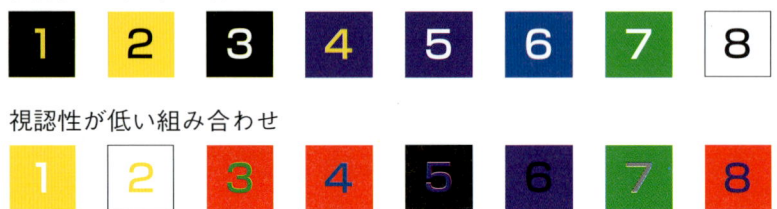

■ 可読性・明視性

対象物の**情報の理解のしやすさ**の度合いを、**文字や数字の場合は「可読性」、図形の場合は「明視性」**といいます。どちらも視認性同様に、**地と図の明度差**が最も重要です。対象の意味の理解のしやすさには色のイメージも影響しますが、すぐに目につくことや見やすいことも大切なため、誘目性や視認性との関わりもあります。

■ 識別性

複数の対象の区別のしやすさを「識別性」といいます。**色による識別**は効果的で、地下鉄路線図などの複雑な識別が必要な場合には特に有効です。JISでも色による識別をいろいろ定めています。ただし、色表示は視覚的に区別しやすい一方、色のイメージや象徴語と合わないとうまく伝わらないこともあり、それぞれの対象とのマッチングも大切です。

例えば、トイレの男女マークは識別のために必要ですが、日本人には青系は男性用、赤（ピンク）系は女性用という色による識別もなじみとなっています。しかし、この配色を逆の色にすると違う性別のトイレに入ってしまいかねません。

なじみのある配色

なじみのない配色

JIS「配管識別」（JIS Z 9102「配管系の識別表示」より）

色	物質
青	水
暗い赤	蒸気
白	空気
薄い黄	ガス
灰紫	酸またはアルカリ
茶	油
薄い黄赤	電気

JIS「安全色彩」（JIS Z 9101「安全色彩使用通則」より）

色	表示事項	使用例
赤	防火・停止・禁止	消火栓、警報機、立入禁止
黄赤	危険・保安施設	危険標識
黄	注意	注意標識
緑	安全・衛生・進行	非常口、避難場所標識
青	用心	運転休止、修理中標識
赤紫	放射能	放射能性物質貯蔵施設
白	通路・整頓	道路の区画線、誘導標識
黒	（補助色）	危険、注意標識の文字

標識のいろいろ

　私達がよく眼にする標識は、誘目性、視認性、可読性・明視性、識別性などをうまく利用して作られています。

PART 7　色彩心理

3 色彩感情と色彩連想

　これまで見てきた心理効果以外に、私達は色をさまざまな連想と結びつけ、食べ物を想像したり、事象や感情をイメージしたりします。例えば、「赤」ならトマトや苺、炎、血液、太陽、リンゴなどが浮かんできます。これには血のように万国共通のものもあれば、太陽やリンゴのように日本人独特のものもあります。

　また、トマトや苺など食べ物の連想ではおいしい色、あるいは喜びという連想も出てきます。炎や血なら暖かい、情熱的、闘争も連想されるかもしれません。

　このように、具体的な物や感情だけではなく抽象的な連想にも結びつき、さまざまな色彩感情を起こさせます。

＊太陽は、多くの諸外国では日中の黄や橙、日本では日の出の赤のイメージ。リンゴは、日本では赤だが、外国では青リンゴの緑をイメージすることが多い。

■ 色のイメージの3つの側面

　色の印象の評価実験を行うと、色彩のイメージには3つのとらえ方があることがわかり、それを三次元で表現することができます。

　　評価性—好き嫌いなどの個人差の大きい、心理的な価値観
　　　　　　青・緑など、高彩度や明るいトーンの評価性が高い
　　活動性—寒暖、動静などの色の動性（アクティビティ）
　　　　　　暖色、高彩度、明度も高いほうが活動性が高い
　　潜在性—重さ、硬さなど、その内部の感覚
　　　　　　明度に関係

色彩連想と象徴語

色	具体的な物	抽象語・印象語	象徴語
赤		熱い、暖かい、情熱、派手、喜び、宴、強い、躍動的	怒り、嫉妬、愛
橙		暖かい、明るい、活発、陽気、おいしい	家庭、幸福
黄		注意、まぶしい、軽快、すっぱい、刺激、明るい	希望
緑		安らぎ、若々しい、新鮮、平和	平和、郷愁
青		冷たい、さわやか、知性、涼しさ、冷静、清らか	平静、孤独
紫		神秘、高貴、きもの、伝統、不安	嫉妬
桃		かわいい、幼い、やわらかい、女性的	幸福、夢
茶		落ち着いた、どっしり、重い、堅実	堅実
白		冷たい、清潔、純潔、神聖	純潔、永遠
灰		あいまい、固い、都会、ビル、地味、寂しい、陰気	不安、罪
黒		やみ、暗い、静寂、重い、フォーマル、死	罪、恐怖

知って得する

■ どんなところに向く？　色の感情作用のいろいろ

1　暖色と寒色のカーテン、あなたならどこに使いますか？

　季節で取り替えるなら、冬には暖かな暖色、夏には涼し気な寒色のカーテンにするだけで、温度感が違って感じられます。

　年間通して使うなら、温度感をあまり感じさせない中性色の緑もよいです。西日が強く当たる部屋のカーテン。ここに暖色の黄色やオレンジを使ったら、暑くて大変。寒色や、中性色で温度感をやわらげます。

2　重い色、軽い色の有名な話

　荷物を入れる段ボール箱。黒い色にしたら、作業効率が悪くなり、腰痛を訴える人が増え、白に変えたところ不満が解決したという話があります。宅配便の会社の箱を見てみると、たしかにどこも白い箱を使っています。

　実際に同じ重さの白い箱と黒い箱を用意して、手にのせてみましょう。黒い箱をのせた手が重く感じます。

3　進出・後退色を上手に使おう！

　待ち合わせや人込みで役立つのが進出色。進出色は誘目性の高い色とも共通するので、パッと目立ちます（ただし、まわりの人もみんなその色なら目立ちませんが）。黒いドレスの多い、若い女性のパーティドレスも、進出色をうまく使えばパーティの花形になれるかも!?

4　柔らかい色

　幼児期の子供にウサギの絵を書いてもらうと、ピンクのウサギを描く子が多く見られます。実際にはいないピンクのウサギ。かわいく、ふわふわしたイメージに、柔らかい色のピンクがぴったりとくるのかもしれません。

5　ダイエットの色

　食品のパッケージには、食をイメージさせる色が使われる一方、健康食品、特に、ダイエット関連食品には青がよく使われています。さわやかで、薬のパッケージにも使われることが多い青は、カロリーがあるおいしい食品のイメージをおさえ、食べても太らなそう、カロリーが低そう、あるいは薬に近いイメージを連想させるようです。

　しかし、痩せたいからとキッチンやダイニングを青や薄紫で統一しては、おいしさも半減、おすすめできません。

4 嗜好色

　色の好みは、性差、年齢、民族性などによっても変わりますが、世界的に「青系」は好まれる傾向があります。日本人にも「青系」の人気は高く、全体としては、色相の区別としてわかりやすい色が好まれる傾向にあります。

■ 日本人の好みの色の傾向
・基本色相、特に青系
・トーンではビビッドや明清色
・白、黒

藍色　　　縹色

■ 日本人に好まれない色の傾向
・基本色相の間の中間色相。黄緑、黄赤（橙）など
・中間色（濁色）、暗清色。特にオリーブ、黄土色、茶色

黄緑　　　黄赤　　　オリーブ　　　黄土色　　　茶色

■ 年齢、性別による嗜好色の差
　低年齢では、明るく鮮やかな**単純な色**が好まれ、**年齢とともに**、くすんだ色や暗い色などにも好みが広がり、**多様化**する傾向にあります。
　女性のほうが色の**好みの幅が広くて**、赤周辺の色相を好む人が多く、**男性**は**青系**に集中する傾向にあります。

5 色と記憶

■ 記憶色と色記憶

　雄大な山を背景にまわりの様子を眺めると、私達の目は、その山の大きさを強調し、実際の像とは違った見え方をさせます。そのため、写真やビデオでその場所を見ると、記憶にある山より、小さく、こぢんまりと感じることがあります。

　記憶した色も、**実際の色より**もより鮮やかに、**濃く強調して記憶**する傾向があり、実物の色再現をすると物足りなさを感じる場合があります。そのように、記憶色はあいまいで、正確にとらえるには、色票などと照らし合わせる必要があります。

　また、実際の色とは異なる色を付けることで、よりそのものらしく見せる場合もあります。

　花や食べ物など、よく知ったものを色再現することを「記憶色」といいます。また、色票などを記憶してもらい、その後再現することを「色記憶」といいます。

　　記憶色―よりその色らしく強調、あるいは好みの色へ変化する傾向
　　色記憶―より彩度が高く鮮やかに、やや明度が上がる傾向
　　　　　　色相はほとんど変化しない

6 色の対比

　色は、1色だけで見ることはほとんどありません。そのため、同時に目に入るまわりの色の影響を受け、変化して見えることがあります。それを色の対比効果といいます。

　対比には次のようなものがあります。

> 同時対比―地色と図の色の関係、または、並んでいる色どうしの
> 　　　　　関係で、色が変化して見えること
> 　　　　　明度対比、色相対比、彩度対比、補色対比
> 継時対比―ある色を見続けたあと、他に目を移したとき、前に見
> 　　　　　た色の残像が影響すること
> 　　　　　補色残像現象

■ **継時対比**

　人間の目の網膜の働きで、しばらく1つの色を見続けると心理補色の残像が表れます。これを補色残像現象といいます。

　補色残像は、継時対比の影響で他に目を移したときに表れますが、同時対比の色相対比の場合にも、図の色に影響を与えて色を変化させます。

　オレンジ色の鳥をじっと見つめてから、横の白い余白に目を移すと、何色の鳥が飛んでいますか？　オレンジの補色の青い鳥の残像が見えます。

■ 同時対比
1　明度対比―明度の異なる色どうしの対比
　地色が暗いと図は明るく、地色が明るいと図は暗く見えます。

図①　明度対比

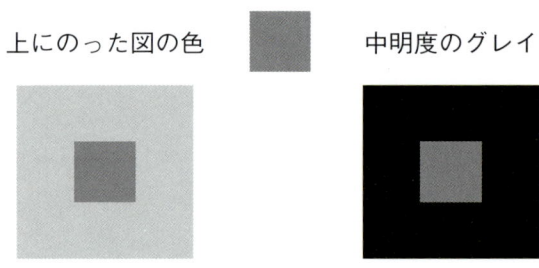

黒の上のグレイの方が高明度のグレイの図より明るく見えます。有彩色でも背景の地の色の明度で図色が変化して見えます。

薄い青の上のグレイより、濃い青の上のグレイの方が明るく見えます。

明るいグレイの上のオレンジの方が黒の上のオレンジより暗く見えます。

2　色相対比—色相の異なる色どうしの対比

　地色の補色残像の影響を受け、図の色が地色の心理補色の方へ寄った色に変化して見えます。

　また、次の場合、色相対比はより強く感じられます。
・地と図の面積の差が大きい。
・地と図の明度が近い。
・地も図も彩度が高い。

　下の図②では、①の黄色の上の図のオレンジは黄色の心理補色の青紫の影響で青紫の方へ少し近寄った赤の方へ色相が少しずれ、実際のオレンジより赤みがかった色に変化して見えます。

　②の赤の上のオレンジは赤の心理補色、青緑の影響を受け、心理補色に少し近寄った黄みを帯びたオレンジに変化して見えます。

　③の赤の上の紫は心理補色の青緑に近寄り青みを帯びた紫に、④の緑の上の紫はより赤みを帯びた紫に変化して見えます。

図②　色相対比

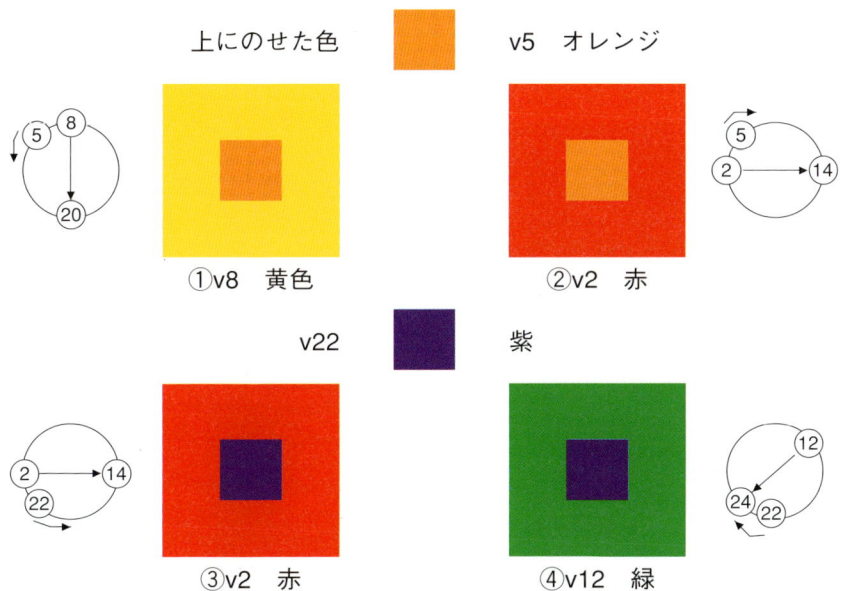

3　彩度対比──彩度の異なる色どうしの対比

　彩度の高い鮮やかな色の上にのせた図の色は、実際より鈍く、彩度が下がったように見えます。また、逆に無彩色や彩度の低いものの上にのせた図の色は、実際の色より鮮やかに、彩度が高くなったように見えます。このように**まわりの色の影響で彩度が変化して見える対比**を、彩度対比といいます。

　彩度対比は色どうしの関係が次の場合、より対比効果が得られます。
　・明度差が少ない色どうし
　・色相が同じか、近い色どうし
　・彩度差が大きい色どうし

　下の図③では、①のv18の鮮やかな青の上のb18は、単色の時より色みが弱くなったように見えます。
　②のd18の鈍い青の上のb18は色みが強く鮮やかに見えます。
　③のv18の上の図より、④の無彩色の、中明度のグレイの上の図の方が鮮やかな青に見えます。

図③　彩度対比

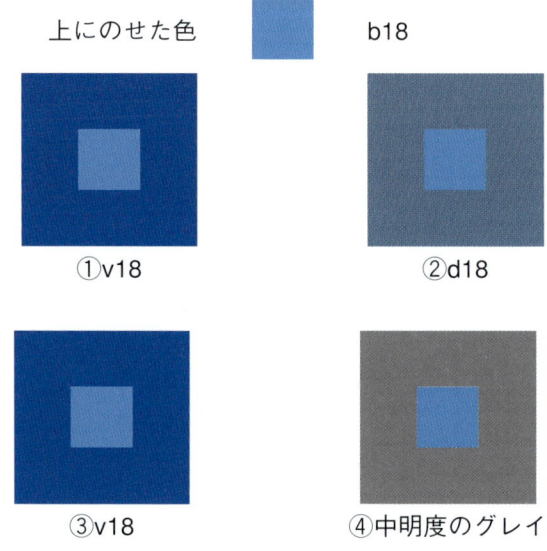

4　補色対比──補色の色どうしの対比

　補色の関係にある色どうしを組み合わせたり、横に並べて配色すると、お互いの**補色残像の影響**で、**鮮やかさが増して**見えます（P198「リープマン効果」参照）。
　彩度が増して見えることから、「**補色の彩度対比**」ともいいます。

図④　補色対比

①明度に差のある補色の関係

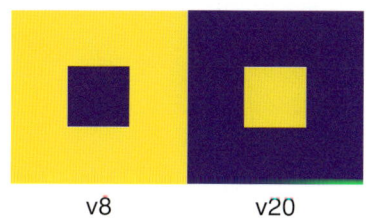

v8　　　　　　　v20

②明度に差のない補色の関係

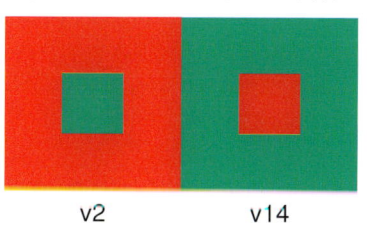

v2　　　　　　　v14

　どちらの補色の関係も彩度が増したように鮮やかになりますが、②の明度の近い補色どうしでは、色の境目がハレーションを起こし、ギラついて見にくくなっています。背景の地と文字の関係で明度の近い補色を使うと読みづらくなります。

図⑤　セパレーション効果

 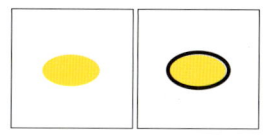

　明度の差のない補色の関係と比べるとハレーションが抑えられ見やすくなります。

＊セパレーション効果

　明度が近く、見にくい色の境界線に、白や黒などで線を引き、色を分けます。その方法をセパレーション効果といいます。
　図④の例②と上図を比べるとハレーションが抑えられ、見やすくなっているのがわかります。

5　色陰現象―無彩色が有彩色の影響を受ける対比

無彩色にまわりの有彩色の補色残像が重なり、心理補色の色がうっすらと感じられる対比現象です。

図⑥　色陰現象

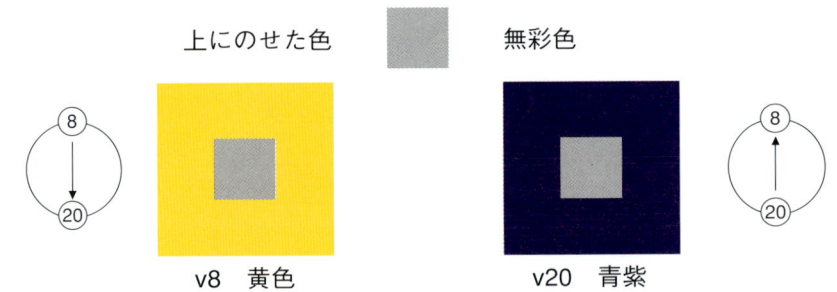

２つの色の上の無彩色のグレイは同じ色ですが、それぞれの有彩色の補色残像の影響で黄色のグレイは紫みが、青紫の上のグレイは黄みが感じられます。

6　縁辺対比―並んだ２色の境目で起こる対比

並んで接している２つの色を見るとき、私達の目の網膜では２つの色をより強調して知覚する働きがあります。無彩色を明度のグラデーションで並べたり、有彩色を彩度や色相のグラデーションで並べると色と色の境目に起こるため、「縁辺対比」といいます。

図⑦　縁辺対比

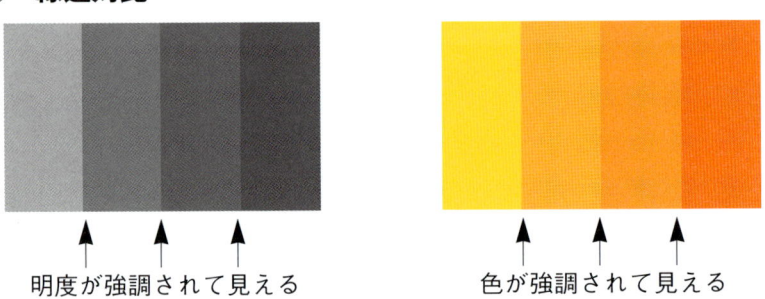

境界が強調され、左の図では、明度の低いほうの色は境界の部分で、より暗く、明度の高いほうはより明るく見えるため、プリーツ状におり曲がったように立体的に見えます（P197「マッハバンド」参照）。

7 同化現象（フォン・ベゾルト効果）

対比とは逆の現象で、まわりの色の影響で囲まれた色が**まわりの色に近付いて見える**現象です。フォン・ベゾルト効果ともいい、対比と同様、色の三属性それぞれの同化があります。
次のような場合、より同化現象が起きます。
・囲まれる面積がせまい。あるいは小さい
・縞柄などの場合はその間隔がせまい
・柄が細かい
・色や色相が近似している

■ 色相の同化

組み合わされた色の**線が太い**左側の図では、**対比現象**が起きて地の黄色は黄緑の補色の方向へ少し色相が動き、**赤みの黄色**に見えています。一方、右側の**細い線**で囲まれた地の色は線の黄緑に**同化**し、**緑みの黄色**に見えます。これを**色相の同化**といいます。

 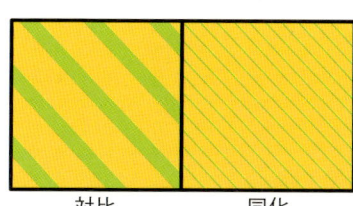 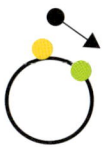

地の色

対比　　同化

■ 明度の同化

片方は黒線に同化して地が濃いグレイに、一方は白線に同化して明るいグレイに見えています。これを**明度の同化**といいます。

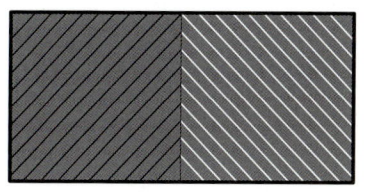

地の色

■ **彩度の同化**

　左側は無彩色のグレイの線により、地の色がくすんだ黄緑に、右側は彩度の強い鮮やかな緑の線により、地が彩度の強い黄緑に変化して見えます。このような同化を、彩度の同化といいます。

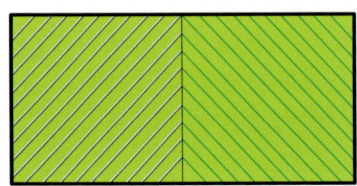

地の色

知って得する

■ **みかんのネットと網タイツ**

　同化現象の例として、よくあげられるのがみかんのネット。
　ネットが細く、こまかければ隙間から見えるみかんの色はネットの色に同化されます。まだ黄色い未熟なみかんも赤いネットのおかげで完熟のおいしい色に見えます。もし、緑なら誰も買わない未熟なみかんになってしまいます。
　女性が履く網タイツも、細かい網柄なら透けている肌の色が同化して美しく見えますが、あまり大きな網柄で肌が露出していると同化現象が期待できませんので、気をつけましょう!?

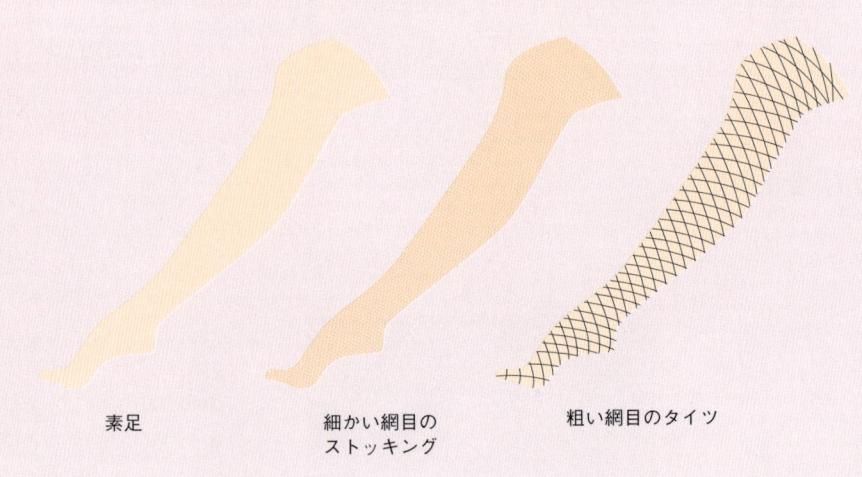

素足　　　細かい網目の　　　粗い網目のタイツ
　　　　　ストッキング

8 色の錯視

下記はミュラー・リヤーの「同じ長さの線なのに線の長さが違って見える」有名な錯視です。

錯視とは錯覚の一種で、物理的な実測とは大きく異なった見えや知覚が生じる現象です。色や明るさの知覚に関する錯視には次のようなものがあります。

■ マッハバンド

P194の「縁辺対比」のグレースケールに見られる、明暗のグラデーションの「境界がより強調されて見える帯」を**マッハバンド**といいます。

図① マッハバンド

 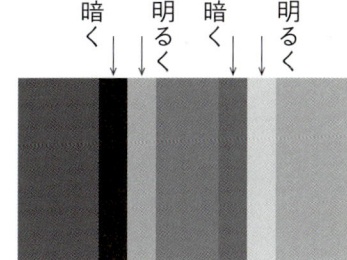

■ ハーマングリッド

格子（グリッド）の柄の四角形にはさまれた白線の縦と横が交差するところに、薄く黒い丸い点（ドット）がぼんやりと浮かび上がって見えます。これを報告した人の名から**ハーマングリッド**といい、丸い影を**ハーマンドット**といいます。

図② ハーマングリッド

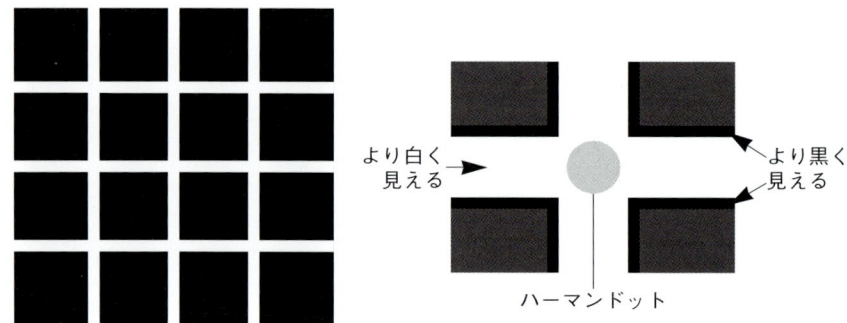

これは縁辺対比と同様に、輪郭の差を強調して知覚しようとする側抑制の働きによるものと考えられています。黒と白の境界はそれぞれより強調されていますが、交差するところではその影響を受けにくく、より明るく見える白の中で灰色のような丸が見えます（P122「側抑制」参照）。

■ リープマン効果

　明度の近い有彩色が隣接するとハレーションのちらつきが起こり、境界線が曖昧になって見にくくなります。これをリープマン効果といいます。これは、たとえ色相差が大きくても明度差がほとんどなければ起こり、文字や絵などの形もわかりづらくなって明視性や可読性に影響します。

図③ リープマン効果

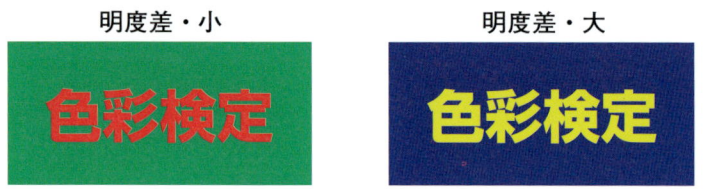

リープマン効果で見えづらい場合は、境界に無彩色などで線を引き、色を分けて見やすくする方法があります（P193「セパレーション効果」参照）。

■ エーレンシュタイン効果

　格子の線の交差する十字の部分を抜くと、そこの明度が強調されて

白く丸い輪郭が見えます。これを発見者の名から**エーレンシュタイン効果**といいます。

図④　エーレンシュタイン効果

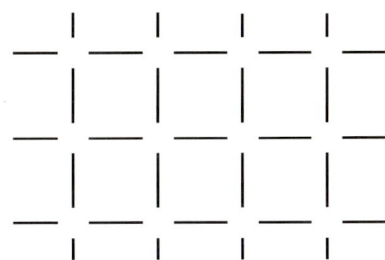

また、このように実際にはない輪郭を**主観的輪郭**といい、下記の右側の図のように図の一部が欠けると、左側の図では感じられない長方形の輪郭線が知覚されます。

■ ネオンカラー効果

エーレンシュタイン効果の図の抜けた部分を別の薄い色で十字につなぐと、光を放つように丸く色が広がり、ネオンが光っているように見えます。

図⑤　ネオンカラー効果

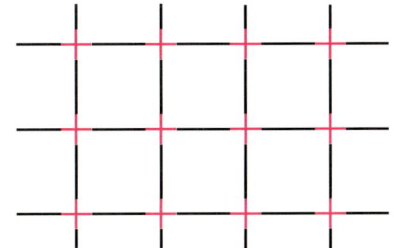

つなぐ線の色は、元の線より明度の高い薄い色のほうが効果的です。これは次に述べる透明視の知覚に近い効果と考えられています。

■ 透明視

図形や色の関係がある条件を満たしているとき、**透かして見ているような知覚**が生じることを**透明視**といいます。

図⑥　透明視

①図形がぴったり重なると透明感が生じる

②図形がずれると不透明感が生じる

③明度の変化で透明感が生じる

上の図の①と②は、それぞれ3つの図形を重ねたものですが、①は2つの平行四辺形が重なり、透明な色が混色しているように見えます。
③は5つの四角形の明度を変えて並べていますが、濃い灰色の長方形の上に透明の薄い灰色を重ねたように見えます。

■ 主観色

白黒で描かれ、**実際には色がないのに色みを感じる現象**を**主観色**といいます。最も有名なパターンが図⑦の**ベンハムトップ**（ベンハムこま）と呼ばれるものです。

図⑦　ベンハムトップ　　　　　　　**図⑧**

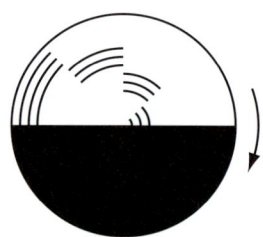

図⑦を右回りに6〜10回／秒で回転させると、中心より赤から順に薄いスペクトルの色合いが見えます。また、左回りでは逆順の色合いになりますが、高速回転すると主観色は見られず、灰色に混色して見えてしまいます。
図⑧も、焦点が合いづらくなるほど目を近づけてみると、白い部分にうっすらと赤みを帯びた色が感じられます（個人差があります）。このような主観色の原因はまだ解明されていません。

■ マッカロー効果

　物理的には色がないのに色が見える現象に補色残像があります（P189「継時対比」参照）。見続けたパターンの形は変わらずに補色の残像が見える現象です。これは、1つの色に対する神経細胞の感度の疲労から反対の補色の感度が上がり、白色が補色に色づいて見えるためと説明できます。

　ところが、マッカローが発見した図版では、色だけでなく縦横の方向も逆転して見える現象が起こり、**視覚系が色だけでなく方向に対しても順応するしくみを持っている**ことがわかります。これを**マッカロー効果**といいます。

図⑨　マッカロー効果

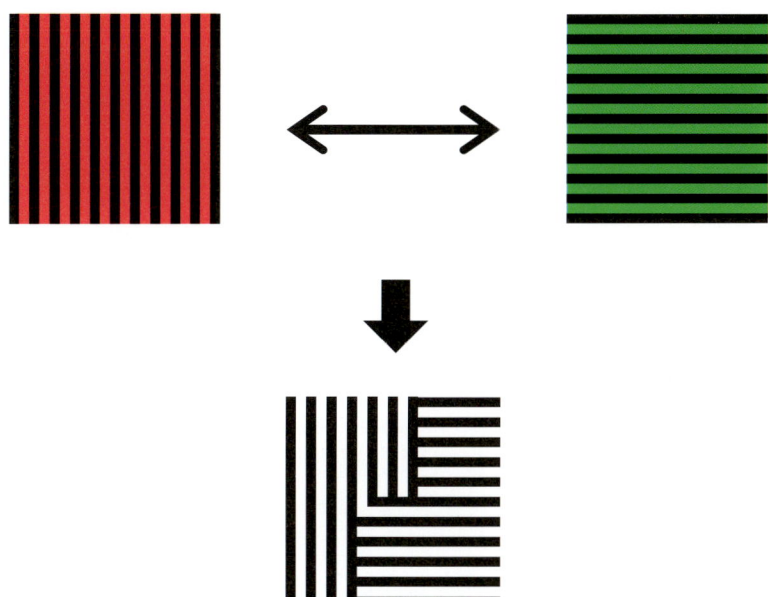

　赤×黒の縦縞と緑×黒の横縞の図版をそれぞれ数秒ずつ交互に見ることを数分間続け、次に白×黒の縦と横の混ざった図版を見ると、縦縞の白い部分は薄い緑に、横縞の白い部分は薄い赤に見えます。しかし、頭か図版を傾けて斜めの縞にすると色は現れません。また、マッカロー効果は数時間から数週間残るといわれ、最初に見た図版とは逆の色と縞の図版を見ると直ります。

9 面積効果

■ 一般的な大きさの場合の面積効果

同じ色でも、小さなチップで色を見たときと大きな面積で見たときとでは違う色に見える場合があります。それを色の面積効果といいます。もともと明るい色は大きな面積ではよりいっそう鮮やかに明るく、また暗めの色は大きな面積でより暗く感じます。

インテリアのサンプルなどでは多くの場合、小さなサンプルで見たときよりもできあがりは彩度も高く、派手な感じがします。

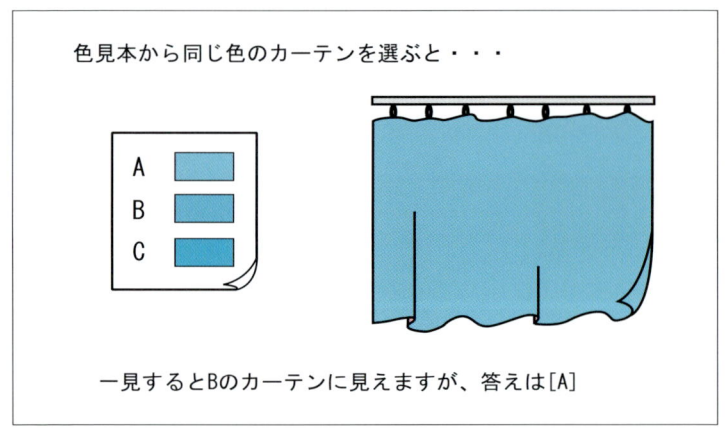

■ 非常に小さな面積の場合（微小視野における色覚異常現象）

離れた距離にある小さな対象物は、色の感度が落ち、無彩色に近づいて見えてきます。特に青色の低下は大きく、暗い青は黒っぽく、明るい青は緑に、また黄色や明度の高い色は白っぽくなり、他の色相も白、黒、赤、緑の4色に感じられるようになります。

■ 視野を覆う大きな面積の場合

大きな壁や建造物など、視野全面に広がる大きな色の場合にも色覚が低下し、色の彩度が落ち、高彩度色でも無彩色に近づいて、くすんだ色に見えてきます。

10 色知覚の測定方法

人には物理的な知覚だけでなく心理的な知覚も生じるため、カラーコーディネートを決定するうえでは、物理的測色以外に心理的な知覚を測定する方法も必要です。

さまざまな心理評価法

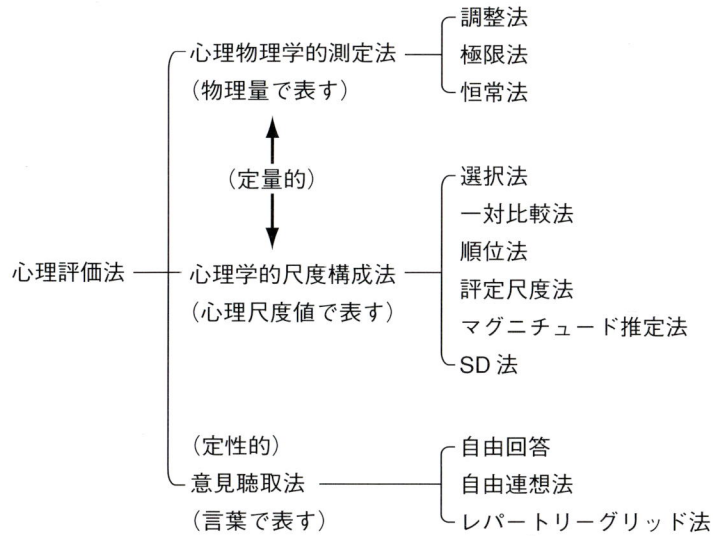

■ 心理物理学的測定法

ドイツのフェヒナーは、人間の心理や**感覚を物理量として変換**したり、**心理的感覚の弁別閾を測定**したりする心理物理学的測定法を考案しました。これらは「**調整法**」「**極限法**」「**恒常法**」として、現在も受け継がれています。

心理物理学的測定法に使われる用語

閾…刺激を知覚できるかどうかの境界。その刺激量を閾値という。

- **刺激閾**………ある刺激が起きるかどうか、**感覚が生じるか**どうかの境目。また、どれくらいの刺激量で知覚できるかの境界の物理量。絶対閾ともいう。
- **光覚閾**………光のエネルギーを変え、どれくらいで光が知覚できるかを求めた刺激閾。
- **弁別閾**………ある刺激量を増減させたときの**違いが区別できるか**どうかの境目。どのくらいの違いがあれば区別できるかの最小値であり、丁度可知差異ともいう。極限法、恒常法、調整法などが測定に使われる。
- **色相弁別閾**…スペクトルの波長の違いがどれくらいあれば色を区別できるかを求めた弁別閾。

■ 心理学的尺度構成法

心理学的尺度とは、ある対象に対する評価や選択の調査・分析を心理的な物差しとして**定量化する**ことで、下記の4つの尺度水準があります。

- **名義尺度**…例えば回答者の男性を1、女性を2とするなど、便宜的に任意の数字をつけてから評価回答する数値尺度で、数字は識別のラベルのような役割をする。
- **順序尺度**…複数の対象に順位をつけて評価する。数値の大小で順位はわかるが、順位の差の間隔の度合いはわからない。
- **間隔尺度**…物差しの目盛りように間隔的に割り当てた数字に対し、対象を当てはめる。複数の対象に対して行った場合、どの程度かの間隔はわかるが、評価が同じになる場合もあり、順位はわからない。

①好き　②やや好き　③普通　④やや嫌い　⑤嫌い

- **比率尺度**…ある原点（0）の基準を設け、どの程度感じられるかを数値で評価する（感覚を比率で表す）。NCSの6主要色の類似度(％)がこれにあたる。最も上位に位置する尺度。

心理尺度構成法に使われる用語

定量的…物事や現象を**数値で表す**こと。あるいは、通常数字では表さない感覚や印象を**数値に置き換えて示す**ことを**定量化**という。

定性的…物事や現象を**言葉で表す**こと。色のイメージを言葉で表すなど。意見聴取法は定性的方法。

■ 心理学的尺度構成法の調査法

アンケート用紙などを用いた質問紙調査法で下記のような調査法を行います。

選択法………評価対象（質問）に対し、適切なものを選ぶ方法。同時に複数の中から選ぶ方法（同時提示法）、１つずつ見せる方法（継時提示法）がある。また１つを選ぶ方法（選一法）、多数を選べる方法（多選法）がある。

一対比較法…複数の対象を２つずつのペアにしてから総当たりで比較判断する方法。数が多いと被験者の負担が大きい（P208「一対比較法」参照）。

順位法………ある判断基準をもとに、複数の対象に順位をつける方法。

評定尺度法…よい・普通・悪いなどの評価の順列のカテゴリーを決め、当てはまるものを選んでもらう方法。直線上の目盛りにカテゴリーを当てはめ、選択しやすくしたものを図式評定尺度という。

マグニチュード推定法…ある対象に対する感覚を基準として、その他の対象をその基準と比較し、どのくらいに当たるかを数字で答える方法。

SD法…………対象の印象を反対語（よい―悪い、強い―弱いなど）を両端にしたいくつかの段階に分けた尺度を複数用意し、対象がどの段階かをすべての尺度で評価する方法（P206「SD法」参照）。

■ SD法と一対比較法の分析方法

上記の調査法の中で、印象を総合的に調査できるSD法と複数の評

価対象の微妙な違いを調査できる一対比較法を例に、その分析方法を見ていきましょう。

1　SD法（semantic differential method）

もともとはアメリカの心理学者オズグッドが抽象的な言葉や事象のイメージを測定するために考案した方法ですが、日本ではデザインや色彩をはじめ五感に関わる感覚的な印象を測定するのに用いられるようになりました。下記では例を挙げ、その手順を紹介します。

方法と手順

ある企業が新発売の飲料のために考えた数パターンのデザインがあるとします。そして、意図するイメージに最も合う印象を持つデザインを選出するために、各デザインのSD法による印象評価調査を行うこととします。

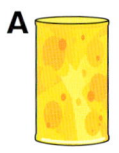

手順①
両端に反対語を置いた評定尺度の回答により**イメージプロフィール**を作る

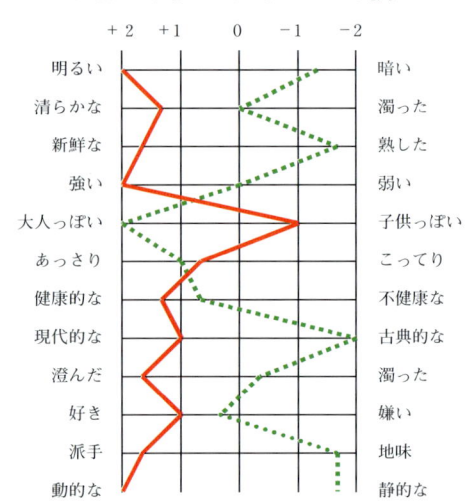

CとEのプロフィールの例

206 ｜色知覚の測定方法（2級）

手順②

評価データから各対象の**評価に関わる因子を分析**します。被験者がそのデザインをどう評価したか、主にどのイメージから判断しているかを導き出します。ここからは**因子負荷量と因子得点**が得られ、イメージマップが作成されます。

因子分析

例えば「新鮮な」と「澄んだ」、また「地味」と「静的な」は同じような評価となっています。このように言葉は違っても、同じような印象ととらえて判断していると考えられるものを隠れた**共通の判断基準（因子）**としてまとめ、対象の評価に大きく関わっている因子をいくつか抽出することを因子分析といいます。

因子負荷量

抽出された**因子と各評定尺度がどれくらいの関係の強さがあるか**を表した数値で－1～＋1の間で示し、±に関係なく絶対値の大きなものから評価を読みとります。

イメージマップ

イメージマップの軸に評価に関わった因子から名称をつけます。例では、「新鮮な」「澄んだ」に関わる因子1を「爽やかさ」の因子、「地味な」「静的な」に関わる因子2を「落ち着き感」の因子などとします。このイメージマップの座標値が**因子得点**となり、座標上で相互の関係が示されます。

SD法は多角的、総合的に**印象をとらえるのに向い**ていますが、評価尺度に偏りがあったり、十分な量がなかったりすると正確な評価を導き出すのが難しくなります。

2　一対比較法

対象を比較し、微妙な違いを評価するのに向いているのが一対比較法です。調査をしたい対象を2つずつ総当たり方式で優劣をつけるなどして判断をします。

サーストンの方法では、どちらがよいかを単純に判断していきますが、シェッフェの方法では、評定尺度を用いてどれくらい優れているかを判断します。

サーストンの一対比較法　　**シェッフェの一対比較法**

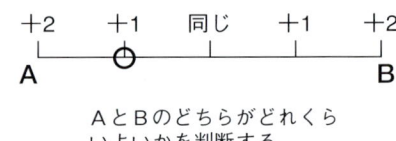

AとBのどちらがよいかを判断する　　AとBのどちらがどれくらいよいかを判断する

比較判断の回数は、評価対象の総数をnとした場合、下記のように求められます。

　　n×（n－1）÷2＝回数

先ほどの飲料のデザインを例にとると、5案の場合の判断回数は下記のようになります。

　　5×（5－1）÷2＝10回

これを複数の被験者の各自に行ってもらい比較判断の結果を出します。

以上のように、比較対象が10や20と増えると判断回数も45回、190回となり、被験者の負担も実験の労力もかなり大きくなります。そのため、比較対象がある程度しぼられている場合に向く方法ともいえます。

PART 7　基礎問題（3級）

色にはさまざまな心理的効果があり、下記のように印象へ影響を与えるものがあります。次のA～Gではそれぞれにふさわしいものを選び、また①～⑰に適当な言葉を入れなさい。

視覚的な印象への影響

A　進出色・後退色の組み合わせ

①  ②  ③  ④

B　膨張色・収縮色の組み合わせ

①  ②  ③  ④

触覚的な印象への影響

C　暖色・寒色の組み合わせ

①  ②  ③  ④

D　柔らかい色・硬い色の組み合わせ

①  ②  ③  ④

E　軽い色・重い色の組み合わせ

①  ②  ③  ④

感情的な印象への影響

F　興奮色・沈静色
①高彩度の青から紫にかけては興奮を感じ、彩度が高い暖色は沈静感がある。
②低彩度、高明度の暖色系は興奮感、高彩度、低明度の暖色は沈静感がある。
③高彩度の赤や黄色は興奮を感じ、低彩度の寒色には沈静感がある。
④高明度の赤は興奮感があり、高彩度の寒色には沈静感がある。

G　派手・地味
①最も色相に関係し、赤は派手に、紫は地味に感じる。
②彩度との関わりが影響し、彩度が高いほうが派手に感じる。
③明度の影響が大きく、明度が高いほど派手に感じる。
④同じ色相なら彩度が変わっても、派手、地味の感覚は変わらない。

色の持つ視覚効果

● 色の対比とは、ある色が他の色の影響を受け、実際とは違う色に見える現象のことをいい、大別すると（①　　　）と（②　　　）があり、両方を比べると①の変化のほうが大きく、対比といえば通常は①をさします。
● 対比する色の関係がどの属性に最も関わっているかにより、（③　　　）、（④　　　）、（⑤　　　）に分類できますが、黒の背景の上にある灰色が、白の背景の上にある物より（⑥　　　）見えるのは③です。
● ②で、ある色をじっと見てから他へ目を移すと、前に見た色の補色が見える現象を（⑦　　　）といいます。
● 同一色相のvトーンに囲まれたdトーンは、実際の色より（⑧　　　）見え、これは（⑨　　　）対比によるものです。
● 黄色の地色に囲まれた橙は（⑩　　　）によって見え、赤の上の橙は（⑪　　　）がかって見えます。しかし、補色どうしを組み合わせた場合は（⑫　　　）は変化せず、（⑬　　　）が増したように感じられます。これを（⑭　　　）対比といいます。
● 対比と同じ色の組み合わせでも、囲まれる面積が（⑮　　　）、あるいは縞などの間隔が細かい、色相が（⑯　　　）していると、対比とは逆の（⑰　　　）が起きる場合があります。

■基礎問題（3級）解答
視覚的な印象への影響
A①　B②

触覚的な印象への影響
C③　D③　E②

感情的な印象への影響
F③　G②

色の持つ視覚効果
①同時対比　②継時対比　③明度対比　④⑤色相対比、彩度対比（順不同）　⑥明るく　⑦残像（補色残像現象）　⑧くすんで（彩度が低く）　⑨彩度　⑩赤み　⑪黄み　⑫色相（色み）　⑬彩度　⑭補色（補色の彩度、あるいは補色による彩度）　⑮せまい（小さい）　⑯近似　⑰同化（同化現象）

PART 7 基礎問題（2級）

色の知覚的効果や錯視、色知覚の測定法などは理解できましたか？
基礎問題で確認してみましょう。

1 左側の色彩に関する語句について最も適切な説明を右側から選びなさい（カッコ内はとくに有効な三属性を示しています）。

A 誘目性　①複数の対象における違いの識別のしやすさ（色相）
B 視認性　②発見された対象の図形の意味の理解のしやすさ（明度差）
C 識別性　③特別に注意を向けていない対象の発見のされやすさ（彩度・色相）
D 明視性　④発見された対象の文字や数字の理解のしやすさ（明度差）
E 可読性　⑤注意を向けて探す対象の発見のしやすさ（明度差）

2 下図に起こる効果や現象の名称に最もふさわしいものを①～⑥から選びなさい。

A 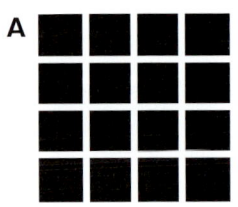　B 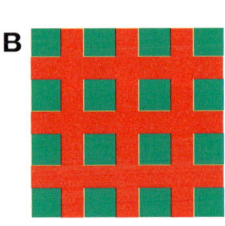　C

①エーレンシュタイン効果　②ハーマングリッド　③マッハバンド
④リープマン効果　　　　　⑤ネオンカラー効果　⑥ベンハムトップ

3 左側の心理尺度に関する語句について最も適切な説明を右側から選びなさい。

A 名義尺度　①評価の違いの差はわからないが評価の大小関係はわかる、数値の大小のみが意味を持つ尺度。複数のものの好ましさの順位評価など。

B 順序尺度　②最も上位に位置する尺度。ある基準のものに対して、そのものがどれくらい感じられるかを数値で表す。

C	間隔尺度	③数値の差が意味を持つ尺度。それぞれのものに対し、1とてもよい、2よい、3普通、4悪い、5とても悪い などのランク付けの選択など。
D	比率尺度	④分類のカテゴリーとして、便宜的に任意の数値が付けられた尺度。男性を1、女性を2とするなど。

■基礎問題（2級） 解答と解説

1　A③　B⑤　C①　D②　E④

解説
誘目性や視認性など、カラーデザインをするうえで考慮しなければならない大切な要素です。標識や看板を参考に説明できるようにしておくとよいでしょう。

2　A②　B④　C③

解説
色の錯視にはどのようなものがあるか、図とともにその現象や効果を覚えましょう。

3　A④　B①　C③　D②

解説
心理の測定法については、名称と特徴をしっかり覚えるようにしましょう。

PART 7 応用問題（3級）

1 次のそれぞれの地色と図色の関係に関し、適切なものを選びなさい。

A 右と左の図色は同じであるが、その変化に関し正しいものはどれか。

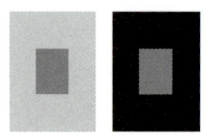

①明度対比により、左の図色の方が明るく見える。
②無彩色なので、図色は変化していない。
③彩度対比により右の図色が鮮やかに見える。
④明度対比により、右の図色の方が明るく見える。

B 次の図色の単色で見た時と比較した変化に関し、適切なものはどれか。

①色相対比により、黄みが増したように見える。
②補色の彩度対比で、鮮やかに見える。
③色相対比により、赤みが増したように見える。
④明度対比により、明るくなったように見える。

C 次のうち、図色が彩度対比を起こし、単色で見るときより鮮やかに見えているものはどれか。

① 　② 　③ 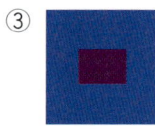　④

2 次の各問の記述のうち最も適切なものを①〜④からひとつ選びなさい。

A 周囲の色の影響を受け、中央の色はどのように変化して見えているか。

①明度が高く感じられ、実際よりもやや小さく見える。
②明度が低く感じられ、実際よりもやや小さく見える。
③明度が高く感じられ、実際よりもやや大きく見える。
④明度が低く感じられ、実際よりもやや小さく見える。

B 両方の色を隙間がないように配置するとaの部分はどのように見えるか。

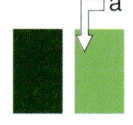

①明度が高くなったように感じられ、やや進出して見える。
②明度が高くなったように感じられ、やや後退して見える。
③明度が低くなったように感じられ、やや進出して見える。
④明度が高くなったように感じられ、やや後退して見える。

C 中央の色のまわりに使用した場合に、中央の色の彩度を実際よりも高く見せないものはどれか。

 ①  ②  ③  ④

D 色相対比が最も顕著に現れているものはどれか。

① 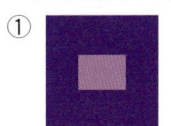 ②  ③ 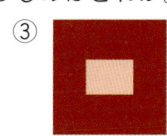 ④

■応用問題（3級）解答と解説

1 A④ B① C②

解説

Aは明度対比。地色が暗いと図色は明るくなります。**B**は地色の補色残像の影響を受け、地色の補色の方へ色相が移ったように見えますので、この場合は黄みが増して見えます。**C**の彩度対比は地色の彩度が低いと図色が彩度が増したように鮮やかに見えますので、②が正解です。①は無彩色どうし、他は地と図が同彩度なので、彩度対比の影響は出ていません。

2 A③ B① C① D①

解説

視覚的効果だけでなく心理的効果も合わせて出題される場合もあります。

A：明度対比と心理効果の膨張・収縮を合わせた問題。膨張・収縮は明度に影響されます。

B：明度の縁辺対比と進出・後退を合わせた問題。進出・後退は色相による影響が大きいが、同じ色相の場合は明度の高い方が進出して感じられます。

C：彩度を高く見せるには、より彩度の低いものとの彩度対比と補色対比（補色による彩度対比）が考えられます。この場合は中央はd2で、①v2、②v14、③無彩色、④g2なので、①以外はこれらに当たります。

D：色相対比は色相が異なる場合に起き、①はv20とb22で、それ以外は同一色相。②はp12とb12、③はdp2とp2+、④はdp18とsf18です。

PART 7 応用問題（2級）

1 次の文章の空欄に当てはまる最も適当な語句を①〜④からひとつ選びなさい。

色の錯視にはさまざまなものがあるが、例えば黒い地の正方形の図形に白で格子状に線を引くと白い十字路の交差点に黒い影が見える。これを発見者の名前から（A）といい、格子幅を広くすると神経細胞の受容野を超えて影は見えなくなってしまう。異なる有彩色を隣接して配したとき、（B）差が近いと境界線があいまいになり、地と図の関係が不安定になる。これは明視性、可読性に関わる（C）効果という。

段階的に明度を変化させたグレースケールでは隣接する領域で、より明るい領域とより暗い領域が見られる。これは典型的な（D）であり、網膜で生じる側抑制で説明でき、（E）と呼ばれる。

- A ①リープマン効果 ②エーレンシュタイン効果 ③ハーマングリッド ④マッカロー効果
- B ①色相 ②明度 ③彩度 ④トーン
- C ①リープマン ②エーレンシュタイン ③ネオンカラー ④マッカロー
- D ①色陰現象 ②色相対比 ③残像現象 ④縁辺対比
- E ①ハーマングリッド ②リープマン ③ベンハムトップ ④マッハバンド

2 下図について、それぞれ①〜④から適切なものをひとつ選びなさい。

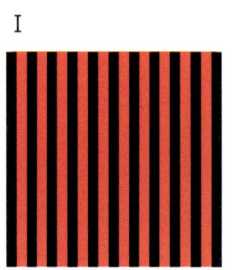
Ⅰ

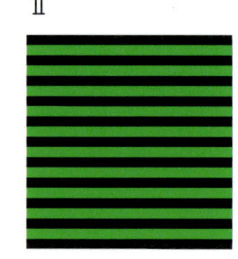
Ⅱ

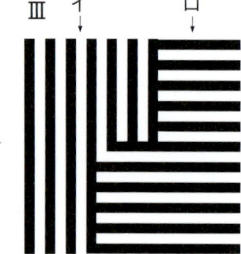
Ⅲ　イ　　　ロ

A 上のⅠとⅡの図を交互に見たあとⅢの図を見たときに起こる現象を何というか。
①マッカロー効果
②ベンハムトップ
③リープマン効果
④透明色

B ⅠとⅡの図をそれぞれ数分間見続けたあと、Ⅲの図を見るとどのように見えるか。
①イの縦縞の部分は薄い緑に、ロの横縞の部分は薄い赤に見える。
②イの縦縞の部分は薄い赤に、ロの横縞の部分は薄い緑に見える。
③イもロもそれぞれの補色が混色された薄い黄色に見える。
④ⅠとⅡの関係が補色関係にあるため、イとロも補色が混色されて無彩色となりグレーみがかって見える。

3 下図について、次の①〜④の中で最も関連性の低いものはどれか。

①識別性によって違いが認識しやすくなっている。
②色の象徴性を利用した色分けである。
③対象の意味を理解しやすい明視性が利用されている。
④注意を向けていなくても発見されやすい誘目性の高い色を用いている。

■応用問題（2級）解答と解説

1 A③ B② C① D④ E④

解説
色の知覚的効果には、ハーマングリッド、エーレンシュタイン効果、ネオンカラー効果など似たようなものが数多くありますが、それぞれの効果や現象の違いをしっかり理解しておきましょう。

2 A① B①

解説
マッカロー効果はそれぞれ色だけでなく、縦横にも順応して見えるため、縦方向は赤の補色の緑、横方向は緑の補色の赤に見えます。

3 ④

解説
トイレの男女マークを示す図ですが、青と赤の色の象徴性と色による男女の識別性、さらに、明度差をつけることで図が理解しやすくなる明視性も使われています。また、注意を向けて探す対象の発見のしやすさである視認性も考慮されています。しかし誘目性は、赤や橙などの暖色系で高彩度のものが高く、青はあまり高いとはいえないため、このマークとの関連性は低いといえます。

PART 8 色彩調和

■ ポイントと流れ

規則に基づく調和の取れた配色方法をPCCSを使って習います。「統一」か「変化」の調和を基本に、具体的な方法を覚えますが、3級では三属性やトーンを使った方法を、2級ではさまざまな名前のついた配色技法や色相分割の配色など、3級の配色を基礎にした技法を覚えます。配色調和は、ファッション、インテリア、エクステリアでも具体例が出てきます。この章で基本を覚え、応用できるよう覚えましょう。3級のナチュラル・ハーモニー、コンプレックス・ハーモニーはわからなくなる人が多い内容です。じっくり読んで理解しましょう。

■ 出題傾向

3級では、理論としての文章の穴埋め問題と色票を使って配色方法を答えるカラー問題がそれぞれ1問ずつ出されることが多いようです。近年、カラー問題は、単純に「同一色相配色はどれか」を問うだけでなく、「対照トーンの同一色相配色はどれか」といったように配色方法を組み合わせた出題方法になってきていますので、それぞれのより深い理解が必要です。

2級では、やはり文章の穴埋め問題が1題とカラー問題が1題という出題傾向です。色票を見て「この色はPCCSの何か」といったことが理解できないと答えられない問題ですので、日頃からPCCSのカラーカードを見て覚えるようにするとよいでしょう。

1 色相配色

配色調和は、類似性の調和でまとめるか、相反する要素のあるもので対比させてまとめるかの2つに分かれます。その配色調和をPCCSに基づくと、色相あるいは、トーンを中心に考える2つの方法があります。

■ 色相配色

色相配色は色相環（P36参照）を基に、色相を角度で考えるとわかりやすくなります。下の表と色相環でまとめています。また、次頁からの色相配色の例の左側には色相番号8を共通で使い、各配色の違いが比較できるようになっていますので、違いを目でも確認してみてください。

色相に共通性のある配色 （共通性の調和）	同一色相配色	色相差　0	角度　0°
	隣接色相配色	色相差　1	角度　15°
	類似色相配色	色相差　2〜3	角度　30°〜45°
色相にやや違いのある配色	中差色相配色	色相差　4〜7	角度　60°〜105°
色相に対照性のある配色 （対比の調和）	対照色相配色	色相差　8〜10	角度　120°〜150°
	補色色相配色	色相差　11〜12	角度　165°〜180°

色相環

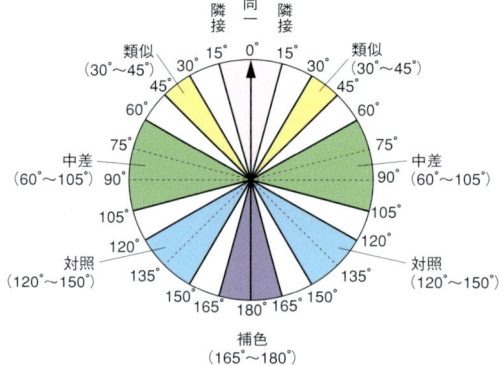

1　同一色相配色

同じ色相番号をもつ色どうしの配色。同じ色相番号をもつ別トーンで配色します。変化をつけるには、離れたトーン（明度差、彩度差を大きくとる）から選びます。

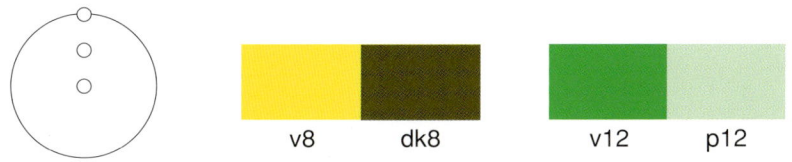

2　隣接色相配色

色相番号±1の配色。色相環の右もしくは左、どちらか一方の隣（15°）に接する色と組み合わせます。同一トーンでも配色できますが、別のトーンから選べば変化がつきます。

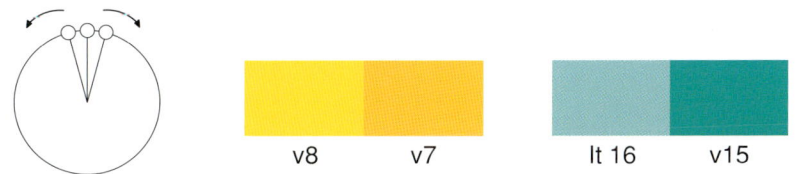

3　類似色相配色

色相番号±2～3の配色。色相環の右もしくは左、どちらか一方へ30°～45°移動した位置の色相と組み合わせます。色が似ているだけでなく、寒暖の性質などもほとんど近くなるので、安定感のある無難な配色ができます。変化をつけるには離れたトーンから選びます。

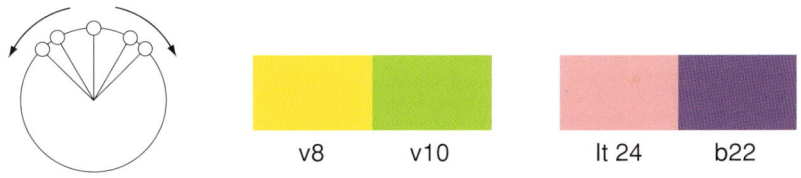

4　中差色相配色

色相番号±4〜7の配色。色相環の右もしくは左のどちらか一方へ60°〜105°移動した位置の色相と組み合わせます。色相差が類似と対照の中間にあたり、まとまりがとりにくいため、トーンを統一あるいは類似から選び共通性をもたせるとバランスがとりやすくなります。

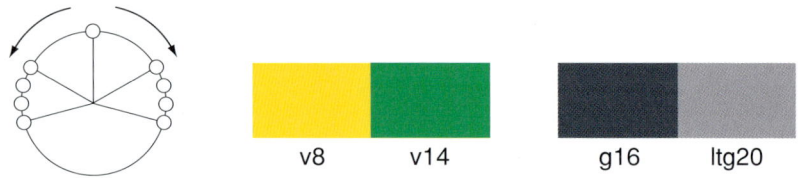

5　対照色相配色

色相番号±8〜10の配色。色相環の右もしくは左のどちらか一方へ120°〜150°移動した位置の色相と組み合わせます。色相差が大きくコントラストのある明快な配色になります。高彩度色を使えばより刺激的に、低彩度色を使うと刺激は弱まります。トーン差をつけると、よりコントラストがつき、近似したトーンを使うとまとまります。

6　補色色相配色

色相番号±11〜12の配色。色相環の右もしくは左のどちらか一方へ165°〜180°移動した位置の色相と組み合わせます。最も離れた色相との配色で、強く明快な組み合わせです。高彩度色では強く刺激的に、また明度差をつけるとメリハリのある明快な配色になります。

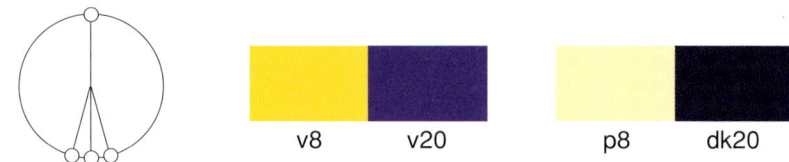

7 ナチュラル・ハーモニー

　隣接色相配色、類似色相配色を作るときには、**自然の色の秩序に従う**となじみのある自然な配色を作ることができ、それを応用した配色を「ナチュラル・ハーモニー（自然の色の連鎖）」（ナチュラル配色）といいます。

　単色の1つの物に光が当たると、**光が当たっている部分と影になっている部分とでは元は同じ色でも変化して見えます。具体的には、光が当たった部分は明度が高く、色相が黄み**に近づいたように、**影の部分は明度が低く、色相が青紫**のほうに近づいた色に変化して見えます。

　太陽光が当たった木々の葉を想像してみてください。

　日が当たり明るい葉は、やや黄みがかって明るい黄緑に見えます。

　一方、影になり暗い葉は、やや青みがかり、暗い青みの緑に見えます。

　それを配色に応用するには、隣接、類似色相配色でトーンを組み合わせる際に、黄（8：Y）に近い方の色相の明度を高くし、青紫（20：V）に近い方の色相は明度を低くし組み合わせます。

　PART2のPCCSの色立体の項（P38参照）でも説明しましたが、PCCSのトーンは「自然の色の連鎖」に従っていますので、**同一トーン**で配色した場合は、黄方向の色相の明度が高く、青紫方向の色相の明度が低い**ナチュラル・ハーモニー**になります。

　本来は、1つの物に光が当たった色の表現からきていますので、色の差の少ない隣接、類似の色相配色のときに用いる配色方法ですが、もう少し広い範囲をさす場合もあります。

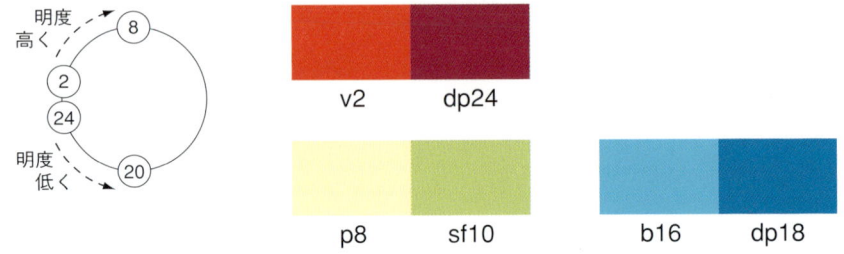

　2：Rのほうが8：Yに近いので明度を高いトーンから選び、24：RPは明度が低いトーンから選び、配色しています。

8　コンプレックス・ハーモニー

　自然の色の連鎖と明度が逆になるように配色する方法を「コンプレックス・ハーモニー（不調和の調和）」（コンプレックス配色）といいます。

　つまり、黄（8：Y）方向に近い色相の明度を低く、青紫（20：V）方向に近い色相の明度を高く、配色します。

　2：Rのほうが8：Yに近いので明度の低いトーンから選び、24：RPは明度が高いトーンから選び、配色しています。

＊コンプレックス・ハーモニーは、なじみのある配色ではありませんが、使い方によって個性的な配色を作ることができます。

知って得する

■ 反対色とは

よく使われる反対色という言葉。これは対照色相のことを主にさします。反対色（対照色相）は、ある１色を頂点として色相環の中に正三角形を描き、その底辺に当たる部分の色になります。対照色相のうち、特に色相環の真反対とその両隣りが補色に当たります。

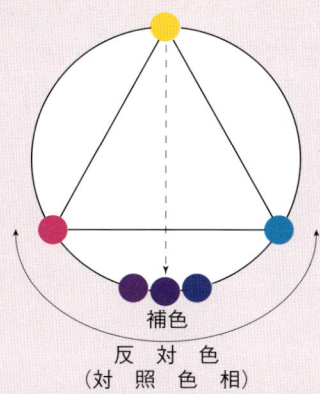

補色
反 対 色
（対 照 色 相）

■ ナチュラル・ハーモニーとコンプレックス・ハーモニー

ナチュラル・ハーモニーは自然の色の見えを配色に生かした方法ですので、なじみがあり、無理のない配色になります。もともと、１つの物の明るい部分と影の部分の見えからきていますので、近い色相（隣接・類似）どうしの配色で用い、大きな色の差では使いませんが、ファッションなどではもう少し色相差のあるものまでをさす場合があります。

一方、コンプレックス・ハーモニーは、もともと自然に見られる配色ではありませんので、近い色相に限らずに組み合わせた配色のうち、黄色相に近い色相の明度が低く、青紫に近い色相の明度が高いものであれば、「同一色相」以外で作ることができます。

また、どちらの配色も無彩色を用いることはできません。

2 トーン配色

　トーン配色はトーン分類の一覧（P41参照）を元にその位置関係で考えるとわかりやすくなります。それぞれの配色について下の表にまとめてあります。

共通性の調和 （類似の調和）	同一トーン配色	記号が同じトーンで配色
	類似トーン配色	上下、左右、斜めいずれかで接するトーンで配色
対比の調和 （対照の調和）	対照トーン配色 （高明度⇔低明度） （高彩度⇔低彩度）	明度、彩度の両方、あるいは一方が対照になる高⇔低関係のトーン配色 明度、彩度ともに中明度、中彩度（sf、d）はできない

　配色は、トーン配色に色相配色や暖色寒色などを組み合わせ、さまざまに作ることができます。次のトーン配色でも、それぞれのトーン配色に色相配色を組み合わせ、配色を作っています。

■ 同一トーン配色

　同じトーンの記号をもつ色どうしの配色。色が違っても近いイメージをもつ色どうしなのでイメージ配色がしやすく、色相により明度に差はありますが、彩度は統一されています。イメージを決め配色してみましょう。

配色例　　爽やかで、子供っぽい配色

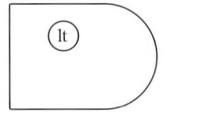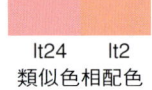

lt24　　lt2
類似色相配色

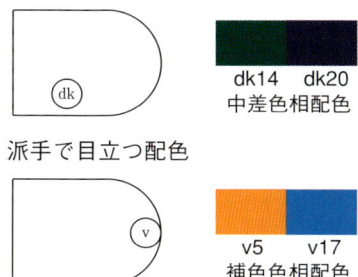

■ 類似トーン配色

トーンの分類表で、上下、左右、斜めのいずれかで隣接するトーンどうしの配色です。3つの場合があります。

類似トーンの関係

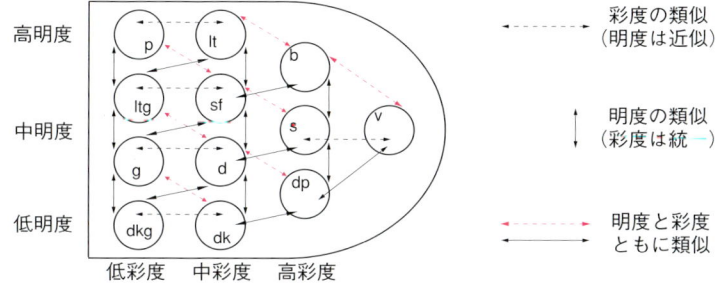

A 明度が類似のトーン配色（上下に隣接する）

明度が、高明度⇔中明度、中明度⇔低明度の関係で類似するトーンどうしの配色で、上下に隣り合います。そのため、彩度は統一された配色となります。

B 彩度が類似のトーン配色（左右に隣接する）

彩度が、高彩度⇔中彩度、中彩度⇔低彩度の関係で類似するトーンどうしの配色で、左右に隣り合います。明度は近似した配色となります。

C　明度も彩度も類似のトーン配色（斜めに隣接する）

明度も彩度もともに高⇔中、中⇔低の関係で類似したトーンどうしの配色で、斜めに隣り合います。

配色例

A　明度が類似のトーン配色（上下に隣接する）

g18　ltg18
同一色相配色

B　彩度が類似のトーン配色（左右に隣接する）

dkg14　dk24
対照色相配色

C　明度も彩度も類似のトーン配色（斜めに隣接する）

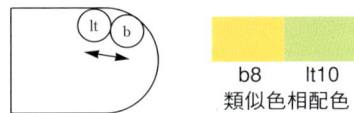

b8　lt10
類似色相配色

■ 対照トーン配色

トーンの分類表で、上下、斜めに1つあるいは2つのトーンを間にはさんだトーンどうしの配色です。明度、彩度のいずれか、あるいは両方が高⇔低の関係にあります。また、トーンの名称においてp—dp（薄い—濃い）、b—dp（明るい—暗い）のように、反対語になる対照の組み合わせも考えられます。

明度においても彩度においても対照にならない、中明度、中彩度のソフトトーン、ダルトーンは対照トーンの関係を作れません。

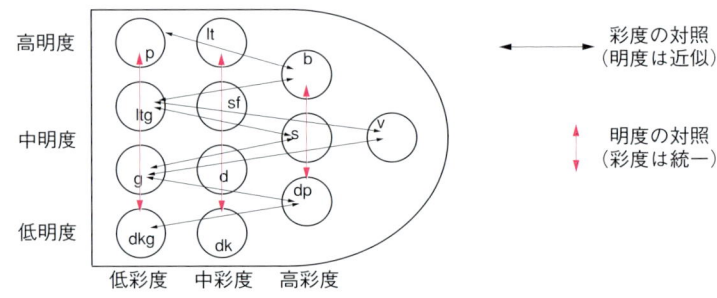

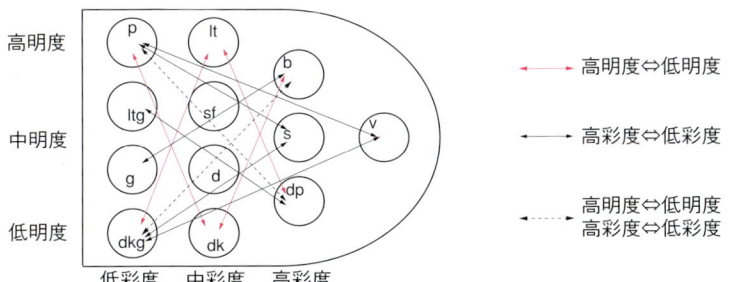

A　明度が対照のトーン配色

　明度が、高明度⇔低明度の関係で対照になるトーンどうしの配色で上下に離れます。そのため、彩度は統一されます。

B　彩度が対照のトーン配色

　彩度が、高彩度⇔低彩度の関係で対照になるトーンどうしの配色で中明度のトーンを間にはさみ、斜めに離れます。
　P231の図では明度は近似しています。

C　明度も彩度も対照のトーン配色

　明度も彩度も、高⇔低の関係で対照になるトーンの配色です。
　バランスが難しい場合は、色相を同一、類似にとったり、暖色寒色などの共通項をもたせるとまとまりやすくなります。

配色例

A　明度が対照のトーン配色

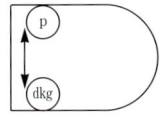 

p4　　dkg4
同一色相配色

B　彩度が対照のトーン配色

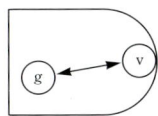 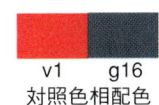

v1　　g16
対照色相配色

C　明度も彩度も対照のトーン配色

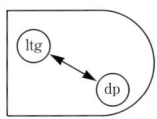 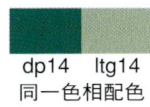

dp14　ltg14
同一色相配色

3 明度を手がかりにした配色

　明度を手がかりとした配色は、明度の数値の差で考えますが、微妙な差を見極めるためには明度の一覧表が必要です。そこで、もう少し大まかに「高明度、中明度、低明度」の関係でとらえる配色方法を中心に考えていきます。

	明度の数値差で考える方法	高・中・低明度で考える方法
明度に共通性のある配色（共通性の調和）	同一明度配色　明度差0 v2　　　　　　v14 明度　4.5　4.5　明度差0 隣接明度配色　明度差0.5 v2　　　　　　v3 明度　4.5　5.0　明度差0.5 類似明度配色　明度差1〜2 v2　　　　　　v5 明度　4.5　6.0　明度差1.5	同じ明度領域の配色 　高明度どうし 　中明度どうし 　低明度どうし ＊ほとんどが左記の同一・隣接・類似明度配色になる。選択のしかたでは中差明度配色になる
明度にやや違いのある配色	中差明度配色　明度差2.5〜3.5 v8　　　　　　v12 明度　8.0　5.5　明度差2.5	隣り合う明度領域の配色 　高明度―中明度 　中明度―低明度 ＊ほとんどが中差明度配色。選択によっては隣接から対照明度配色まで広く作れる
明度に対照性のある配色（対照性の調和）	対照明度配色　明度差4以上 v8　　　　　　v20 明度　8.0　3.5　明度差4.5	対照的な明度領域の配色 　高明度―低明度 ＊すべて対照明度配色になる

＊明度を手がかりに配色する場合は、トーンで考えると大まかな領域をとらえやすいのですが、同じトーンでも色相により明度差がかなりあり、その差は特に高彩度のトーンでは顕著です。
　例えばビビッドトーンでは、多くの色相は明度4.0〜7.0の中明度に入りますが、8：Yは明度8.0と高明度、20：Vは明度3.5で低明度となり、表中の配色例のように、vトーン1つですべての明度配色の例を作ることができます。

■ 高明度・中明度・低明度の明度領域で配色を考える方法
　（9.5〜7.5）　　　（7.0〜4.0）　　（3.5〜1.5）

1　同じ明度領域の配色
　同じ明度領域にあるものどうしの配色で、「同一明度配色」「隣接明度配色」「類似明度配色」に当たります。明度が近似しているので、色相も近いもので配色するとぼやけた配色になりやすいため、色相や彩度に差をつけると変化のある配色になります。

＊中明度どうしで組み合わせた場合、領域の境界7.0と4.0で組み合わせると明度差3となり、「中差明度配色」になります。
＊下記の配色例は、すべて明度差2以内の共通性のある明度配色になっています。

高明度どうしの配色

 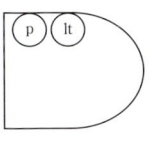　　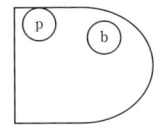

同一色相で彩度も近い配色　　　　色相・彩度に差をつけた配色

中明度どうしの配色　　　　　　低明度どうしの配色

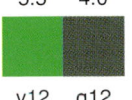 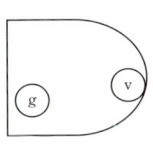　　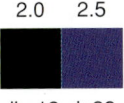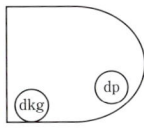

同一色相、彩度に差のある配色　　色相・彩度に差のある配色

2　隣り合う明度領域の配色
　高明度と中明度、中明度と低明度のように隣り合う明度の領域どうしの組み合わせで、そのほとんどが「中差明度配色」になります。

＊各明度領域は、高明度9.5〜7.5、中明度7.0〜4.0のように幅がありますので、高明度—中明度の組み合わせで考えた場合、9.5と4.0の組み合わせのように5.5の差のある「対照明度配色」から、両明度の境界の7.5と7.0の明度差0.5の「隣接明度配色」の組み合わせまで作ることができます。
＊次頁の配色例では、すべて中差明度配色になっています。

高明度と中明度の配色

明度　8.0　5.0

p12⁺　d12

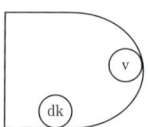

中明度と低明度の配色

明度　5.5　3.0

v12　dk12

3　対照的な明度領域の配色

高明度と低明度の対照的な明度領域の組み合わせで、すべてが明度差 4 以上の「対照明度配色」となり、白黒の配色は最も対照的な明度配色です。

この組み合わせは、ポスターや看板で使われる視認性の高い配色になります。

高明度と低明度の配色

明度　8.0　2.0

p12⁺　dkg12

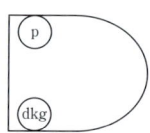

明度　8.5　2.0

b8　dk20

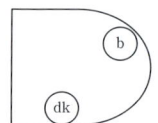

明度差の数値で見た対照明度配色は、明度差 4 以上ですので、高・中・低の明度領域で考えた場合、上記のような高明度―低明度の関係だけでなく、高明度―中明度、中明度―低明度の関係でも対照明度配色を作ることができます。

高明度―中明度の対照明度配色

明度　8.5　4.5　　9.5　4.5

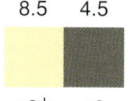 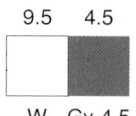

p8⁺　g8　　W　Gy-4.5

中明度―低明度の対照明度配色

明度　6.5　2.5　　6.5　1.5

 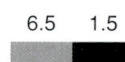

sf4　dk2　　Gy-6.5　Bk

4 彩度を手がかりにした配色

彩度を手がかりにした配色は、彩度の数値（0〜9s）で考えますが、ここでは、高彩度・中彩度・低彩度の3つの領域で配色方法を考えていきます。

	彩度の数値で考える方法	高・中・低彩度で考える方法
彩度に共通性のある配色 （共通性の調和）	同一彩度配色　彩度差0s v2　　　　　v4 隣接彩度配色　彩度差1s lt2⁺　　　　　sf2 類似彩度配色　彩度差2s、3s p2⁺　　　　　ltGy	同じ彩度領域どうしの配色 　高彩度どうし（v、b、dp） 　中彩度どうし（lt⁺、sf、d、dk） 　低彩度どうし（p⁺、ltg、g、dkg、無彩色） ＊彩度差0sから3sで同一から類似彩度配色までのいずれかになる
彩度にやや違いのある配色	中差彩度配色　彩度差4〜6s v2　　　　　sf2 彩度　9s　5s　彩度差4s v2　　　　　p2⁺ 彩度　9s　3s　彩度差6s	隣り合う彩度領域の配色 　高彩度ー中彩度 　中彩度ー低彩度 ＊彩度差2sから6sで類似彩度か中差彩度配色になる
彩度に対照性のある配色 （対照性の調和）	対照彩度配色　彩度差7〜9s v2　　　　　g2 彩度　9s　2s　彩度差7s v2　　　　　dkGy 彩度　9s　0s　彩度差9s	対照的な彩度領域の配色 　高彩度ー低彩度 ＊彩度差5sから9sで中差彩度か対照彩度配色になる

＊彩度を手がかりにした配色では、同一トーンは同彩度となっているため、トーンの領域で考えるとわかりやすいのですが、配色カードではペールとライトの彩度が1s高いp⁺、lt⁺となっているため、少し複雑になっています。

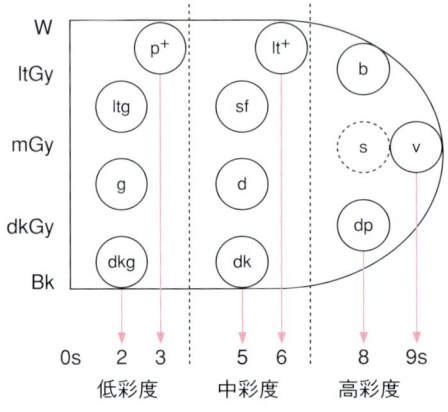

高彩度	v	9s
	b、dp	8s
中彩度	lt⁺	6s
	sf、d、dk	5s
低彩度	p⁺	3s
	ltg、g、dkg	2s
	W、Gy、Bk	0s

■ 高彩度・中彩度・低彩度の彩度領域で配色を考える方法

1　同じ彩度領域の配色

　同じ彩度領域にある色どうしの配色で「同一彩度配色」「隣接彩度配色」「類似彩度配色」のいずれかになります。

＊同一トーン内で配色すれば同一彩度配色に、低彩度トーンと無彩色で配色すると彩度差2～3sの類似彩度配色になりますが、他の同じ彩度領域どうしの配色は同一彩度配色か彩度差1sの隣接彩度配色になります。

高彩度どうしの配色

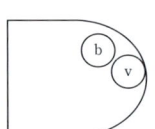

中彩度どうしの配色

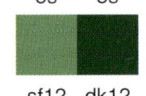
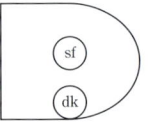

低彩度どうしの配色

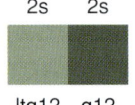
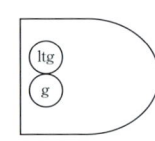

低彩度どうし（低彩度＋無彩色）

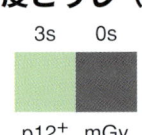
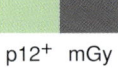
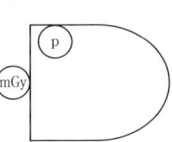

2　隣り合う彩度領域の配色

高彩度と中彩度、中彩度と低彩度の領域の組み合わせになります。

＊高彩度9s（v）と中彩度5s（sf、d、dk）の組み合わせと、中彩度6s（lt⁺）と低彩度2s（ltg、g、dkg）の組み合わせでは彩度差4s、中彩度（lt⁺、sf、d、dk）と無彩色0sの組み合わせは彩度差5〜6sで、いずれも「中差彩度配色」となります。

＊その他の高彩度―中彩度、中彩度―低彩度の組み合わせは、彩度差2〜3sの「類似彩度配色」となります。

高彩度と中彩度の配色

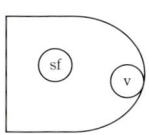

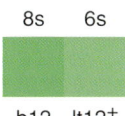
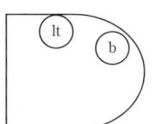

中彩度と低彩度の配色

中彩度と低彩度（無彩色）の配色

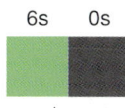
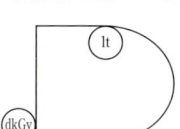

3　対照的な彩度領域の配色

高彩度と低彩度、高彩度と無彩色の組み合わせになります。

＊高彩度9s（v）と低彩度2s（ltg、g、dkg）の組み合わせの彩度差7sと、高彩度（v、b、dp）と無彩色の組み合わせの彩度差8〜9sは「対照彩度配色」になりますが、その他の組み合わせでは彩度差5〜6sの「中差彩度配色」になります。

高彩度と低彩度の配色

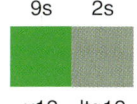

高彩度と低彩度（無彩色）の配色

■ 配色の基本的な用語とその技法

1 セパレーション

　2色以上の配色で色の明度差が少なくぼんやりとした配色、高彩度の明度差の少ない補色配色など、ハレーションを起こしている**色の間を分離するように別の色をはさみ込む配色技法を、「セパレーション」**といいます。あいまいな配色を引き締めたり、対比の強い配色をやわらげたりします。セパレーションは、その色自体が目立つような色は使わず、主に無彩色を使いますが、他にもメタリックカラーの金属色も用いられます。代表的な物に、金属色を間にはさみ込み、多色使いが美しいステンドグラスがあります。

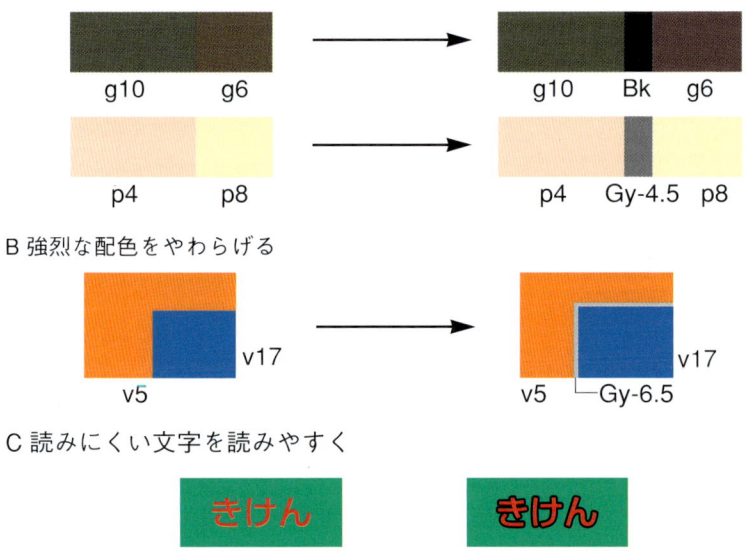

A ぼんやりとした配色を引き締める

B 強烈な配色をやわらげる

C 読みにくい文字を読みやすく

2 アクセントカラー

　単調な配色に少量の色を加え、全体を引き締めたり、目を引くような強調色にする技法を、「アクセントカラー」といいます。
　セパレーションとは逆に、少量加える色自体が**目立つ色を使い**ます。高彩度色や明度差のある色など、**ベースカラーと対照**になるような色相、トーンから効果的な色を選びます。

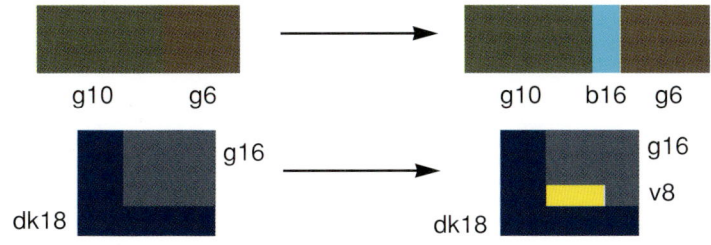

対照トーンと対照色相のアクセントカラー

3　グラデーション

3色以上の色を徐々に変化させ規則的に並べる配色技法のことで、色の濃淡だけでなく、虹や色相環のような色相のグラデーションなど次の4つがあります。

A 色相のグラデーション
　3色以上の色を、色相差1～3程度の範囲で規則的に並べます。

B 明度のグラデーション

C 彩度のグラデーション

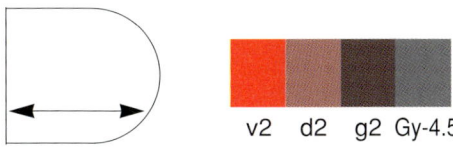

D トーンのグラデーション

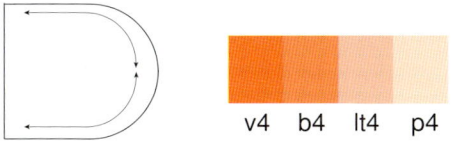
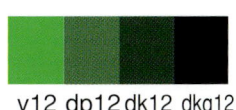

5 配色技法

　色彩の配色の調和については、古くギリシャ時代から論じられてきたといわれています。2色以上の色が組み合わさった配色美の研究では、ダ・ヴィンチ、ゲーテ、シュヴルールをはじめ多くの理論がありますが、**アメリカの色彩学者・ジャッド**は、それらの理論を研究して下記のように**4つの原理**としてまとめ、明確化しました。

ジャッドの4つの原理

秩序の原理	色彩体系から規則的に選ばれた色の配色は調和する。オストワルトの色彩調和論（等白、等黒系列、等純系列などの調和）などに見られる。
なじみの原理	自然の中で見られる色の組み合わせ、よく見慣れた色の組み合わせは調和する。ナチュラル・ハーモニー（自然の色の連鎖）などに見られる。
類似性の原理	共通性のある色は調和する。三属性やトーン、色の性質の共通性など。ドミナント、トーンオントーン、トーナル、カマイユなどもこの原理。
明瞭性の原理	明度差が近い、配色意図が不明瞭など、あいまいな色の組み合わせは調和しないというもの。色相の分割による変化の配色はこの原理。

■ 色彩調和・配色技法

　色彩調和の考え方を大きくとらえると、前項でも説明したように**統一か変化（対比）**かが基本であることがわかりますが、それらはさらに、**色相を主体**とする考え方、**色調（トーン）を主体**とする考え方、あるいは色相環の**色相分割の変化を主体**とする考え方、配色に使う**色数を主体**とする考え方に分けられます。

配色技法

主体		配色名	特徴・方法
統一（類似性の調和）	色相	同一色相配色	色相差0～3
		隣接色相配色	
		類似色相配色	
		ドミナントカラー配色	基本は同一～類似色相。トーンは自由。同系色の配色
		トーンオントーン配色	基本は同一～類似色相。明度差は大。色相で統一、トーンで変化
	トーン	同一トーン配色	同じ記号か隣接する記号によるトーン配色
		類似トーン配色	
		ドミナントトーン配色	基本は同一～類似トーン。色相は自由
		トーンイントーン配色	基本は同一～類似トーン。明度差は比較的小。トーンで統一、色相で変化
		トーナル配色	中間色調のトーン配色（dを中心にsf、ltg、g）。色相は自由
	両方	カマイユ配色	三属性の差がほとんどない組み合わせ。同一色相近似トーン。同一トーン近似色相。類似色相類似トーン
		フォカマイユ配色	
変化	色相	対照色相配色	色相差8～12
		補色色相配色	
		ビコロール配色	明快な2色配色
		トリコロール配色	明快な3色配色
	トーン	対照トーン配色	明度と彩度の両方か一方が対照になるトーン配色
	色相分割の配色	ダイアード	2色配色
		トライアド	3色配色
		スプリットコンプリメンタリー	分裂補色配色
		テトラード	4色配色
		ペンタード	5色配色。またはトライアド＋白＋黒
		ヘクサード	6色配色。またはテトラード＋白＋黒

1 ドミナント（dominant）

ドミナントとは「支配的な」「優勢な」という意味で、**全体に共通する条件をもたせて統一感のある配色を作る方法**です。

色相を統一する「ドミナントカラー配色」と色調を統一する「ドミナントトーン配色」があります。

A ドミナントカラー配色

全体を同じような**色相でまとめる**技法で、同一色相を基本に類似色相くらいまでの近似した色相でまとめます。トーンの差も少なくすると、より統一感が出せます。

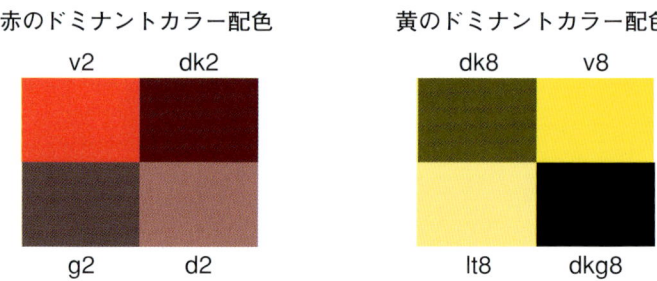

B ドミナントトーン配色

全体を同じような**色調（トーン）でまとめる**技法で、多色使いに統一感をもたせます。1つのトーンを選択し、色相は広く配色します。配色イメージから、トーンを選択して配色できます。

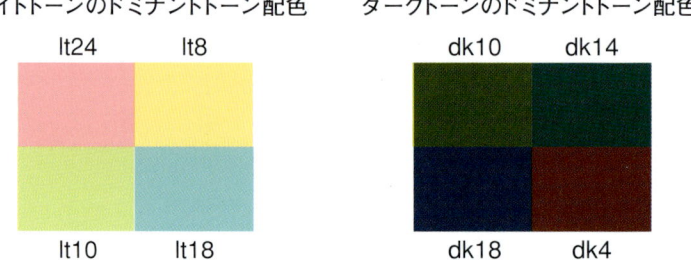

2　トーンオントーン配色（色相で統一、トーンで変化）

　トーンの上に（on tone）トーンを重ねる配色方法です。トーンを変え、**明度差を大きくとった同系色相の濃淡配色**で、ドミナントカラー配色の仲間です。

　基本は同一色相配色と同じですが、類似色相まで含み、明度差を強調するのが特徴です。3色以上の明度差の幅がある同系色相の濃淡配色もこれにあたります。

　その場合は彩度を統一して縦にトーンを選ぶか、明清色調や暗清色調で統一すると調和しやすくなります（配色例参照）。ファッションでも基本的な配色としてよく使われる配色方法です。

色相で統一、色調（トーン）で変化

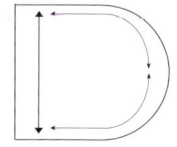

dkg6 ltg6

b20 dp20

v8 dp8 dk8

3　トーンイントーン配色（トーンで統一、色相で変化）

　トーンの中で（in tone）配色する方法です。**同一から類似トーンの同系色調の中で色相によって変化をつける配色**で、色調（トーン）のイメージでまとめやすい方法です。

　本来は**明度差は小さく**とるものですが、現在では色相は比較的自由に配色してもよい方法となっています。ただし、明度差が大きくなりやすい高彩度トーンでは、色調のイメージより色相のイメージが強くなるので注意が必要です。

　ドミナントトーン配色の一種で、トーナル配色、カマイユ配色、フォカマイユ配色も同類の配色方法です。

同一トーンで色相で変化　　近似トーンで色相で変化

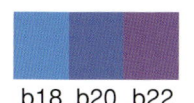
b18 b20 b22

ltg6 ltg10 p18

4　トーナル配色

ダルトーンを基本に中間色調（d、sf、ltg、g）のトーンを用い、色相は自由に選ぶ配色技法で、地味で、落ち着いた感じの配色になります。

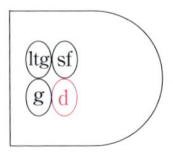

d10　d12　d16

sf2　sf24　sf22

5　カマイユ配色

「カマイユ」とは単色画法のことで、一見すると一色に見えるような、色相差もトーン差も近似した色で配色する技法です。近似した色を使いますので、明度差も近く、色の境があいまいでぼんやりとした印象になります。元来の「トーンイントーン」と同じ意味の技法といえます。

同一色相の近似トーンや、同一トーンの近似色相など極めて差の少ない色を選び配色します。

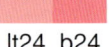
lt24　b24

lt18　sf18

p2⁺　p4⁺

6　フォカマイユ配色

「フォ」は偽りの、まがい物（フェイク）のという意味で、カマイユ配色の色相とトーンに少し変化をつけた配色技法です。

色相を隣接から類似で選んだ類似トーン配色です。

d2　sf24

lt18　sf16

p24　ltg2

7　トリコロール配色（tricolore）

フランスの3色国旗「トリコロール」は、赤・白・青の3色です。「tri」はフランス語で3つの意味で、トリコロール配色はハッキリとしたメリハリのある3色配色をさし、国旗によく使われる配色技法です。

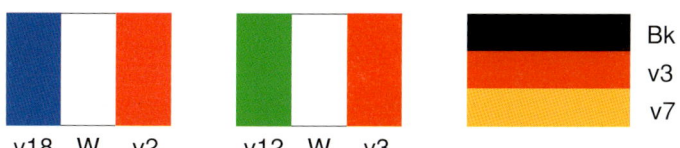

8　ビコロール配色（bicolore）

「bi」はフランス語の2つの意味で、英語のバイカラーにあたります。トリコロール同様、コントラストのある**明快な2色配色**をさします。

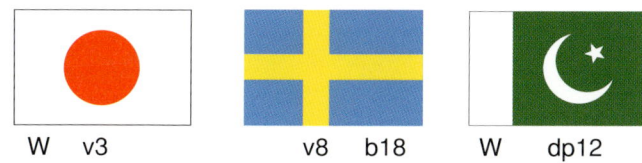

■ 色相分割の配色

　色相を客観的・合理的に選出して配色美を求めようとする配色調和の考え方で、色相環を分割して2色配色や4色配色などに配色する方法です。色相が対照の調和となるこの配色は、ジャッドの明瞭性の原理にあたります。

■ ヨハネス・イッテンの色相分割の配色調和論

　ドイツの造形学校バウハウスで色彩を教えていたこともあるスイスの美術教育者イッテンは、三原色を1次色とし、その間に1次色の混色の2次色と、1次色と2次色の混色の3次色を配置した12色相環をもとに色相調和を考えました。
　このような色相環を分割して色相を選出する方法はそれ以前からありましたが、彼はそれらの基本形式を次のようにまとめました。
　ここでは、その理論をPCCSに置き換えて紹介しています。ただし、使用する色相環によっては多少の違いがあります。

イッテン色相環

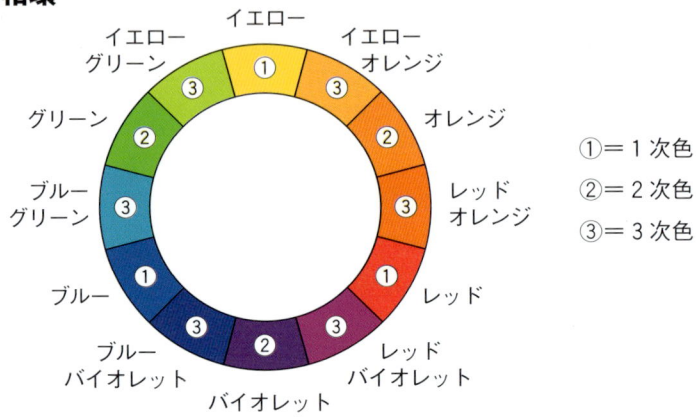

① = 1次色
② = 2次色
③ = 3次色

A　ダイアード（dyads）

補色色相配色で、混色すると無彩色になる、あるいは補色残像となる理想的なバランスがとれた配色調和。

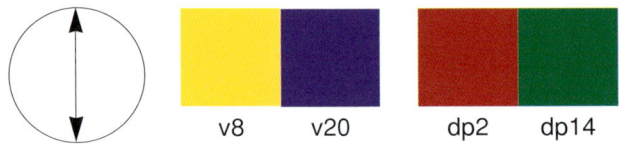

B　トライアド（triads）

色相環を3等分した位置の色の配色。色相環に内接する正三角形の各頂点の色で、色料の三原色もこれにあたります。

C　スプリットコンプリメンタリー（split complementary）

分裂補色配色といい、補色の一方を両隣の2色に分ける3色配色です。色相環内に細長の二等辺三角形を描き、相対する1色と2色は対比感が強くなりますが、統一と変化の調和が生まれます。補色配色より調和するともいわれています。

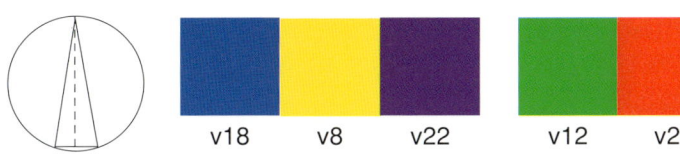

D　テトラード（tetrads）

　色相環を4等分した位置の色の4色配色。色相環に内接する正方形の頂点の色で、2組の補色の組み合わせになります。正方形だけでなく、長方形の頂点による4色配色もあります。

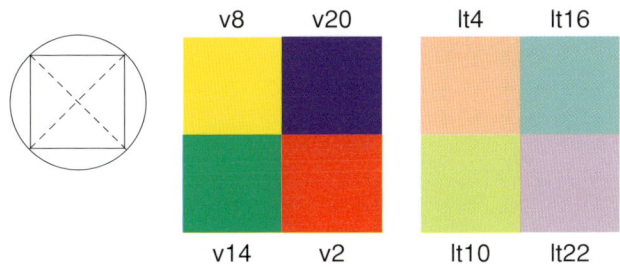

E　ペンタード（pentads）

　色相環を5等分した位置の色の5色配色。色相環に内接する五角形の頂点の色です。十進法のマンセル色相環の場合は作れますがPCCSのような十二進法の色相環では作ることができません。イッテンのペンタードでは、トライアドに白と黒をプラスした5色配色で、下図のような三角錐でとらえます。

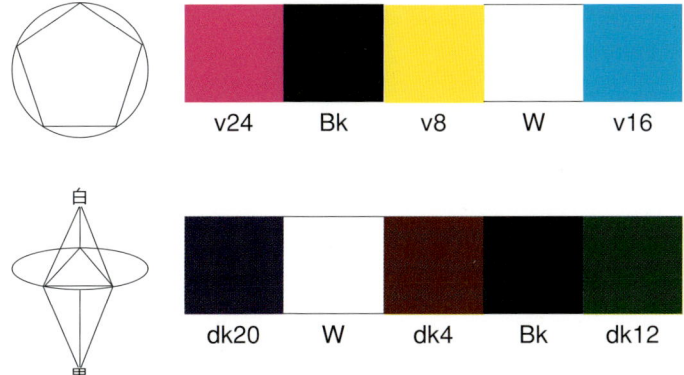

F ヘクサード (hexads)

　色相環を6等分した位置の色の6色配色。色相環に内接する正六角形の頂点の色で、3組の補色の組み合わせになります。イッテンのヘクサードでは、テトラードに白と黒をプラスした6色配色で、下図のような四角錐でとらえます。

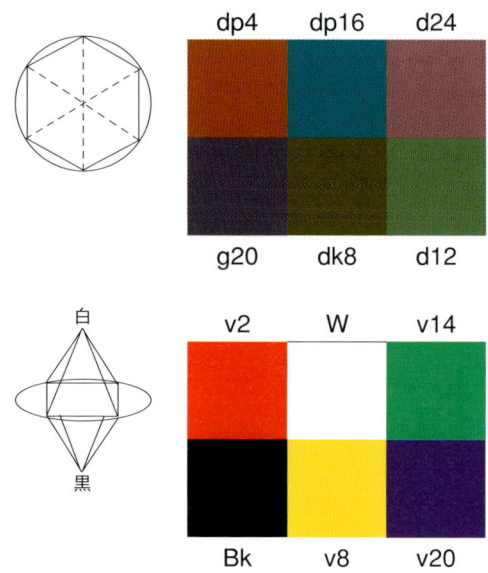

知って得する

■ **色相分割の配色名の覚え方**

　　覚えにくい色相分割の配色名も以下のように関連づけると覚えやすくなります。
　トライアド（3色配色）の「tri」は「3」の意で、トライアングルやトリオのトリです。テトラード（4色配色）の「tetra」は「4」の意で、防波堤にある4つ脚のテトラポッド、正四面体のテトラパックのテトラです。ペンタード（5色配色）の「pent」は「5」の意で、五芒星のペンタグラム、建物が五角形をしている米国防総省の通称ペンタゴンのペンタです。
　　この3つがわかっていれば残りは簡単。もう混同しなくなりますね。

PART 8　基礎問題（3級）

このパートの内容が理解できたか、基礎問題で確認してみましょう。

1　それぞれの空欄に当てはまる語句を入れなさい。

配色調和を考えるとき、色の三属性を手がかりにする方法がありますが、PCCSではさらに、イメージ配色に適した（A　　　）を手がかりにした方法があります。いずれの場合でも、基本は（B　　　）と対照性の配色の調和に大別されます。
Bを色相で考えた場合、同一色相配色、（C　　　）、（D　　　）があり、対照性には（E　　　）と（F　　　）が、両方の中間のやや違いがあるものには（G　　　）があります。
Aを手がかりに調和配色する場合、対照の配色を作ることができない（H　　　）明度、（I　　　）彩度領域の（J　　　）と（K　　　）があります。

2　それぞれの配色の説明として最も適切なものを選びなさい。

A

①同一色相の高明度と中明度の配色である。
②対照色相の高明度と中明度の配色である。
③類似色相の同明度領域の組み合わせである。
④隣接色相の高明度と低明度の配色である。

B

①同一色相の低明度どうしの配色である。
②類似色相の低彩度どうしの配色である。
③類似色相の高彩度と低彩度の配色である。
④同一色相の低彩度と中彩度の配色である。

C

①中差色相の高彩度と低彩度の配色である。
②類似色相の高明度どうしの配色である。
③類似色相の高彩度と中彩度の配色である。
④同一色相の高彩度と低彩度の配色である。

D

①彩度差が5sの中差彩度配色である。
②中彩度と高彩度の組み合わせである。
③高明度と低明度の組み合わせである。
④彩度差3sの類似彩度配色である。

■基礎問題（3級）解答

1　**A** トーン　**B** 共通性　**C** 隣接色相配色　**D** 類似色相配色
　E 対照色相配色　**F** 補色色相配色　**G** 中差色相配色
　H 中　**I** 中　**J** ソフトトーン　**K** ダルトーン（JKは順不同）

2　**A**①p18とb18　**B**②dkg12とg10　**C**④v8とltg8
　D①sf24とGy-7.5（中彩度・無彩色）

PART 8 基礎問題（2級）

このパートに出てきた配色技法の特徴は覚えられましたか？
基礎問題でもう一度確認してみましょう。

次の各配色調和にふさわしい配色を①〜④からひとつ選びなさい。

A トーンオントーン配色

① 　② 　③ 　④

B トーンイントーン配色

① 　② 　③ 　④

C 明清色調のドミナントカラー配色

① 　② 　③ 　④

D トーナル配色

① 　② 　③ 　④

E カマイユ配色

① 　② 　③ 　④

F ドミナントトーン配色のスプリットコンプリメンタリー

① 　② 　③ 　④

■**基礎問題（2級）解答と解説**

A③　明度差のある同一色相
　①d18 b22　　②d10 lt8　　③lt20 d20　　④dp24 dk6

B④　同一トーン
　①lt12 dk12　　②dp20 sf10　　③dp16 Gy-4.5　　④sf12 sf22

C②　明清色調（p、lt、b）の同系色
　①dp4 dk2　　②lt2 p2　　③lt6 lt12　　④dk14 d14

D①　dトーンを中心とした中間色調配色
　①d10 d16　　②b10 dp12　　③p8 lt6　　④v12 b2

E④　同一色相の近似トーン
　①lt24 b22　　②ltg18 lt20　　③d24 d20　　④sf24 d24

F②　ltトーンの分裂補色配色（8、18、22）
　①d20 lt10 dp24　　②lt22 lt8 lt18　　③lt24 lt8 lt16　　④v2 W v18

解説

Fの①はトーン違いのスプリットコンプリメンタリー、③はドミナントトーン配色のトライアド、④はトリコロール配色です。

PART 8 応用問題（3級）

1　PCCSの配色に関する次の問に答えなさい。

A　ナチュラル・ハーモニーを作るために左図の色と配色するのに適切な色はどれか。

　① 　② 　③ 　④

B　コンプレックス・ハーモニーを作るために左図の色と配色するのに適切な色はどれか。

　① 　② 　③ 　④

C　明度差の大きい類似色相配色はどれか。

① 　② 　③ 　④

D　同一色相で類似トーンの組み合わせはどれか。

① 　② 　③ 　④

E　同一トーン、中差色相の組み合わせはどれか。

① 　② 　③ 　④

F　補色色相、対照トーンの組み合わせはどれか。

① 　② 　③ 　④

2　次の文章の空欄に最も適切なものを①～④からひとつ選びなさい。

自然の見えを配色に活かしたものに、（A）配色がある。これは、例えば同じ色の木々の葉であっても、日向では（B）のような色に、日陰では少し（C）に見える。

これをPCCSの配色形式で考えると（D）がある配色となるが、この形式のすべての色相関係で当てはまるわけではなく、（E）の場合に成立する考え方である。（F）配色は、これとは明度と色相を逆にする配色方法であるが、（G）であればかまわず、（E）である必要はないが、もともと自然の色相連鎖にしたがっているPCCSの考え方では（H）配色では作ることはできないことになる。また、どちらの配色方法も、（I）の組み合わせでは作ることができない。

- **A** ①グラデーション　②トーン　③コンプレックス　④ナチュラル
- **B** ①ビリジアン　②萌黄　③浅葱　④鶯色
- **C** ①暗い黄みの緑　②明るい青みの緑　③暗い青みの緑　④明るい黄みの緑
- **D** ①色相に共通性　②色相にやや違い　③色相に対照性　④トーンに対照性
- **E** ①同一色相・隣接色相　②隣接色相・類似色相　③同一色相・類似色相　④中差色相
- **F** ①セパレーション　②トーン　③コンプレックス　④ナチュラル
- **G** ①違う色相　②同一色相　③同じトーン　④違う彩度
- **H** ①対照トーン　②対照色相　③同一トーン　④類似色相
- **I** ①同一彩度　②無彩色　③類似彩度　④対照彩度

■応用問題（3級）解答と解説

1　A③　B②　C④　D①　E①　F③

解説

A、B：ナチュラル・ハーモニーは基本的に隣接～類似色相で使われ、黄に近い色相の明度を上げ、青紫に近い色相の明度を下げます。コンプレックス・ハーモニーは、その明度の関係を逆にします。**C**：②と④が類似色相ですが、明度差大は④です。**D**：同一色相は①と②で、②は対照トーン。**E**：④以外はすべて中差色相ですが、同一トーンは①のみ。**F**：補色は①と③で、対照トーンは③。

2　A④　B②　C③　D①　E②　F③　G①　H③　I②

解説

ナチュラル配色に関する問題です。**B**：慣用色名から、黄みによった明るい緑の萌黄が答え。**C**：青紫方向に近い、明度の低い色なので、暗い青みの緑です。**D、E**：色相に共通性がある配色は同一～類似までの色相ですが、ナチュラル配色は同一色相では成立しません。コンプレックス配色は、もともとが色相の自然の連鎖にしたがっているPCCSの同一トーンでは作ることはできません。またどちらの配色も無彩色では作れません。

PART 8 応用問題（2級）

1 次のA〜Hの配色について、最も当てはまるものを下記の配色グループから選びなさい。

A	トーンオントーン配色はどれか？	（　）
B	ドミナントトーン配色はどれか？	（　）
C	フォカマイユ配色はどれか？	（　）
D	トライアド配色はどれか？	（　）
E	イッテンのヘクサード配色はどれか？	（　）
F	ビコロール配色はどれか？	（　）
G	テトラード配色はどれか？	（　）
H	スプリットコンプリメンタリー配色はどれか？	（　）

配色グループ

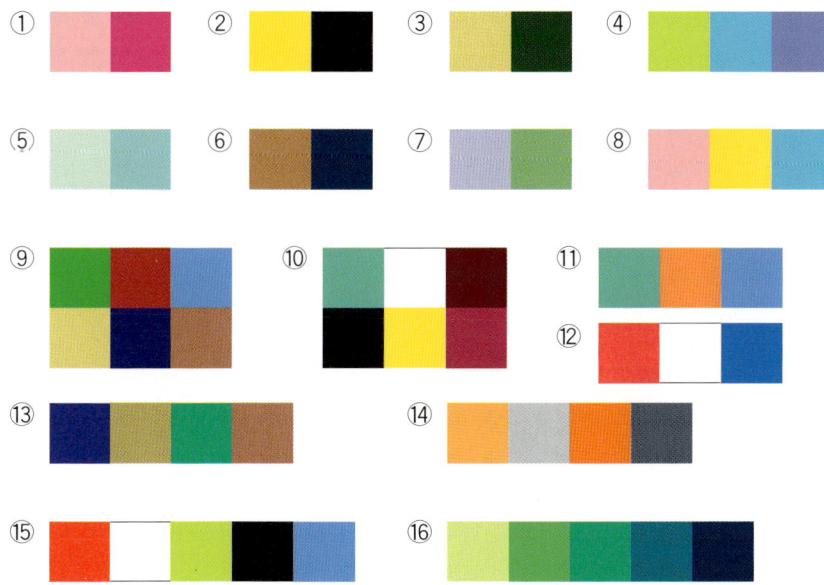

2 次の各問の記述のうち最も適切なものを①〜④からひとつ選びなさい。

A 次の配色技法の中で色相の統一(まとまり)を主体としないものはどれか。
①ドミナントカラー配色　　②トーンオントーン配色
③トーンイントーン配色　　④カマイユ配色

B 次の配色技法の中でトーンの統一(まとまり)を主体としないものはどれか。
①ドミナントトーン配色　　②フォカマイユ配色
③トーナル配色　　　　　　④トーンオントーン配色

C 次の配色技法の中で低彩度と高彩度の組み合わせができるものはどれか。
①ドミナントカラー配色　　②トーンイントーン配色
③フォカマイユ配色　　　　④トーナル配色

■**応用問題（2級）解答と解説**

1　**A**①　**B**④か⑪　**C**⑤　**D**⑧　**E**⑩　**F**②　**G**⑬　**H**⑪

解説

A： 明度差のある同一色相で①。（lt24、v24）
B： 同一トーン配色で④か⑪。④(b10、b16、b20)、⑪(b14、b4、b18)
C： 色相とトーンに少しだけ差のある⑤。（p14、lt16）
D： 三色配色の4つの中から、等間隔のものは⑧。（lt24、v8、b16）。
E： イッテンのとありますので白黒＋テトラードを選びます。（b14、W、dk2、Bk、v8、dp20）
F： ビコロールは純色と無彩色が典型です。（v8、Bk）
G： テトラードは色相環に内接した四角形の頂点の四色ですので、無彩色は入りません。したがって⑬。（v20、d8、v14、d2）
H： 分裂補色の三色配色で⑪。（b14、b4、b18）

2　**A**③　**B**④　**C**①

解説

A： トーンイントーン配色はトーンで統一、色相で変化の配色です。
B： トーンオントーン配色は色相で統一、トーンで変化の配色です。
C： ドミナントカラー配色以外は同一〜類似トーンでの配色となり、基本的に低彩度と高彩度の組み合わせはできません。

PART 9 色彩効果

ポイントと流れ

改訂後に新しく2級に加わった内容です。前章の調和配色の方法をどのように配置していくか、面積をどうするかといった、美しく見せる構成方法や効果的な配色方法を覚えます。

出題傾向

2級では、面積理論を具体的な配色に置き換えたものや、美的構成についてなどが主にカラーで1題出題されています。

1 美的構成と美的形式

デザインに配色するときは、配色技法を使えば簡単に美しい配色効果が得られるというわけではありません。面積や配置、形、さらには素材など、実際のデザインではとても複雑な要素が関係します。ここでは、いかに効果的に色を配するか、これまでの配色技法に加えた構成のしかたを用語から見ていきます。

■ 美的構成
ベーシックカラー（基調色）
全体の中で最も大きな面積を占める基本となる色。デザイン全体のイメージを決めるので、基本的には個性の強くない色を用います。

アソートカラー（配合色）
従属色ともいい、基調色と強調色の間を取り持ったり、スムーズな配色の流れを作ったりします。基調色の次に大きな面積になるため、主に基調色の類似色や基調色に少し色みを出した色にします。

アクセントカラー（強調色）
小さい面積で全体を引き締めたり、個性を出したり、フォーカスポイントになったりする色。反対色などコントラストの強い色を用います。

■ 美的形式―色の関係
色の関係において、実際のデザインやコーディネートの場面で美的効果を得るためには、類似させた配色にする、対照させた配色にする、色を繰り返し使うといった3つの技法が考えられます。

ドミナント
配色技法にも出てきたドミナントは**類似要素でまとめる技法**で、例えば、異なった素材やデザインの色系統をそろえるドミナントカラーやドミナントトーンがあります。それとは逆に、形やデザイン、素材

を統一するのもドミナントです。また、その両方を統一し、より「支配感」を出して効果を強める方法もあります。

　ファッションでは素材を変えて類似色相でまとめるなど、少し広い範囲で使われます（P290参照）。

ドミナントカラー

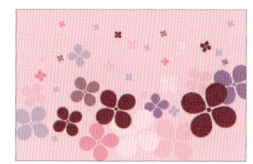

ドミナントトーン

コントラスト

　色相やトーン（明度・彩度）が対照的な色どうしを組み合わせる技法です。アクセントカラーやセパレーションも含まれます。ファッションではベルトやアクセサリーなどでよく使われます。

リズム

　繰り返し同じ色を使い、音楽のリズムのような流れを生む技法です。
　リピテーション（繰り返し）は2色以上を使い、一見合わないような色合いでも、その配色を1つのデザインとして繰り返し使うことで調和を作る技法です。ファッションでは、テキスタイルデザインに見られます。
　グラデーションも隣どうしに共通性のある色を並べて連続の流れを持たせるもので、これもリズムにあたります。

リピテーション

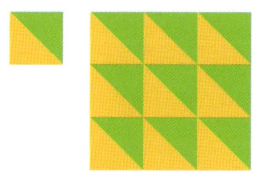

■ 美的形式―面積・配置

大きく分けて、バランス（均衡）、プロポーション（比率）の2つがあります。

バランス

色の心理的効果（P178参照）でも学んだように、色には重さや硬さ、大きさなど見た目を左右する効果があります。色の配置にそれらの効果を使うと、安定感や動きを出すことができます。特に軽重感を考慮した場合は効果的で、軽い色を上方に重い色を下方にした配色はバランスがよく安定し、逆に配するとアンバランスな印象になりますが動きを出すことができます。

ファッションでも、フォーマルな装いでは重い色を下にして安定感を出しますが、スポーティで軽快な装いでは軽い色を下にして動きを出します。サッカーなどのスポーツのユニフォームでもこの配色が多用されています。

安定感のあるフォーマルな装い

動きを感じるスポーツのユニフォーム

プロポーション

比率や割合のことで、建築や絵画などの場面で古代ギリシャから研究されていて、レオナルド・ダ・ヴィンチでも有名な黄金比（1：1.618）は美しいプロポーションの代表例です。

配色の場合は、色の面積比や配列をさします。配色の面積比の理論には以下のようなものがありますが、どれも高彩度や高明度の色は面積を小さくするとよいという点が共通しています。

1　イッテンの面積比理論

　色相分割による配色調和論を展開したイッテンは、1次色から2次色、3次色と混色して、誰もが目で見て理解できる12色相環を作りましたが（P243参照）、面積比においても視覚を重視し、純色の明度比率と面積比を関連づけました。

　イッテンは、ゲーテの導き出した明度比率を用いて、**明度の高い色は面積を小さく、明度の低い色は面積を大きくする**とバランスが取れるとし、この**明度比率の逆数を面積比**としました。

ゲーテの明度比率
黄：橙：赤：紫：青：緑
9：8：6：3：4：6

ゲーテの補色の明度比率
黄：紫＝9：3＝3：1＝3/4：1/4
橙：青＝8：4＝2：1＝2/3：1/3
赤：緑＝6：6＝1：1＝1/2：1/2

→

イッテンの面積比
黄：橙：赤：紫：青：緑
3：4：6：9：8：6

イッテンの補色の面積比
黄：紫＝1：3＝1/4：3/4
橙：青＝1：2＝1/3：2/3
赤：緑＝1：1＝1/2：1/2

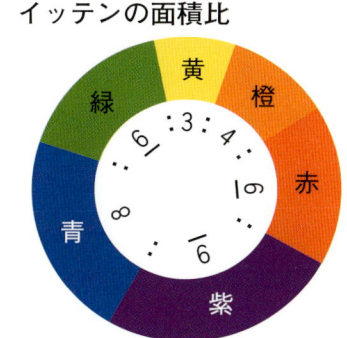

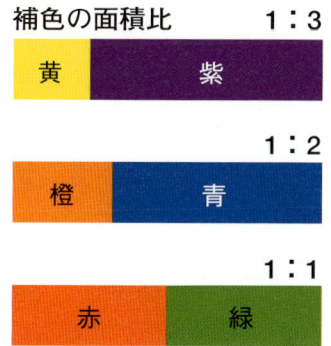

2　マンセルの面積比理論

　配色された2色のValue（明度）とChroma（彩度）の値に**面積比**を掛けた値がお互い等しくなるとき、調和の取れたバランスになるというものです。つまり、**高明度や高彩度**は数値が大きいので**面積比は小さく**、**低明度や低彩度**は数値が小さいので**面積比は大きく**取ることになります。

3　ムーンとスペンサーの面積比理論

美度計算で有名なムーンとスペンサーも2色の調和する面積比をValueとChromaの値から計算しました。色立体のN5からその色までの距離から算出するモーメント・アームに面積を掛けた数値スカラー・モーメントがお互い等しいか、単純な倍数の関係の場合に調和の取れたバランスになるというものです。

この理論では、モーメント・アームの大きい色の面積を小さくしてバランスを取りますが、モーメント・アームは明度の距離の数値を8倍で算出しており、彩度より明度に重点を置いています。また、明度値や彩度値ではなくN5からの距離で計算することから、高彩度だけでなく高明度も低明度も面積を小さくするという点が他の理論とは異なっています。

またムーンとスペンサーは、配色の心理的効果は使用色の面積比で回転混色したときの色の効果になるというバランス・ポイントも論じています。

モーメント・アーム　　$\begin{cases} N5からValueまでの距離×8 \\ N5からChromaまでの距離 \end{cases}$

スカラー・モーメント＝モーメント・アーム×面積

2　色のイメージと配色効果

■ ハーモニーと色彩効果

配色の効果を考えるうえでは、これまで解説してきた要素のうちのどれか1つというのでなく、色の関係や面積比を組み合わせて構成することでハーモニー（調和）を生み出すことが必要です。

運動効果

遠近感や重軽感、誘目性を用いて、手前から奥、上下や左右、斜め

などに視覚を誘導したり、グラデーション効果や面積比のプロポーションによって連続性の流れを作ったりすることで、配色による動きの効果が出ます。色と形、面積の組み合わせを変化させたり、またバランスを崩すことによって急激な動きの演出もできます。

　同じ形の繰り返しの中で色を微妙に変化させることで、穏やかな動きの効果を出すこともできます。

安定効果

　重い色（低明度色）を下方に配置し、さらに面積を大きくすると安定感が出せます。

安定感のあるバランス、リズム、プロポーションの運動感

背景色の下方の明度を暗くして安定感を出し、グラデーションによって上方に向かう動きを付けています。さらに下方に誘目性の高い色を使った図形を配置し、上方に向かって徐々に小さくしていくことで、手前から奥への運動感を出しています。

アンバランスの運動感

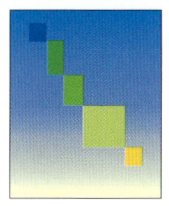

背景色の下方の明度を上げ、軽い色の図形を下方に配置することで全体のバランスを崩し、軽やかな動きを出しています。

立体効果

　平面の図でも、明度の変化によって飛び出して見えたりへこんで見えたりすることが可能です。これは、日常で見慣れた光の当たり方(太陽や照明が上から照らす)の認識から得られる効果です。無彩色なら明度の変化を、有彩色ならナチュラル・ハーモニーやオストワルト表色系の等色相面を縦に選ぶシャドーシリーズを利用すると効果的です。

凸に見える　　凹に見える

奥行き効果

　奥行き感は、色の効果の「進出色や後退色」や、空気遠近法といわれる遠くの風景が青みを帯びてうすぼんやりとなるような色使いを活用することで演出できます。

中央進出（中央ほど　　　中央後退（中央ほど
近くに感じる配色）　　　遠くに感じる配色）

■ 色のイメージと配色効果

三属性によるイメージ

　人々が共通して感じる色のイメージを配色効果に利用するもので、同じ図柄でも色を変えるだけでイメージがまったく異なったものに感じられるなどの効果があります。

　これらには、色相に関係するもの（暖色―寒色など）、明度に関係するもの（重い―軽いなど）、彩度に関係するもの（派手―地味など）があります（P178「色の心理的効果」参照）。

トーンによるイメージ

　明度と彩度の複合概念であるトーンはイメージとの関連性が強いので、配色を考えるに当たってはトーンのイメージを活用するのも１つの方法です（P41「トーンと連想するイメージ」参照）。

PART 9 基礎問題（2級）

効果的な配色のしかたについて理解はできましたか？
基礎問題で確認してみましょう。

1　A～Cの空欄に当てはまる語句を入れ、Dの設問に当てはまるものを①～④からひとつ選びなさい。

A ユニティは「統一」、シミラリティは「類似」を表す用語であるが、これらと同様に、似たような要素を組み合わせる「支配」を意味する配色用語は何というか？　（　　　　　）

B Aの用語とは逆の意味で、反対の要素を組み合わせる配色に使われる用語は何というか？　（　　　　　）

C もともと音楽用語であるリズムが生まれる配色技法には一定の流れを生むグラデーションがあるが、リズムと同じ意味で、同じような色や配色を繰り返すという意味で使われる配色用語は何というか？　（　　　　　）

D コントラストのある配色にならないものは次のうちどれか？
　①カマイユ配色　②ダイアード　③アクセントカラー　④ビコロール配色

2　次の文章の空欄に当てはまる最も適切な語句を①～④からひとつ選びなさい。

多くの色彩学者が美しい配色のための面積比について論じているが、イッテンは（A）の明度比率を応用して、純色の面積比を求めている。これによると、明度数値の小さいものほど（B）するとバランスが取れることになる。
マンセルは色の三属性のうち（C）の数値と面積比を掛け、互いの数値が等しくなったときにバランスの取れた配色になるとしている。すなわち、（D）は数値が大きくなるので面積は（E）する。
ムーンとスペンサーは（C）の値だけでなく、（F）からの距離で算出したモーメント・アームに面積を掛けて求めた（G）を使用するが、これによると高彩度と高明度だけでなく（H）も面積を小さくする必要がある。

A　①シュヴルール　　②ゲーテ　　　③マンセル　　④ニュートン
B　①面積を大きく　　②面積を小さく　③彩度を高く　④彩度を低く

C	①HueとValue	②HueとChroma
	③ValueとChroma	④HueとLightness
D	①高明度・高彩度	②高明度・低彩度
	③低明度・高彩度	④低明度・低彩度
E	①大きく　②同じに　③等倍に　④小さく	
F	①n-5　②N4.5　③N5　④0	
G	①スカラー・モーメント	②モーション・アーム
	③バランス・ポイント	④シャドー・シリーズ
H	①中彩度　②中明度　③低彩度　④低明度	

■基礎問題（2級）解答と解説

1　A ドミナント　B コントラスト　C リピテーション　D①

解説

D：コントラストの配色方法としては、対照色相配色、補色色相配色、ダイアードなどの色相分割配色、ビコロール配色、トリコロール配色、アクセントカラー、セパレーションなどがあります。

配色構成の問題では、その効果が表れている配色を見て答える問題が多く出題されますので、基礎問題でそれらの用語をきちんと理解しておくことが大切です。

2　A②　B①　C③　D①　E④　F③　G①　H④

解説

面積比理論はいずれの学者も、高明度・高彩度の場合は小さい面積にするとバランスが取れるという点では共通していますが、その算出方法などいくつかの点で異なりますので、違いをしっかり理解しておきましょう。

PART 9 応用問題（2級）

次の各問の記述のうち最も適切なものを①〜④からひとつ選びなさい。

A 下図の説明として不適切なものはどれか。

① トーンのドミナントにより統一感を出している。
② 同じような形や色の繰り返しでリズム感が出ている。
③ ディープトーンを使うことにより、和風な配色の効果が出ている。
④ グラデーション効果による安定感が出ている。

B 下図の説明として不適切なものはどれか。

① トーンのグラデーションにより奥行き感が出ている。
② 適切なプロポーションによりバランスが取れている。
③ 色相効果により柔らかさが演出されている。
④ ドミナントカラーにより統一感が出ている。

C 次の図のうち、イッテンの面積比理論によってバランスが取れているとされる配色はどれか。

① 　② 　③ 　④

D 最も安定したバランス感が出ている配色はどれか。

① 　② 　③ 　④

■応用問題（2級） 解答と解説

A④　B③　C②　D④

解説

- **A**：dpトーンのドミナント配色で、最上段の三色のパターンが、1色ずつ左にずれていく、繰り返しになっています。
- **B**：「柔らかい―硬い」は明度や色相に関係しますが、主に高明度・低彩度が柔らかいイメージになるため、この図の全体には当てはまりません。
- **C**：イッテンは低明度色ほど面積を大きく、高明度色ほど面積を小さくするとバランスが取れるとしています。反対色の面積比は、赤：緑＝1：1、黄：紫＝1：3、橙：青＝1：2となります。
- **D**：下方に低明度で重い色を、上方に高明度で軽い色を配置するとともに、下部の低明度色の面積を多くするとさらに安定感が出ます。

PART 10 ファッションと色彩

2級 3級

■ ポイントと流れ

流行色とファッションは切り離せない関係にあります。3級では、流行色がファッションに組み込まれていく過程や、調和配色のファッションへの応用を覚えます。2級では、カラーコーディネーターの情報収集・分析のしかた、ファッションを消費者に届ける小売についてを詳しく学び、さらに、ファッションカラーの変遷、配色技法のファッションへの応用、イメージ分類などを覚えます。

■ 出題傾向

3級では、ファッション業界やファッション分類についての文章の穴埋め問題と、イラストや写真からその分類や配色方法を選択するカラー問題が1題ずつ出題されます。
2級でも、文章の穴埋め問題とイラストや写真からファッション分類や配色技法を問う問題がそれぞれ1題ずつほぼ毎回出題されおり、時代と流行色、ファッショントレンドとカラー変遷なども出されています。

 ファッションの使い手と送り手

ファッションには、それを生み出す製作者と売る販売者というビジネスとしての送り手の立場と、ファッションを楽しむ買い手・使い手である生活者の立場があります。

■ 生活者（買い手・使い手）
・おしゃれを楽しむ
　色による気分転換、気持ちによる色の選択・コーディネート
・TPOによる使い分け

■ 製作者・販売者（送り手）
・流行の予測
　市場調査、社会背景の把握、読解
・顧客の満足
　企画力、付加価値の効果
・コーディネートセンス
　ディスプレイ、流行、ファッションの知識

2 ファッションビジネス

■ ファッションの変遷

ファッションとは「ある特定の期間に多くの人に受けいれられたスタイル」のことですが、現在のような「流行」という意味でのファッションは、19世紀以降に始まり、20世紀の近代化の波とともに、女性をコルセットから解放したデザイナー、ポール・ポワレやシャネルの台頭によって大きく変化します。また、オートクチュール（注文服）からプレタポルテ（既製服）へその中心が変わることで、ファッショ

ンはより大衆へと広がり、そして多様化した現代のファッションへと変遷を遂げました。

日本でのファッションの変遷

　日本におけるファッションは、1960年以降の高度経済成長期の「小売業の発展」に始まり、アパレルが産業として確立してからは本格化していきます。衣服を対象の中心としていたファッションも、現代では多様化が進み、生活スタイル全般を提案するものへと変わってきています。下記はその移り変わりを時代の変遷とともに見たものです。

明治時代―近代化、富岡製糸工場、繊維産業の成立
～第2次世界大戦～
1960年代―高度経済成長、小売業の発展、ファッション環境の始まり
1970年代―既製服時代、アパレル産業の確立、ファッション環境が整う
1980年代―男女雇用機会均等法、女性の社会進出、ファッションの多様化
1990年代―ブランドファッションの定着と拡大
2000年～――ファッションの生活全般への提案、ライフスタイル産業への拡大

■ 小売環境
小売りの業態の変化

　小売りは時代とともに下記のような業態へと移り変わってきています。

専門店　→　百貨店・量販店　→　セレクトショップ・SPA

専門店……専門商品を仕入れて販売する業態。
セレクトショップ……ショップオーナーがブランドにこだわらず、独自のセンスで仕入れた商品を並べるコンセプトショップ。
SPA………企画、生産、販売のアパレル産業の製造から販売までをトータルに1社で行う、製造小売業という業態。
　　　　　※SPA＝specialty store retailer of private label apparel

小売店のしくみと仕事

主な仕事——仕入れ、品揃え、販売

そのお店のイメージ、顧客にあった品揃えと売れ行きに合わせた仕入れ、さらに、いかに魅力的な商品に見せるかのVMD（ビジュアルマーチャンダイジング）のためのセンスが重要です。

専門店では、下記のような機能に分かれ、業務が行われています。

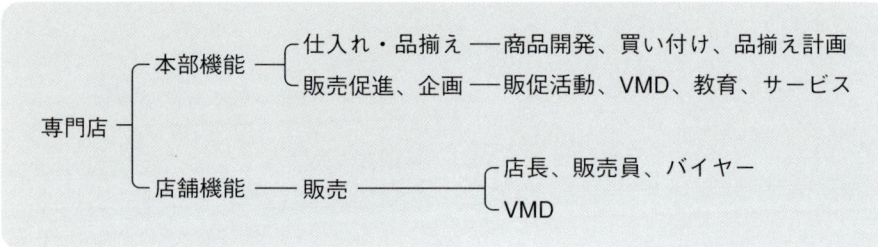

MD（マーチャンダイジング）

MDとは、**アパレルメーカー**では主に商品化の計画を意味し、マーチャンダイザー（商品計画責任者）は商品について、いつ、どこから、どのようなものを、どれくらい仕入れて、どれくらいの数を、いくらで、どこで売るのかといった**商品**が出回るまでの**計画・管理**を行います。**小売業**では主に商品の**品揃えの計画や活動**を意味し、店舗に商品が並ぶ約6ヶ月前から行われます。

バイヤーの仕事

仕入れ（バイイング）の業務を行うバイヤーは、店頭へ滞りなく商品の品揃えができるように、アパレルメーカーや国内の問屋のほか、海外商品を扱う輸入総合商社や代理店に商品発注して仕入れを行います（**品揃え計画→商品発注→仕入れ**）。市場や顧客のニーズに合った商品を揃えて店頭に並べるためには、日頃からの**情報収集**が重要です。

仕入れのための情報収集

店頭情報、展示会情報、他店・競合店の情報、流行（トレンド）情報、雑誌などのメディア情報

店舗構成のための4つのW、1つのH

Who（誰に）・What（何を）・When（いつ）・Where（どこで）・How（どれくらい）を明確にどのようにするかで店舗の基本方針、構成要素が決まります。

Who——どのような年齢層やタイプをターゲット(客層)にするのか
What——何を揃えるか、どのような商品をどのように揃えるのか
　　　　（商品テーマと品揃え計画）
When——シーズン計画、年間を通した季節ごとのテーマや品揃え計画
Where——商品の展開のしかた（商品陳列、ディスプレイ、VMD）
How——販売方法、販促活動、サービス

小売店におけるカラーの役割

最も人の目に付き、最初のアイキャッチとなるのが「色」です。店舗においても色の見せ方は重要で、商品の品揃えや商品陳列、ディスプレイなどに色による工夫を加えることで、シーズンやテーマごとの目新しさや新鮮さを与えることができます。

そうした役割を担うには、商品の仕入れ前の情報収集・分析、仕入計画、商品構成、ディスプレイや商品コーディネートにおける販売員のカラーセンスや知識が重要で、適切な色の提供や演出は商品の付加価値を呼び、店の利益へとつながります。

3 ファッション企画

■ ファッションが店頭に並ぶまでの流れと情報機構

商品ができあがるまでには、綿密な情報収集と分析が必要です。カラー情報を発表する情報機構、素材やテキスタイルなどの展示会、雑誌などのメディア情報など、商品が店頭に並ぶまでの情報収集の対象を流れで見てみましょう。下段にはファッションコーディネーターがそのとき行う主な仕事を示してあります。

A段階（24ヶ月前〜18ヶ月前）　→　B段階（18ヶ月前〜12ヶ月前）

A段階

流行色の提案
インターカラー（年2回）による**トレンドカラー**の発表

インターカラー加盟国（18ヶ国）

オーストラリア	イギリス
日本	ルーマニア
中華人民共和国	ドイツ
オランダ	トルコ
フィンランド	チェコ
スペイン	ポルトガル
ハンガリー	フランス
イタリア	スイス
大韓民国	コロンビア

＊日本の代表は日本流行色協会（JAFCA（ジャフカ））

→ **世界で最も早い流行色情報**

流行色情報の入手

B段階

民間団体・情報各社による**カラートレンド情報**発表

民間団体：
　JAFCA、CAUS（米国色彩協会）など
海外情報各社：
　ICA、ヒュー・ポイント、ヒア＆ゼア、パタンスキー、トレンド・ユニオンなど

→ **カラーパレット・配色の提案**

素材展による**ファッショントレンド**発表（ヨーロッパ中心）

ファッショントレンド情報（素材展）
＜ヤーン展＞
　ピッティフィラティ
　　　　　（伊・フィレンツェ）
　エキスポフィル（仏・パリ）
＜服地展＞
　イデアコモ（伊・コモ）
　プラトーエクスポ
　　　　　（伊・フィレンツェ）
　プルミエールビジョン（仏・パリ）
　インディゴ（仏・リール）
　インターストッフ
　　　　　（独・フランクフルト）

→ **素材・シルエット情報**

カラートレンド情報の分析、各部署へ情報発信

C段階（12ヶ月前〜6ヶ月前）

国内素材メーカーによるカラー・ファッショントレンド情報発表

業界紙・業界新聞によるカラー・ファッショントレンド情報発表

→ **国内市場に合わせて情報修正したトレンド情報**

D段階（6ヶ月前〜実シーズン）

アパレル展示会・世界五大コレクションによるファッショントレンド情報発表

```
＜アパレル展示会＞
  サロンドプレタポルテ（仏・パリ）
  IGEDO（独・デュッセルドルフ）
  東京ファッションウィーク
＜デザイナーズコレクション＞
  パリ・コレクション
  ミラノ・コレクション
  ニューヨーク・コレクション
  ロンドン・コレクション
  東京コレクション
```

業界・一般向け雑誌によるファッション情報発表

→ **カラーとデザインが合わさったファッション作品として一般に情報発信**

→ **メーカーへ発注→納品→店頭**

自社に合わせたトレンド情報の軌道修正、カラーパレット作成

カラー最終情報の伝達
　　　　　　→営業・販促部門へ
プロモーションカラー提示
　　　　　　→広報・宣伝部門へ
プレゼンテーションマップ ｝各店舗
カラーマップ　　　　　　｝販売員へ

PART 10　ファッションと色彩

■ ファッションビジネスとカラーコーディネーター

　ファッションビジネスとカラーは切り離せない関係にありますが、カラーコーディネーターとして独立した立場で行う色専門の仕事は、残念ながら多いとはいえません。
　しかし、企業内においては企画部門に属することが多く、商品の最終的な色決定はデザイナーやMD（マーチャンダイザー）が行いますが、企画における色彩情報の収集・分析、色彩の提案、情報の提供・管理はカラーコーディネーターが行います。

小売店でのカラーコーディネーター

　小売店においてのカラーコーディネーターは、販売であれば**ファッションアドバイザー**として、商品のディスプレイ、顧客への提案などを行います。的確なアドバイスをするためには、商品知識や流行情報などを常に更新していることが必要です。
　また、大型店では商品部などの**ファッションコーディネーター**として、店舗全体の色彩提案、売り場の色彩計画、テーマ設定、仕入れ計画、商品管理などにバイヤーなどと連携してたずさわります。

カラー企画の流れ

1　シーズン前
　　情報の収集→分析→提案、トレンドマップの作成
2　シーズン中
　　売れ筋分析→軌道修正
　　売り場のカラー提案、ディスプレイによる顧客へのカラー提案
3　シーズン後
　　商品データ整理→蓄積→分析、翌年へのデータ資料作成

小売りにおけるファッション提案のいろいろ

　どのような顧客をターゲットにするかで、商品の企画・提案は変わります。以下はその分類を示したものです。

ライフサイクル（年代層）
　性別ごとの年代別ターゲットで分ける
ライフスタイル（生活様式）
　シティライフ派、カントリーライフ派、リッチライフ派、チープシック派など
ライフステージ（生活の場）
　キャンパス、オフィス、家など
オケージョン（生活場面・用途）
　P277の「ファッション分類」参照
グレード（価格帯）
　一流ブランドの高級品から低価格帯まで下記の分類がある
＊グレード
　高＞プレステージ＞ブリッジベター＞ベター＞ポピュラー＞バジェット＞低

4 ファッションの流行と用語

ファッションサイクル
　時代とともに変わる、ファッションの流行と衰退。
　発生→成長→絶頂→安定→衰退→消滅、の経路をたどる。

トレンドカラー
　トレンドとは傾向のことで、いわゆる流行色として、話題になる色のこと。
　さし色（アイキャッチ）、話題性として有効。

ベーシックカラー
　市場に根付いてから、その成熟期が長い、長く需要のあるカラーのこと。あるいはメーカーにおける基本色、売れ筋色など

オートクチュール
　パリで開かれる高級注文服のファッションショー。かつては世界の流行の発信であったが、現在は五大コレクションによる影響が大きい。

五大コレクション
　ニューヨーク、パリ、ミラノ、ロンドン、東京で開かれるデザイナーズコレクション。世界の流行に影響を及ぼす。

ストリートファッション
　若者を中心に、街から生まれるファッションの流行。

トレンドセッター
　流行の先駆け、自らが流行を生み出し、お手本となる人。あるいは流行の仕掛け人。

イノベーター
　その時々の流れを変え、新しい流行へと変えていく革新者。その流行が一般大衆に広まると、次の流れを探す。

コスプレ
　アニメやビジュアルバンドをまね、個性的なファッションをする人々。

アンチファッション派
　ファッションの流行に無関心な人々。

リバイバルファッション
　1960年代やポストモダン、アールデコなど、過去に流行したファッションスタイリングが再び脚光を浴び、流行すること。実際には、素材や形などに新しいトレンドが加えられている。

5　ファッション分類と用語

■ ファッションの商品構成分類

ノンファッション商品
　作業着や制服など、目的や用途に合わせ、流行と無関係な衣服。

ファッション商品
　着物を除き、下着や寝巻きを含めた婦人、紳士、子供にいたる衣服全般のアパレル、靴・バッグ・アクセサリーなどの衣服以外のファッション雑貨に分類される。

アパレル いわゆる衣類の総称であるが、一般的な衣類の**アウター**と下着類の**インナー**に分類される	アウター	コート、ジャケット、ドレス（ワンピース）、スーツ、トップス（ブラウス、シャツ、セーター、Tシャツ）、ボトムス（パンツ、スカート）に分類
	インナー	インティメイトアパレルともいう。ランジェリー（女性用肌着）、ファンデーション（ブラジャー、ガードルなど）、アンダーウェア（肌着類のシャツ）、ナイティ（寝巻き類）に分類
ファッション雑貨		アクセサリー、バッグ、靴、ベルトなどの革小物、ストッキング類のレッグウェア、帽子、その他の雑貨、化粧雑貨など

重・中・軽衣料

重衣料（コート、スーツ、ジャケット）、中衣料（厚手のセーター、カーディガンなど）、軽衣料（シャツ、ブラウス、薄手のセーター）の分類。現在はあまり使われない。

単品

組み合わせて着こなす衣料品のこと。トップスとボトムスに分かれる。単品メーカー、単品コーディネートなどがある。

■ ファッションの感度分類

感度 ┬ マインド…精神年齢・精神性
　　　│　　　どのように見られたいかの内面的な好み
　　　└ テイスト…関心度、積極性
　　　　　　ファッション、流行に対する関心度の
　　　　　　違いによる好み

＊関心度・高＞アバンギャルド＞コンテンポラリー＞コンサバティブ＞関心度・低
　　　　　　（前衛的な）　　　（今日的な）　　　（保守的な）

■ ファッション分類

1　着分け分類

TPO…Time（時間）、Place（場所）、Occasion（場面）にふさわしい
　　　洋服の着分け。オケージョン（場面）分類と、用途分類がある。

オケージョン分類

フォーマルを基本とした**社交（ソシアル）**やユニフォームとしての

仕事（ビジネス）、プライベートな場面、ホームウェアの個人（プライベート）の3つに分類される。また、この3つの場面ごとにも、さらに細かな用途による分類がある。

用途分類
　衣服を着て行く用途による分類で、フォーマルウェア、スポーツウェア、ホームウェアなど。

2　デザイン分類
　洋服全体の形で分けるシルエット分類と、細部のデザインによるディテール分類がある。

3　マテリアル分類
　素材による分類と、素材の加工別の加工分類に分けられる。

4　感覚分類
　主にイメージ分類とスタイル分類の2つがあります。

1　イメージ分類
　詳細は、P281の「イメージ配色とファッションタイプ」を参照してください。

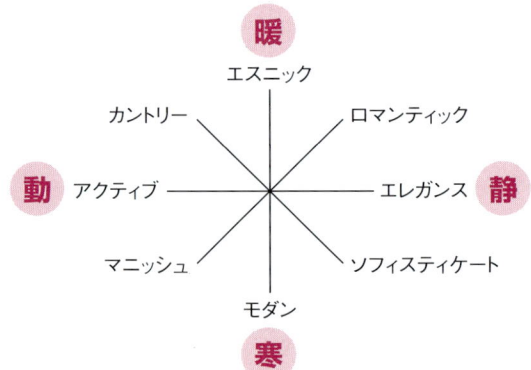

2　スタイル分類

ファッションにおける流行の発信地である都市から生まれるスタイルの総称をファッションスタイルといい、以下の４つが代表的なものです。

①フレンチ・スタイル

フレンチカジュアルが代表。小物使いがおしゃれなシックな装い。フレンチトラッドといえばトラッドにジーンズを合わせたファッションのこと。フレンチスリーブなど。

②イタリアン・スタイル

イタリアントラッドやイタリアンカジュアル（イタカジ）など。ミラノを中心とした上質な素材を用いた都会的な大人のファッション。

③アメリカン・スタイル

アメリカンカジュアル（アメカジ）に代表されるスポーティで明るい色使いのファッション。シックなヨーロピアンカジュアルとは対照的。ジーンズ、ジャージー素材などのスポーツウェア。

④ブリティッシュ・スタイル

ブリティッシュトラッドやアイビーなど伝統的で保守的なスタイル。タータンチェック、アーガイル、キルトスカート、乗馬スタイルなど。

以上の代表的なもののほか、ジャパネスク（日本的な）、シノワズリー（中国的な）、アジアン、ヨーロピアン、アフリカンなどさまざまなスタイルがあります。

6 ファッションカラーコーディネート

■ ファッションにおける色彩

　ファッションと流行は切り離せないものですが、なかでも色彩は流行色として、また商品選択の第一認識としても重要です。**流行色**は自社の定番商品と組み合わせたり、ディスプレイに使うなど新鮮さの演出にも欠かせません。

　ファッションコーディネートは、単にカラーコーディネートだけではなく、
　　①**マテリアル**――素材（色・柄など）
　　②**シェイプ**―――形やデザイン
　　③**スタイリング**―髪から足先までのトータルコーディネート
で決まります。そのため、配色の知識だけではなく、ファッションとしてのヘアメイクやアクセサリー、TPOに合わせたコーディネート、流行情報など広い知識が必要となります。

　また、配色技法はファッションでは広義でとらえることが多いため応用力も必要です。

■ 商品陳列のカラーコーディネート

　店舗においては、商品陳列やディスプレイなど随所でカラーコーディネートのセンスが重要になります。また、適度なサイクルでのカラーの変化や入れ替えは、商品を目新しく生き生きと見せるのに効果的です。

　商品の陳列に調和配色を使うことは、店内が美しく見えるだけでなく整理された印象も与えます。

　また、人の視線の動き（左→右、上→下、前→後）を利用して、左から右へ、前から後ろへ配色すると、店舗への誘導や店内の動線も作ることができます。

・色相環を利用した「色相のグラデーション」…赤から紫、無彩色へ
・同系色の中での「明度のグラデーション」……高明度から低明度へ

■ ファッションの基本カラーコーディネート構成

ベースカラー………全体の中で大きな面積を占め、トータルコーディネートの基本となる色。
アソートカラー……ベースカラーに従属する色で、ベースカラーとアクセントカラーの配色をまとめたり、ベースカラーを変化させたりする色。
アクセントカラー…小さな面積で、コーディネート全体のおしゃれ度を上げたり、センスを利かせたりするポイントになる色。アクセサリーやスカーフなどに使われることが多い。

■ ファッションの配色効果

配色バランス
　これまで習った配色調和の色相配色、トーン配色などが使われますが、トップスとボトムスのバランスとしてとらえていきます。この2つのバランスや、使用する色の面積のバランスにより変化がつけられます。

セパレーション
　上記のバランスや配色がまとまらないときなどには、トップスとボトムスを分けるようにベルトなどを使い、セパレーション効果を応用します。

■ イメージ配色とファッションタイプ

　ファッションはそのスタイリングによって、いくつかのタイプに分けることができ、色もファッションタイプを決めるポイントの1つです。
　色は、さまざまなスタイリングのイメージとも結びつきますが、トーンを利用するのも有効な方法です。

ファッションのカラーコーディネート
　ファッションのイメージ分類にはさまざまな分類方法や名称がありますが、ここでは、代表的なものやP278の分類にあるもの、また同じくくりになるものを紹介しています。

1　フェミニン

女性らしいスタイルの総称、柔らかなラインや素材感。花柄、フリルなど。エレガンスやロマンティックなものもフェミニンスタイル。

エレガンス

大人の上品さ、知的さや優しさも感じられる柔らかなスタイル。
色―ペール・ライト、ライトグレイッシュなどグレイッシュパステル

ロマンティック

フリルやリボンなど、色やデザインに少女っぽい甘さ、優しさの感じられるスタイル。
色―高明度・明清色調、ピンク系、パステル系のトーン

2　マニッシュ

男性的なファッションを取り入れたパンツスーツなどの女性のファッション。メンズウェアによって、逆に女性らしさを出すものもある。

　　エレガンス　　　　ロマンティック　　　　マニッシュ

フェミニンの対極。
　色―ダークカラーやモノトーン

3　クラシック（トラディショナルなど）
伝統的な、歴史ある、正統派など、流行に左右されないスタイル。
色―暗清色系の渋く深い色合い。ダークトーン、ディープトーン、
　　無彩色など

4　モダン
シャープで現代的・都会的な、ファッショナブルなスタイル。
色―モノトーンが中心。コントラストを効かせた配色もある

ソフィスティケート
　洗練された上品で都会的な大人のファッション。モダンより落ち着いたイメージ。
　色―グレーやベージュなどのベーシックなカラー

クラシック

モダン

ソフィスティケート

5　ナチュラル

シンプルで、締め付け感のないリラックススタイル。天然素材など。カントリーやエスニックはこの延長線上のスタイルととらえることもある。

色―中間色、アースカラー、茶系などベーシックカラー

エスニック

異教徒的（キリスト教以外）なという意味で、アフリカや中央アジア、中近東、中南米の民族的なスタイルを取り入れたファッション。

色―深めの暖色系のスパイシーカラー。エスニックカラーとも

カントリー

イギリスの田園スタイル風の天然素材のニットやスカートパンツなど、ゆったりしたラフなファッション。もしくは、アメリカンカントリーといわれるカウボーイルックや、開拓時代の頃のような素朴なファッション。

　　ナチュラル　　　　　エスニック　　　　　カントリー

色—ベージュや茶系、緑系等、ナチュラルカラー、アースカラーなど

6 カジュアル

形式にこだわらない、普段着のファッションスタイルの総称。ジーンズやTシャツなど。スポーティやアクティブもこのスタイル。

色—高彩度、コントラストが多いが、ナチュラルカラーなどもある

アクティブ

スポーティ同様、活動的で機能的な、カジュアルなスタイル。

色—ビビッドカラー、コントラストのあるポップなカラーなど

スポーティ

明るく、活発なイメージ。実際のスポーツウェアを取り入れたものや、動きやすいカジュアルなファッションのスタイル。

色—高彩度、ビビッドトーン、高彩度＋白黒などコントラスト配色

カジュアル　　アクティブ　　スポーティ

7 ファッションにおける基本配色のコーディネート

■ 色相配色

同一色相配色
　安心感のある無難なコーディネートができるほか、異素材の組み合わせをまとめるのにも適しています。

類似色相配色
　同一色相よりも色みの違いが多少あり、変化が出せます。全体としては似た色合いなので、まとまりやすい配色ができます。

対照色相配色、補色色相配色
　コントラストのある配色になりますが、バランスに注意が必要です。高彩度どうしでは華やかさや派手さの演出に向きますが、低彩度で組み合わせたり、一方の量をひかえてアクセントにするとバランスがとりやすくなります。

多色配色
　マルチカラー配色。単品どうしの多色配色の組み合わせよりも、テキスタイルの柄とした方がまとまります。

同一色相配色

類似色相配色

対照色相配色、補色色相配色

多色配色

■ トーン配色
同一トーン配色
　イメージ配色に適しています。前項のイメージ配色とファッションタイプのように、トーンのイメージをいかしてコーディネートすることができます。また、マニッシュなスタイリングでもペールトーンやライトグレイッシュトーンにすることで、優しい女性らしさを付加し、イメージを変えることができます。

類似トーン配色
　わずかに色の調子（明度・彩度）を変えたファッションとして、使いやすい配色の１つです。例はltgのブルーとsfのピンクの都会的な組み合わせです。

対照トーン配色
　コントラストの強い組み合わせになりますが、ファッションコーディネートとしては使いやすい組み合わせです。さらに色相も、対照にとってもバランスのよいコーディネートが作れます。例はpのグリーンとdkの茶色の組み合わせです。

モノトーン配色
　本来「モノ」とは単色を表す意味ですが、モノトーンとは白、黒、グレーを使ったコーディネートをさします。白黒ではシャープなコントラスト、グレーはその明度により印象が変わります。

　ファッションのカラーコーディネートも、基本の調和配色は同じです。ただし、さまざまな素材やディティール、加える小物により、その印象は多岐にわたります。魅力的なコーディネートには、配色の基礎を熟知するのはもちろん、ファッションの知識、流行情報も必要となります。

同一トーン配色

類似トーン配色

対照トーン配色

モノトーン配色

ファッションにおける基本配色のコーディネート(3級)

8 ファッションにおける配色技法のコーディネート

　色相やトーンの基本配色を、さらに配色技法で見ていきましょう。ファッションにおける配色技法の名称はかなり広義で使われます。細かな部分の色使いより、大体のイメージや雰囲気、大きな面積を占める部分で判断するなどの融通が必要です。

色相の統一
- ドミナントカラー配色
- トーンオントーン配色
- 同一色相における明度や彩度のトーンのグラデーション配色

トーンの統一
- ドミナントトーン配色
- トーンイントーン配色
- トーナル配色
- 同一トーンにおける色相のグラデーション

色相とトーンの統一
- カマイユ配色
- フォカマイユ配色

色相配色
- 2色配色：ビコロール配色、ダイアード
- 3色配色：スプリットコンプリメンタリー、トリコロール配色
- 多色配色：マルチカラー配色、グラデーション配色

ドミナントカラー配色
　異素材を使った同系色の配色や、同一から類似色相までの範囲でのカラーコーディネートです。

ドミナントトーン配色
　同一のトーンでまとめたコーディネートですが、使用される色の濃

淡を変えたアクセントカラーやセパレーションを、部分的に引き締め効果として加えているものが多く見られます。

トーンオントーン配色

明度差のある同系色の濃淡配色ですが、同一色相のトーンのグラデーション配色のこともいいます。

トーンイントーン配色

トーンを統一して比較的自由に色相配色します。実際の配色技法のルールではトーンのイメージを優先し、明度差が大きくならないように色相を配色しますが、ファッションではもう少し拡大解釈し、変化が出るように補色色相や対照色相など、色相のイメージが強くなるような配色までを含みます。

ドミナントカラー配色

ドミナントトーン配色

トーンオントーン配色

トーンイントーン配色

トーナル配色
ダルトーンを中心にした中間色相（d、sf、ltg、g）の類似トーン配色ですが、ファッションでは無彩色のグレイを加えたものもこれに入ります。

カマイユ配色
ファッションではポピュラーな配色として使われますが、配色技法のような同一色相の近似トーンだけでなく、同一色相の異素材の組み合わせや、陰影による効果もこの配色ととらえます。

フォカマイユ配色
カマイユ配色より少しだけ色相やトーンに変化のある配色ですが、ファッションでは同系色相のドミナントカラー配色の範囲まで含まれることもあります。

ダイアード配色
補色色相配色ですが、同一トーンでの補色とは限らず、トーン差をつけたものや、彩度を抑えた補色配色などもよく使われます。

トーナル配色　　カマイユ配色　　フォカマイユ配色　　ダイアード配色

ビコロール配色

明快な2色配色なので、活動的でスポーティな印象のスタイリングによく使われます。ファッションではバイカラー配色ともいいます。

トリコロール配色

配色技法では明快な3色配色ですが、ファッションではフランス国旗の3色を使い、濃淡の異なるものも含めてトリコロールカラーとしています。

多色配色

多色配色は、アイテムごとの色を変えるというよりも、テキスタイルの柄に色を多く配色するというように使われます。また、柄もののアイテムと、その柄の中の1色や無彩色とを合わせる方法はよく使われます。柄ものどうしの多色配色は、センスの問われる高等なテクニックが必要です。

グラデーション配色

3段階以上、段階的に色を変化させた配色のしかたで、ぼかし効果もこれに含まれます。

ビコロール配色　トリコロール配色　多色配色　グラデーション配色

9 時代に見る流行色、ファッショントレンド

ファッションは、時代背景に影響を受けて生まれ、変化していきます。戦後から現代までの経済や、生活などの時代背景とともにファッションの変遷を見ることは、次の時代の流れを読むきっかけにもなります。

年代	社会・経済動向	暮らし	ファッション	流行色と傾向
1945年〜	◆第2次世界大戦終結	◆復興期 ◆スタイルブック創刊（1946年）	◆着物、浴衣、古生地の更生服 ◆アメリカンルック模倣期	◆単色志向 ◆国民服、軍服のカーキ ◆アメリカンルックのカラー
1950年〜	◆特需景気 ◆神武景気・岩戸景気 ◆東レ・ナイロン国内生産開始（1951年） ◆皇太子ご成婚（1959年）	◆洋裁学校ブーム ◆3種の神器 ◆テレビ放送開始 ◆マイカーブーム	◆アメリカンルック全盛 ◆シネマモードファッション「真知子巻き」「サブリナファッション」 ◆C・ディオールライン人気（Aライン、Yライン）	◆単色志向 ◆仏映画「赤と黒」の赤と黒 ◆米映画「初恋物語」のモーニングスターブルー
1960年〜	◆高度経済成長期 ◆所得倍増政策 ◆東京オリンピック ◆大学紛争（ベトナム戦争） ◆日本のGNP世	◆大衆消費時代 ◆カラーテレビ放送 ◆ポップアート	◆オートクチュールからプレタポルテへ ◆クレージュ・ミニスカート ◆着装ルールの無視	◆配色志向 ◆カラー化 ◆デパートキャンペーンのシャーベットトーン

	界第2位に		◆サイケデリックファッション ◆パンタロン、ジーンズ	◆サイケデリックカラー
1970年〜	◆低成長期 ◆石油ショック ◆公害問題	◆節約意識 ◆アンノン族 ◆冷暖房の普及	◆自然志向 ◆フォークロアファッション ◆日本人デザイナーの台頭 （ケンゾー・三宅一生ら）	◆自然色志向 ◆ナチュラル・カラー ◆アース・カラー
1980年〜	◆低成長期 ◆第2次石油ショック(1978年〜) ◆不確実性期 ◆円高・低金利 ◆バブル経済 ◆天安門事件 ◆ベルリンの壁崩壊	◆ファミコンブーム ◆DINKS ◆財テクブーム	◆DCブランドブーム （東京コレクション） ◆カラス族 ◆海外ブランドブーム（イタリアン・ブランド） ◆ボディコン ◆渋カジ	◆モノトーン志向
1990年〜	◆バブル経済崩壊 ◆ソ連崩壊 ◆東西ドイツ統一 ◆地球サミット開催 ◆皇太子ご成婚 ◆阪神・淡路大震災 ◆地下鉄サリン事件 ◆EC経済統合	◆リサイクル・エコロジーブーム	◆紺ブレヒット ◆エコロジー素材 ◆1960〜70年代レトロ人気 ◆メタリック素材 ◆スケルトンブーム	◆自然色志向 ◆エコロジーカラー ◆バック・トゥ・カラー（色戻り）
2000年〜	◆IT革命 ◆地球温暖化対策	◆美白ブーム ◆スローライフ ◆LOHAS	◆自己演出の時代 ◆クールビズ・ウォームビズ	◆定番色志向

PART 10 ファッションと色彩

PART 10 基礎問題（3級）

1 それぞれのファッションイラストの配色について、最も適切なものは①〜④のうちどれですか。

A

① 同一色相で素材の違いをまとめた配色
② 類似色相で多少変化があるが、色の統一感がある配色
③ 対照色相の同一トーンでまとまり感を出した配色
④ 同一色相の対照トーンで変化を出した配色

B

① 対照トーンのコンプレックス配色
② 類似トーンのコンプレックス配色
③ 対照トーンのナチュラル配色
④ 類似トーンのナチュラル配色

C

① 金をアクセントにしたグラデーション配色
② 類似色相の対象トーンでメリハリをつけた配色
③ 曖昧な配色を金属色で引き締めたセパレーション配色
④ 対照色相の類似トーンでまとめた配色

2　次のファッションにおける色彩心理効果について、正しいものを選びなさい。

①色の暖・寒は影響が大きく、さまざまな素材であっても、暖色にすると暖かく感じるので、季節による色の使い分けが必要である。
②色の暖・寒は材質感とも大きく関わり、暖色でもサテンのような光った素材ではひんやりとした印象を与えることもできる。
③進出色・後退色は着こなしにおいて頻繁に活用され、体型の見えに役立っている。
④膨張色・収縮色は着こなしではあまり活用されず、主に店の内装やディスプレイに使われることが多い。

■基礎問題（3級）　解答と解説

1　A②　B①　C③
解説
A：使用した色はdk6、v8、dp6で類似色相となっています。
B：使用した色はdp10、p18で対照トーンになっており、青紫よりの色相の方が明度が高く、コンプレックス配色となっています。
C：使用した色はg6、金、dkg6、dk6で同一色相の類似トーンが使われ、メリハリのない曖昧な感じの配色をベルトの金属色で引き締めています。

2　②
解説
ファッションにおいては、色の暖・寒は素材の材質感の影響も大きく関わります。寒色であっても、ふわふわとした長い毛足の素材であれば暖かく感じることもあります。また、ファッションにおいては、進出・後退の効果はあまり使われず、膨張・収縮が体型やデザインのラインの調整に頻繁に活用されています。

PART 10　基礎問題（2級）

カラーコーディネーションの知識は身に付きましたか？
基礎問題で確認してみましょう。

A　次のイラストのうち、ソフィスティケートのイメージ分類に当たるものはどれか？

① 　② 　③ 　④

B　次のカラーコーディネートの中で、トーンオントーン配色に当たるものはどれか？

① 　② 　③ 　④

C　次のイラストの配色方法に最も当てはまるものを①〜④からひとつ選びなさい。

①ダイアード配色
②ビコロール配色
③トライアド
④トリコロール配色

■基礎問題（2級）　解答
A②　B③　C④

PART 10　応用問題（3級）

1　ファッション業界のしくみについて、下記の文章の空欄に当てはまるものをそれぞれの①～④からひとつ選びなさい。

ファッションと色彩を結びつけて理解するためには、その業界のしくみを理解する必要がある。そのしくみは大きく分けて、（A）産業、（B）産業、小売産業の３つに位置づけされる。その位置づけの中で、まず最初の提案は（C）で、約２年前に（D）という機関で発表される。次にその情報を取り入れた（E）がヨーロッパを中心に開かれ、（B）メーカーは、それらの情報を分析し、企画・商品化する。

- **A**　①テキスタイル　②製糸　③繊維　④養蚕
- **B**　①アパレル　②トレンド　③ビジュアル　④コレクション
- **C**　①スタイル　②流行色　③素材　④デザイン
- **D**　①トレンドカラー　②イノベーター　③インターカラー　④プルミエールビジョン
- **E**　①コレクション　②マスコミ情報　③パターン展示会　④素材展

2　ファッション業界におけるカラーコーディネーターについて、下記の文章の空欄に当てはまるものをそれぞれの①～④からひとつ選びなさい。

人の視野に最も先に認識されるのは「（A）」であるため、ファッション業界においても色は大変重要である。この業界のカラーコーディネーターは（A）に関するすべての（B）、カラー情報の収集、分析を行い、企業において、ほとんど（C）に属する場合が多い。
また、売り場での配属の場合、（D）として「流行色」「カラーコーディネートの知識」に精通していることにより、商品の販売、ディスプレイに差がつく。

- **A**　①スタイリング　②デザイン　③素材　④色彩
- **B**　①提案と管理　②買い付けと販売　③発信と企画　④仕入れと品揃え
- **C**　①事務　②企画　③広報　④販売
- **D**　①ビジュアルマーチャンダイジング　②トレンドセッター　③ファッションアドバイザー　④スタイリスト

3　ファッションの流行について、下記の文章の空欄に当てはまるものをそれぞれの①〜④からひとつ選びなさい。

ファッションは常に変化し、発生し消滅するコースを必ず巡っており、これを「（A）」という。ファッションによって、市場に見られる期間には差があり、カラーも同様である。導入期から成長期に話題になり、アイキャッチになるものを（B）カラーといい、何年も市場に出回るもの、お店の売れ筋に定めているものを（C）カラーという。かつてファッションはパリの（D）から始まるといわれていたが、いまでは五大都市の（E）の影響が大きい。その一方、都会の若者から波及する（F）の流行も現在ではひとつの流れとなっている。

- **A** ①リサイクル　　②ファッションサイクル　③トレンドサイクル　④ファッションアイコン
- **B** ①トレンド　②キャッチ　③ベーシック　④ファッション
- **C** ①スパイラル　②アンチファッション　③トレンド　④ベーシック
- **D** ①プレタポルテ　②オートクチュール　③イデアコモ　④ピッティフィラティ
- **E** ①オートクチュール　②エキスポ　③コレクション　④デザイナーズ
- **F** ①タウンファッション　②ワンマイルウェア　③アバンギャルド　④ストリートファッション

■応用問題（3級）解答と解説

1　A③　B①　C②　D③　E④

解説
ファッション業界では、まずインターカラーによる流行色の提案から始まり、素材の提案、アパレルでの商品化、コレクションや展示会の開催、そして小売店の発注、納品、販売へとつながります。

2　A④　B①　C②　D③
ファッションビジネス（P268〜）とファッション企画（P271〜）を参照してください。

3　A②　B①　C④　D②　E③　F④
ファッションの流行と用語（P275〜）を参照してください。

PART 10 応用問題（2級）

1 次の文章の空欄に当てはまる最も適切な語句を①〜④からひとつ選びなさい。

ファッションにおけるカラーコーディネートは色彩の組み合わせだけでなく、（A）＝素材、シェイプ＝（B）、（C）＝コーディネートの3つの要素も関係する。色彩学での配色の基本ルールよりも（D）重視であることや、流行色を取り入れることも忘れてはならない。

また、小売店におけるカラーコーディネートは、ディスプレイなどで使われる個々のスタイリングのほか、（E）でも重要で、次のような基本がある。ファッション商品は同じアイテム、同じデザインでも数色作られるため、（F）の原理が基本となる。色相の（F）と明度の（F）を、（G）の動きを利用して、（H）、上から下へと展開していくとよい。

A ①マテリアル ②メタリック ③デザイン ④バランス
B ①柄 ②テキスタイル ③スタイリング ④デザイン
C ①アクセサリー ②スタイリング ③マテリアル ④コスチューム
D ①デザイン ②コーディネート ③感覚 ④直感
E ①仕入れ ②商品陳列 ③棚卸し ④ラッピング
F ①ドミナントカラー ②トーン配色
　③同一色相 ④グラデーション
G ①人の視線 ②体 ③販売員 ④腕
H ①右から左 ②横から縦 ③左から右 ④下から上

2 次の文章の空欄に当てはまる最も適切な語句を①〜④からひとつ選びなさい。

ファッショントレンドは時代背景を映し出している。第二次世界大戦後、1950年代の好景気に沸く日本では、3種の神器といわれる家電やマイカーのほか、科学技術の進歩による（A）の生産が始まり、ファッションの幅が広がった。また、豊かな（B）文化への憧れも大きな影響を与え、ファッションではアメリカンルックや（C）が流行となり、映画「赤と黒」の赤や「初恋物語」の（D）は、この時代の映画から生まれた代表的な流行色である。

これと対照的な1970年代は、石油ショックによって世界経済は低迷し、日本は

戦後最大の不況に入り、節約や公害に対する意識が高まった。こうしたことを背景に、ファッションでは（E）が流行し、（F）のアースカラーや（G）が流行色となった。

A	①化学繊維	②ビニール	③合成皮革	④天然繊維
B	①ヨーロッパ	②アジア	③エスニック	④アメリカ
C	①シネマニア	②シネマモード		
	③ムービーモード	④シネマルック		
D	①ミッシングブルー	②ウルトラマリンブルー		
	③モーニングスターブルー	④ミッドナイトブルー		
E	①チープシック	②自然志向	③リサイクル	④エコロジー
F	①明清色調	②暗清色調	③中間色調	④純色
G	①ウォーターカラー	②エコロジーカラー		
	③サイケデリックカラー	④ナチュラルカラー		

■応用問題（2級）解答と解説

1　A①　B④　C②　D③　E②　F④　G①　H③

解説
ファッションコーディネートの難しさは、ただ色彩を基本ルールに従って配色すればよいというわけではなく、マテリアル、シェイプ、スタイリングの要素までもが関係してくることにあります。また商品は、グラデーションや人の視線を利用した陳列をするのが基本です。

2　A①　B④　C②　D③　E②　F③　G④

解説
1950年代は化学繊維の生産が始まり、ナイロンストッキングが人気となり、アメリカンルックやシネマモードのほか、ディオールのAラインといったシルエットも流行しました。1970年代は不況や公害を背景に自然志向が高まり、中間色調の自然な色合いがはやりました。

PART 11

インテリアと色彩

■ ポイントと流れ

3級では、インテリアをカラーコーディネートするうえで理解しなければならないインテリアの概念と要因や、用途にあった色彩の基本を覚えます。
2級では、ゾーニング、各部屋の特徴、配色構成、スタイル分類など具体的な内容を学びます。

■ 出題傾向

3級では、文章穴埋めとカラー問題が1題ずつ、もしくはカラーの配色問題のみの場合がありますが、カラー問題はかなりのボリュームで出題されます。具体的な部屋の白黒の図を元にインテリアの配色を選択する問題がよく出題されています。
2級では、文章の穴埋め問題とインテリアを配色するカラー問題がそれぞれ1題ずつ出題されています。特にカラー問題はたくさんある色票の中から問に合う色を選んでいくもので、色票を見てPCCSの何色かがわからないと解けない問題です。

1 インテリアと色彩

　インテリアとは、生活者がその場所で、何かしらの生活に関した行為を行う空間です。そのため、インテリアのコーディネーションは、ただきれいなだけではなく、生活者が現実に快適に行動し、住まえる空間を提供することといえます。
　また、インテリアにおいて色彩は、視覚だけではなく心理的作用も大きく、日常に影響を与えることにも考慮が必要です。

インテリア形式の6要素

人的要因	環境的要因	建築的要因
インテリアを考えるとき、最も中心となる人の要因 家族構成、年齢構成、趣味嗜好、ライフスタイル	そこに住む人の今後の暮らし方、住まい方に影響する要因 立地・敷地・日照条件等	建物の空間作りを決める要因 住宅構造、空間配置、戸建か集合住宅か
機能的要因	感覚的要因	経済的要因
快適性、機能性に関する要因 間取り、家具配置、住宅設備	空間のイメージを決める要因 デザインなどの形態、スタイル、色彩、素材、照明	経済面で考慮する要因 初期投資、メンテナンスを含めたランニングコスト（維持費）

■ インテリア空間の構成と特性

　インテリア空間のカラーコーディネートを考えるには、その空間の成り立ち、構成要素、デザイン、周辺環境などを理解する必要があります。

　①インテリアを構成する空間はどのように成り立っているか
　　→床・天井・壁（四方）の六面体
　②どのようなエレメント（要素）で構成されているか
　　→建具、家具、インテリア小物など

③エレメントがどのようなデザインか
　→色彩、素材、形態
④周辺環境はどのようなものか
　→田舎、都会、自然、人工的、気候、季節、風土

■ インテリアカラーコーディネーションの心得

　カラーコーディネーターは、上記のインテリア形式の6要素や空間の構成や特性を考慮し、**住まう人の好みやライフスタイル、快適性、安全性、地域性**などを総合的にとらえ、色彩計画を提案します。

　また、その部屋に合った**機能性、素材感、色彩**がトータルに組み合わさることでインテリアの快適性が生まれます。そのため、色彩表現にとどまらない広い知識が必要になります。

■ 住宅インテリアにおける各部屋の色使い

　インテリアの色彩を決定するには、その**部屋の目的や利用者**に合わせた色彩であるか、さらには、**長く住む**ことを前提に飽きがこないか、耐久性や汚れに配慮した色彩であるかなどを考えることが重要です。また、メンテナンスについても考慮が必要です。

1	目的	部屋の使用目的、広さ、形態、空間スタイル
2	利用者	特定個人か不特定多数か、年齢、性別などのプロフィール 行動（ライフスタイル）
3	イメージ	室内のイメージをどのようなものにしたいか
4	カラー	カラーや配色などのイメージや好み
5	素材	インテリアに使うさまざまな素材や質感、仕上げなど
6	照明	照明の種類や方法
7	調和	他の部屋との関連性、調和

利用者で考える各部屋の分類と色彩

個人性 （プライベート） 個人	←　　　　　　→ （セミパブリック） 家族共有	公共性 （パブリック） 不特定多数
寝室 子供部屋 書斎	ダイニング キッチン 洗面所、浴室、トイレ	玄関 廊下 居間 和室
個人の好み 個性的な色 目的に合った色	家族の好み 目的に合った色	多くに好まれる 個性が強すぎない

住宅のゾーン例

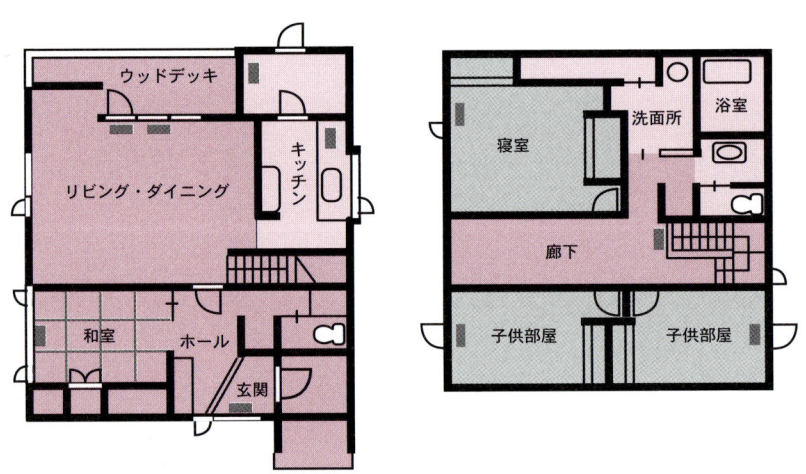

■ 各部屋の特徴と色彩
パブリックゾーン
玄関ホール
　最も不特定多数の人の出入りのある場所なので、インテリアの中でいちばん公共性の高い場所です。狭い空間でもあるので、淡い色で広く見せたり、暖色で暖かい雰囲気を出すなどが基本です。全体の面積の5％にあたる玄関マット、絵画などの装飾品で個性を付加します。

廊下、階段

各部屋のさまざまな配色を結び付ける大切な場所です。この部分を個性的にしてしまうと、家全体がバラバラな雰囲気になってしまうので、**玄関と同配色で広さを演出**したり、**個性の強すぎない色**でバランスをとります。

居間（リビングルーム）

家族や来客が長時間くつろぐことを考え、**明るく、淡いベースカラーを中心に類似性の調和で配色**します。クッション、絵画、小物などで個性を出します。もう少し変化をつけたい場合は、カーテンやカーペットなどで色みを加えてもよいでしょう。

和室

他の部屋とは違い、柔軟性のある空間です。客間、寝室、居間、書斎、趣味の部屋など多目的に対応できるのが特徴です。**畳の色を中心**に、**自然色**で和風を意識した配色が基本になります。洋室と違って低い位置での利用が多い和室では、天井は高明度で高さを出すのではなく、木肌色などで**落ち着いた安定感**を出してもよいでしょう。

セミパブリックゾーン

ダイニングルーム

食事を中心に家族の集う部屋なので、食をイメージさせない高彩度の紫や青などの色彩は避け、**暖色を基本に配色**します。

アクセントに赤や黄などの高彩度色を入れ、明るい雰囲気を出してもよいでしょう。照明も青みよりではなく暖色系のものを選ぶようにします。

キッチン

狭い場所であるのに対して、食器、食材、調理器具などの物や色が多いことが一般的なので、**少なめの色で、統一性のある配色**を心掛けます。また、キッチンとダイニングがつながっている場合は、共通性のある配色でバランスをとります。

水回り（浴室、トイレ、洗面所）
　これらの場所に共通することは、狭い空間であること、水を使用すること、清潔感が必要であることがあげられます。狭い空間は壁が目に入るので、他より、多少遊びのあるものにするのも1つの方法です。ただし、あまり高彩度の色を使うと、狭さが強調されるので気をつけましょう。淡い色をベースに広さを出します。
　水回りは冷えやすいので、色による温度感の調節も大切です。暖色や中性色、ベージュ、アイボリーなどを基本に配色します。清潔感を出すには、明清色調を基本に配色するとよいでしょう。

プライベートゾーン

子供部屋
　子供は年齢が進むにつれ、生活の中心が遊びから勉強へと変化するので、ベースになる部分は合わせやすい色で配色しておき、カーテンや壁紙、小物などは年齢に応じて変化や個性がつけられるようにしておくとよいでしょう。
　遊びが中心の幼少期は高彩度の色彩に、勉強が中心の時期になったら少し落ちついた色彩に、インテリアの配色を変えるようにするとよいでしょう。

寝室（ベッドルーム）
　1日の疲れをとる休息や睡眠が目的であることを考慮し、コントラストの強い配色や、高彩度の暖色は基本的に避けます。
　沈静色の寒色（青、青紫）や温度感のない中性色、また中間色調や中・低彩度の色など刺激の強すぎない色で配色します。
　ただし、使用者が限定されているので、使用者の好みを反映してもよいでしょう。

■ インテリアの配色計画
　インテリアの配色も基本は配色調和の理論に従い、「統一（類似性の調和）」か「変化（対照性の調和）」のバランスになります。部屋の目的や利用者に合わせて調和を図りますが、ファッションと違って、サイクルも長く、面積も大きいため、統一の調和を中心にして、小面積

で変化を出すのが基本となります。

統一の調和…統一感を協調した配色

- ドミナントカラー ｛ 同一色相配色 / 類似色相配色
- ドミナントトーン ｛ 同一トーン配色 / 類似トーン配色
- トーンオントーン ─── 色相で統一、トーンで変化

変化の調和…メリハリのある配色。共通の要素でまとめ小面積で変化をつける

- 対照色相配色
- 対照トーン配色

配色構成

基本的な配色構成の配分比率を下記に示しましたが、これらはあくまで目安としてとらえ、目的に合わせた調整を行うことが重要です。

構成	色彩の特徴	適合するインテリア
ベースカラー （基調色） 約70%	主体、背景色となる 低彩度、オフニュートラル 個性の強くない色、飽きない色 長期サイクルであることを考慮	天井、壁、床 変更に施工が必要
アソートカラー （配合色） 約25%	色みの調整、方向性を決める 基調色と同系、類似色で統一 安定感を出す または反対色で変化をつける 中期サイクルであることを考慮	ドアなどの建具、造り付け家具、カーテン、敷物、ソファーなど 変更に手間がかかる
アクセントカラー （強調色） 約5%	変化、個性、季節感を出す 高・中彩度、対照性の配色 補色、純色、無彩色 短期サイクルであることを考慮	クッション、インテリア小物、絵画、消耗品、季節品など 容易に変更可能

■ インテリアの色彩設計

　インテリア（内装）は住宅だけではなく、オフィス、工場、店舗などさまざまな使用目的の空間があり、それぞれの目的に合わせた色彩設計が必要となります。

①住宅のインテリア
　それぞれの部屋の目的に合った色彩設計
- リビング————団らん、くつろぎ
- ダイニング————おいしい食事
- 個　室—————子供部屋、書斎など個性と使用目的に合った色
- 寝　室—————睡眠、休息、リラックスなど

②オフィスインテリア
　それぞれの企業が目指すものや、作業効率を考えた色彩設計
- 作業効率————企画、事務、経理など知的労働の作業をはかどらせる
- 休憩室—————リフレッシュ、疲労回復など、その後の作業効率にも関連
- マナー向上———秩序や清潔感など社員の意識を高める
- 企業イメージ——企業の広報宣伝活動（PR）につながるイメージアップ

③工場インテリア
　安全な労働と作業能率を考えた色彩設計
- 安全性—————視認性の活用、注意喚起、危険回避の色彩利用
- マナー向上———秩序や清潔感など社員の意識を高める
- 秩　序—————工場内の整理整頓、作業の秩序づくり
- 作業能率————工場内労働の作業能率を高める

④店舗インテリア
　高級店、格安店、ブティック、飲食店など、店舗に合わせた色彩設計
- 店舗イメージ——業種、業態に合う、イメージの強調
- 商品演出————商品を引き立てる、ディスプレイを演出
- 顧客満足————人の動線、安心感に配慮、楽しさの演出、個性の演出

2 インテリアカラーコーディネーション

■ インテリアのスタイル分類

インテリアの分類方法にも、ファッション同様にスタイル分類があります。住まう人の好みやライフスタイルに合わせ、さまざまなスタイルが登場していますが、ここでは、代表的なスタイルの特徴を説明します。家具の材質や形状に色彩を合わせることでスタイルが完成しますが、インテリアに使われるアイテムは多く、実際にはもっと複雑でさまざまな選択肢があります。

スタイル	形状・特徴	材質	色彩
オーソドックス	遊びが少なく、機能的で無難 落ち着き感を重視 シンプル、直線的	上質素材（木、皮革、ウール）	落ち着いた飽きのこない色調 定番色中心 低・中明度 茶系・ベージュ系のYR
ナチュラル	自然なラインを生かした形状 直線的	天然素材（白木、ナラ材、籐） フローリング＝コットン、麻	ナチュラルカラーを中心とした明るめの色調 茶系・ベージュ系
カジュアル	遊びや動きが感じられる形状や色彩 シンプル	木、コットン、プラスチック	ナチュラル＋コントラスト 明るめの色調＋高彩度のアクセント（小物） 対照色相にビビッドな色使い（橙・緑など）
クラシック	洋風の伝統様式 装飾的 重厚感 回り縁、腰壁	堅い木など重厚感のある材質（マホガニー、ウォールナット）、皮革、大理石、ブロンズ	深めの暖色系 落ち着いた色彩 ドミナントトーン配色など類似性の調和 低・中明度、低・中彩度
エレガント	装飾的、女性的、曲線、繊細、花柄 基本はクラッシックで色や装飾で変化	木（曲げ木）、しなやかな布（シルク、ウール）、レース	グレイッシュトーン＋ワインレッドやローズなどのRP〜R系の色 低彩度
モダン	シャープ、クール、幾何学的、都会的、人工的、直線的、ユニーク	人工素材、メタリック、金属（スチール）、タイル、石	クールな色調＋コントラスト モノトーン＋高彩度のアクセント

オーソドックス

ナチュラル

カジュアル

クラシック

エレガント

モダン

■ インテリアの構成要素（エレメント）

　インテリアを構成する各エレメントは、ベースカラー、アソートカラー、アクセントカラーのいずれに当てはまるものなのかによってその色使いが変わってきます。

	要　素	特徴・素材	色　彩
ベースカラー	天井	視野に入りにくい 外光・照明の直射がない 室内の色が写り込む 開放感が必要 寝室―目に入りやすい→落ち着き感 和室―低い姿勢→落ち着き感、安定感	壁より明度を上げる 白・オフホワイト 寝室―やや明度低め、やや色みで変化 和室―やや明度低め、周辺素材と合わせる
ベースカラー	壁	目に入りやすい 家具と一緒に視野に入る 圧迫感が出ないようにする クロス―無地：テクスチャーで変化 　　　　柄物：部屋の広さで変える 　　　　　狭い―小柄 　　　　　広い―大柄、ボーダー	圧迫感の軽減――高彩度、低明度を避ける まぶしさの軽減―高明度を避ける、テクスチャーの選択 目の疲れの軽減―家具とのコントラストを小さく 色選択の際の面積効果に注意 和室―やや明度低め、周辺素材と合わせる
ベースカラー	床	家具や敷物で隠れる 意外と視野に入りやすい 安定感が必要 カーペット、フローリング、畳	低位置のため、壁・天井より明度を下げる 低・中明度 壁・幅木・建具と同系、類似色相 フローリングは色数が少ないので優先選択
アソートカラー	建具	ドア―床や壁とつながっている 床か壁の素材と合わせる フローリングの木材と合わせる	床・壁との類似性の調和 床か壁と色調を合わせる
アソートカラー	家具	造作家具―造り付け家具 　　　　　床か壁と調和 箱物家具―キャビネットやたんす 　　　　　壁面に設置 脚物家具―テーブル、机、椅子 ソファ――大きく目立つ→安定感 　　　　　皮革、ビニール、布、 　　　　　無地、柄 ベッド――大きく目立つ→安定感 　　　　　ベッドカバー（ファブリック）	造作家具―床か壁と類似色相 箱物家具―壁と類似色相で広さを出す 　　　　　ダークな色は高さを抑えるか、 　　　　　床と色をつなげる テーブル―床と類似性の調和 椅子―――背面や座面でアクセント ソファ・ベッド―色彩で部屋の主役にするか、他と類似させて広さを出す。床と明度の調和
アソートカラー／アクセントカラー	カーテン・ファブリック	カーテンは面積が広い 壁や家具と一緒に視野に入る	広い場合―床か壁と類似性の調和 狭い場合―壁と対照性でアクセント 数種類のファブリック―トーンや色相で共通性を持たせる
アクセントカラー	小物	絵画、クッション、スタンドなど小物 　→個性、季節感、豊かさの演出 観葉植物、花器などの植物 　→部屋とのバランス、器のデザイン	自由でセンスある色彩 コントラスト アクセントカラー

■ インテリア素材の特徴

インテリアは、家具のように直接触れることのできる触覚的なものと、壁や天井などのように普段は触れる必要のない視覚的なものに分かれ、それぞれに適した素材の特徴があります。

素　材	特　　徴	色彩
繊維質系	触覚的な場所で主に使用―柔らか、暖か カーテン、椅子のファブリック（布地）、カーペット（織地）、壁紙（クロス）、障子、ふすま（和紙）	染料や印刷など多様な色彩 柄も多彩
木質系	触覚的な場所で主に使用 触覚的―ナチュラル、暖か、ぬくもり 視覚的―ナチュラル、穏やか 床（木材、コルク）、壁（木材）、建具（木材）、家具（木材、籐、竹）	素材色を生かす 着色・染色も比較的多彩
石質系	触覚的―冷たい、堅い、刺激的 視覚的―ナチュラル、穏やか 床材、テーブル天板などに使用 大理石などの天然石、人工石、コンクリート、プラスター（石膏）など	素材色を基本的に生かして使用
合成樹脂系	触覚的―さほど刺激的でない 視覚的―特徴的、加工によりさまざま 椅子などの家具、インテリア小物などプラスチック 成形、加工により形も自由	顔料、プリントで自由 発色もよい
窯業質系 （ようぎょう）	触覚的―素材にもよるがやや穏やか 視覚的―ナチュラル、穏やか 床、壁などに使用 陶器質や磁器質などのタイル、レンガ	素材色を生かす―素焼き 釉薬―さまざまな色、柄
金属質系	触覚的―冷たい、堅い、刺激的 視覚的―冷たい、刺激的 サッシ、椅子やテーブルの脚、建具などに使用 アルミ、スチール、ステンレス、真鍮、ブロンズなど	金属色（メタリック系） シルバー

＊他にも皮革やガラスなどがあります。

■ 照明

カラーコーディネートと密接な関わりを持つ光。現代では、単なる太陽光の代わりとしてだけではなく、生活を演出する人工的な明かりとしても、欠かせないものとなりました。

インテリアにおいては、自然光と人工光の両方を踏まえ、実用性と演出性の両面を考慮したカラーコーディネートが必要となります。照明には部屋全体を照らす**全体照明**と部分的に照らす**局所照明**（部分照明）、また、照らし方によって**直接照明**と**間接照明**があります。

照明器具の種類

照明器具分類	特　徴
シーリングライト	天井に直接取り付け、部屋全体を明るく均一に照らす。 薄型が多く、空間をすっきりと広く見せる。蛍光灯が主流。 実用性が高く、一般的な室内照明。
ペンダント	白熱灯を使った、天井からの吊り下げタイプ。 ダイニングテーブルや階段、吹き抜けの玄関などの照明。 デザイン性が高い。メンテナンスがしやすい。
シャンデリア	吹き抜けや高天井からの吊り下げタイプ。 デザイン性や装飾性が高く、豪華。実用性よりも演出性が高い。
ダウンライト	天井に埋め込むタイプ。器具が目立たず、圧迫感がない。 設置場所によって、部分照明やコーナー演出が可能で、壁面を照らすものはウォールウォッシャーという。上記の照明と組み合わせてもよい。
スポットライト	特定の物や場所を照らす部分照明。光の方向を自由に変えられ、さまざまな光の演出ができる。ダクトレール（レールタイプのコンセント）を取り付けて使用すれば、位置も移動できる。光が強いので、注意が必要。
ブラケット	壁面や柱に取り付ける。壁面を照らし、立体的に空間を演出する。 他の主照明と組み合わせて、アクセントをつける。
スタンドライト	置いて使う。コンセントがあればどこでも設置可能。高さやデザインが豊富。ベッドサイド、ソファサイド、テーブルサイドなどのコーナー照明や、机において手元を照らす実用的な補助照明など、用途が広い。 床―フロアスタンド、机―テーブルスタンドなど。
フットライト	寝室、廊下、階段などの低い位置に設置する足元照明。 埋め込み型やコンセント型。夜間照明として、安全性・実用性が高い。

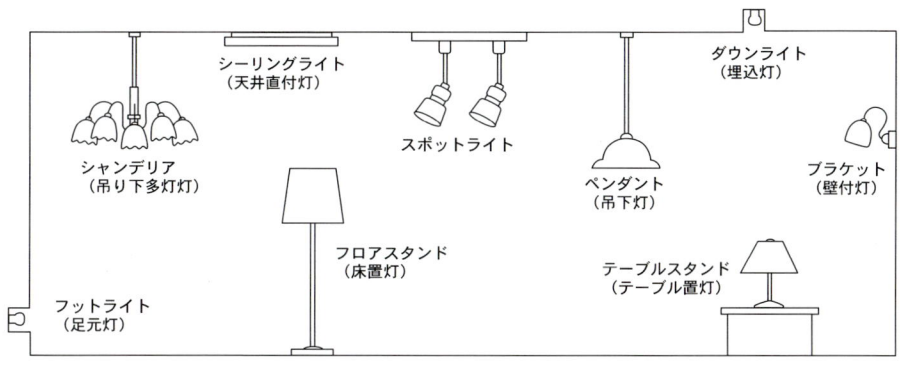

PART 11 基礎問題（3級）

このパートの内容が理解できたか、基礎問題で確認してみましょう。
それぞれの空欄に当てはまる語句を選びなさい。

インテリアにおける心理的効果の応用として、例えば娯楽施設のインテリアには（A）である暖色系の（B）を用いて楽しい雰囲気を演出したり、勉強部屋や（C）などには（D）である寒色系の（E）を使い気持ちを落ち着かせ、集中力を高めるためなどに使われています。
工場のインテリアの色彩設計をする場合、注意が必要な所や安全喚起をうながす所の（F）を向上させることで安全性につながります。

A	①興奮色	②進出色	③沈静色	④後退色
B	①低彩度色	②高明度色	③高彩度色	④低明度色
C	①食卓	②風呂場	③寝室	④リビング
D	①興奮色	②収縮色	③沈静色	④膨張色
E	①高明度色	②高彩度色	③低明度色	④低彩度色
F	①距離感	②温度感	③面積効果	④視認性

■基礎問題（3級）解答
A① B③ C③ D③ E④ F④

PART 11 基礎問題（2級）

インテリアカラーコーディネートの基本は理解できましたか？
基礎問題で確認してみましょう。

1 次のインテリアのイラストを見て、その分類に最も適切なものを①～④からひとつ選びなさい。

A

① ナチュラル ✓
② クラシック
③ モダン
④ カジュアル

B

① クラシック
② オーソドックス
③ エレガント ✓
④ ナチュラル

2 次の文章の空欄に最も当てはまる語句を①～④からひとつ選びなさい。

インテリアの色彩は生活を（A）に、快適に過ごせるための環境空間を作るものだが、その1つとして、食事をとる、眠るなど、その部屋の（B）に応じた色彩であることが挙げられる。また、部屋の利用者によってその快適性は異なるため、利用者に応じた色彩であることも大切である。
その考え方として、ゾーニングがあるが、最も多くの人が利用する空間は（C）

ゾーン、（D）の利用を目的とする部屋をプライベートゾーン、両方の要素を合わせ持つ空間を（E）ゾーンという。さらに、長く住むということを踏まえた色彩にすることも忘れてはならない。

インテリア空間の配色構成としては、最も面積の広いところの色としてのベースカラー（基調色）は約（F）％、基調色と強調色の間を取り持ち、次に面積が広い（G）（配合色）は約25％、変化をつける色としてのアクセントカラー（強調色）は約（H）％とする考え方がある。

基調色はインテリアの視空間で（I）となり、全体のイメージを左右するので、一般的にオフニュートラルや（J）色で個性の強くない色を用いる。

- **A** ①安全　②効率的　③経済的　④能率的
- **B** ①収入や支出　②広さや狭さ　③性別や年齢　④目的や用途
- **C** ①リパブリック　②パブリック　③リバティ　④アメニティ
- **D** ①若者　②高齢者　③個人　④公人
- **E** ①セミパブリック　②プレパブリック　③ノンプライベート　④ノーボーダー
- **F** ①65　②60　③70　④50
- **G** ①アレンジカラー　②サブカラー　③アソートカラー　④ミディアムカラー
- **H** ①20　②15　③10　④5
- **I** ①個性演出　②背景色　③フォーカスポイント　④補色
- **J** ①低彩度　②高彩度　③中明度　④低明度

■基礎問題（2級）　解答と解説

1　A④　B③

2　A①　B④　C②　D③　E①　F③　G③　H④　I②　J①

解説
インテリアの色彩は、安全で快適な空間を作ることを前提に、部屋の目的や用途、利用者に合わせ、長く住むことを考慮しながら選択していきます。部屋のイメージを左右する基調色は70％と大きな面積を占め、部屋を見渡したときの背景色として目に入るため、個性の強くない低彩度色を用いるのが一般的です。

PART 11 応用問題（3級）

1 次の文章中の空欄に当てはまる最も適切なものを、それぞれの①〜④からひとつ選びなさい。

インテリアのデザインでは、住まい手の暮らしを快適なものにすることが重要であるが、それには一般的に共通する色彩の（A）を色彩設計に役立てることが不可欠である。その例としては、次のような方法がある。
- 重厚感を出したい部屋は（B）で仕上げる。（C）で仕上げると軽快な印象になる。
- 部屋を（D）のある空間にするためには、（E）と順番に明度を上げる。これは明度の低い色ほど（F）感じを与えるからである。
- 部屋の色彩を変えると、同じ室内温度でも（G）は数度の差になるといわれ、季節や目的で色彩の（H）を利用することは経済的にも環境的にも効果的である。
- （H）の利用は、夏には（I）系を、冬には（J）系のカーテンを使用する。

A	①経済効率	②消費コスト	③好悪	④心理的効果
B	①低彩度	②低明度	③高彩度	④高明度
C	①低彩度	②低明度	③高彩度	④高明度
D	①動き	②方向性	③安定感	④重量感
E	①床・壁・天井	②天井・壁・床	③壁、床、天井	④壁・ドア・天井
F	①柔らかい	②軽い	③硬い	④重い
G	①雰囲気	②実感温度	③体感温度	④体温
H	①興奮・沈静感	②温度感	③安定感	④距離感
I	①中間色	②濁色	③中性色	④寒色
J	①清色	②暖色	③寒色	④明清色

2 次のA〜Cのインテリアの色彩について、最もふさわしいものをそれぞれの①〜④からひとつ選びなさい。

A　下図は図書館の一室である。来館者が落ち着いて本を読んだり、勉強することを目的として色彩計画を行う場合、最も適切な色の考え方はどれか。

①壁紙をv6、床をltg6とする。
②壁紙をltg8、カーペットをg18とする。
③壁紙をsf24、カーペットをltg2とする。
④壁紙をg16、床をg8とする。

B　下図は奥行きが深く、間口の狭いブティックの店舗である。距離感を調整し入りやすいインテリアにするのにふさわしい色彩はどれか。

①正面奥の壁際を暖色系で高明度の色を使ったディスプレイにし、奥行きを調整する。
②両脇の壁に暖色系、低明度を使い、広く見せ、奥行きの深さを感じさせないように調整を図る。
③正面奥の壁際に青い花をあしらった大きな花瓶を飾り、清潔感を出すとともに、奥行きを短く感じさせる。
④壁の明度を低くし、床の明度を上げることで動きを出し、距離感の調整を図る。

■応用問題（3級）　解答と解説

1　A④　B②　C④　D③　E①　F④　G③　H②　I④　J②
解説
インテリアに色彩の心理的効果を利用する方法です。色の明度に影響される軽重感を利用し、安定感を出す方法と、色相に影響される暖色・寒色を利用した色の温度感の使い方です。心理効果一覧（P179）を参照してください。

2　A②　B①
解説
Aは、図書館では落ち着きや沈静感を出すため、あまり彩度の強くない色や沈静色がふさわしく、また、床の明度が低い方が安定感があって落ち着きます。
Bの間口が狭く奥行きがある店舗は入りづらいイメージがあるため、奥に進出色を使うことで距離感を短く調整したり、明度の高い膨張色を使って部屋の幅の狭さを広く見せるなどの方法が考えられます。青は基本的に後退色ですので、奥に青を大きくあしらうのは逆効果と考えられます。

PART 11 応用問題（2級）

次の各問の配色について最も適切なものを、下記のカラーグループを参考に①〜④からひとつ選びなさい。

カラーグループ

A カフェのインテリアを居心地のよい暖かい空間として演出したい。テーブルと椅子の脚、椅子の座面の配色としてふさわしいものはどれか。
① Ⓝの脚とⒻの座面　　② Ⓐの脚とⒼの座面
③ Ⓐの脚とⒹの座面　　④ Ⓚの脚とⒷの座面

B Aのカフェの床はトーンオントーン配色の市松模様で、テーブルや椅子はドミナントカラーで仕上げたい。ふさわしい配色はどれか。
① ⒹとⒻの組み合わせ　　② ⓁとⒺの組み合わせ
③ ⓀとⓂの組み合わせ　　④ ⒽとⓂの組み合わせ

C フレンチレストランのカーテンを、さわやかで若々しいイメージのビコロール配色のストライプにしたい。どの配色がふさわしいか。
① Ⓑの地にⒺの縞柄　　② Ⓒの地にⒺの縞柄
③ Ⓝの地にⒽの縞柄　　④ Ⓔの地にⒾの縞柄

D 浴室の浴槽と壁のタイルの色を澄んだ清潔感のあるイメージのフォカマイユ配色でまとめたい。ふさわしい配色はどれか。
① Ⓘの浴槽とⒹのタイル　　② Ⓕの浴槽とⓁのタイル
③ Ⓖの浴槽とⓃのタイル　　④ Ⓕの浴槽とⒿのタイル

E リビングルームのソファとクッションをエレガントなイメージでまとめたい。全体はトーナル配色でクッションはトーンイントーン配色にしたい。ふさわしい配色はどれか。
① ⒢と⒣のクッション、⒩のソファ　② ⒠と⒡のクッション、⒢のソファ
③ ⒟と⒤のクッション、Ⓐのソファ　④ Ⓐと⒨のクッション、⒦のソファ

F 寝室をクラシックで重厚な落ち着きのあるイメージにしたい。床とベッドカバーのふさわしい配色はどれか。
① ⒨のフローリングに⒧のベッドカバー
② ⒦のフローリングに⒥のベッドカバー
③ ⒥のカーペットにⒸのベッドカバー
④ ⒩のカーペットに⒨のベッドカバー

■応用問題（2級）　解答と解説

A ③　**B** ③　**C** ④　**D** ②　**E** ①　**F** ②

解説

A：「暖かい」とあるので暖色系が適当です。
B：Aでは色相6番が使われています。またトーンオントーン配色とあるので、明度差のある6番の色相の組み合わせの③となります。
C：「さわやかで若々しい」とあるので明清色調で、メリハリのある2色配色のビコロール配色である④が適当です。
D：「澄んだ清潔感」とあるので、ltトーンや、青や緑がイメージに合います。
E：エレガントは大人の女性的なスタイルでR〜RP系の色相が効果的です。
F：「クラシックで重厚な」とあるので、全体を低〜中明度・低〜中彩度でまとめると効果的です。

カラーグループ

Ⓐ dk6　Ⓑ lt10⁺　Ⓒ lt18⁺　Ⓓ lt6⁺　Ⓔ b16　Ⓕ p14⁺　Ⓖ sf22
Ⓗ sf24　Ⓘ lt8⁺　Ⓙ d18　Ⓚ dkg6　Ⓛ lt12⁺　Ⓜ ltg6　Ⓝ d24

環境と色彩

PART 12

ポイントと流れ

環境色彩のとらえ方とカラーコーディネーターとしての色彩設計の考え方を中心に学びます。2、3級を通じて、何度も繰り返し出てくるのが、エクステリアの周辺環境に調和した色彩設計、個人と公共の境界領域である住宅外観についてです。全体を通して、これらの点を留意して読み進めるとよいでしょう。これまでに習った「統一と変化」の配色調和、心理効果を応用した色彩設計、さらに2級では住宅外観のより詳しい内容を覚えていきます。

出題傾向

3級では、文章の穴埋め問題か適切・不適切を選択する問題、あるいはカラー問題が全体で1題か2題出題されます。
2級では、住宅外観などに関する文章の穴埋め問題、住宅外観のイメージ分類などのカラー問題と環境色彩計画に関する問題を織り交ぜた4択問題の2題が出題される傾向にあります。

1 環境色彩とは

　環境色彩は、建物の中での私的な環境から、建物を一歩外へ出たところに広がる外界の自然物、人工物、建物の外壁、公共の建物、交通、道路、街全体の公共の環境まで、多くのものが対象となります。

　環境色彩は、個人から公共になるほど、またスケールが大きくなるほど不特定多数の人の目に触れ、利用され、その使用サイクルも長くなります。それらの色彩には、一時の流行や個々人の趣味嗜好に偏らない、**公共的な立場における色彩設計**が必要となります。

色の公共性と色彩設計

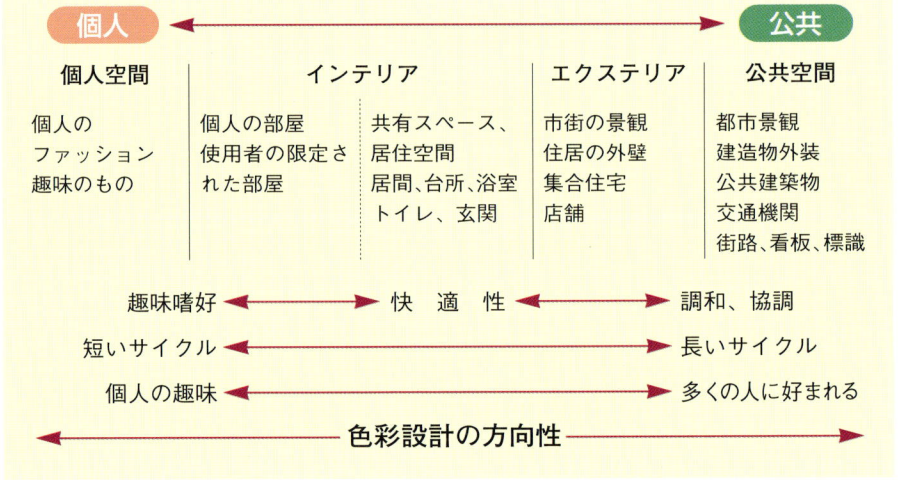

2 環境色彩の働き

　色彩の働きは、動物の保護色や種の保存のための繁殖期の色の変化など、自然の中でも見られます。私達もそうした色の働きを安全性、快適性を第一に機能的な役割や美的・情緒的な役割として利用し、活用しています。

効果	働き	例
機能的効果	暗号や言葉	道路標識、案内表示、サイン
	区別・区分	地下鉄路線図、各階層分け、用途分け
	危険の認知	踏切遮断機、工事中、標識（安全色彩）
	目立つ、隠す	広告物、標識、環境に配慮したストリートファニチャー
	状態を示す	色の変化（老朽、退色、汚れ）
美的・情緒的効果	美しく見せる	街並み、都市景観、エクステリア、インテリア
	気持ちに影響	セールの赤札、宴会場の絨毯、インテリア
	イメージ表現	店舗のインテリア、商品パッケージ
	個性の演出	CIカラー、商店街、レジャー施設

■ 環境色彩におけるエクステリアの色彩効果
一般住宅のエクステリア
　・住環境のふさわしさの表現、イメージの演出
　・街並みの色の調和を図ることで、街並みの質を上げる付加価値効果

住宅・商店・工場の混在した地域のエクステリア
　・商店、工場の住環境への配慮
　　　大規模な工場の外装の周辺環境との調和など
　　　商店の派手な外装による騒色公害※を避け、周辺環境となじむ色にするなど

※**騒色公害**　周辺環境との不調和を生じ、街の景観をそこねるような配色のこと。

店舗・商店街のエクステリア
・屋外広告物（看板）などによる記号的役割（認識に役立つ）
・にぎやかさ、楽しさの演出による街の活性化、販売促進、個性的な街づくり

工場のエクステリア
・圧迫感のある巨大な工場外壁を色彩により和らげる
・親しみのある色彩で安心感を与える

＊環境色彩における心理効果は、PART7の「心理効果一覧」（P179）を参照してください。

3 エクステリア環境色彩の基礎

■ エクステリア環境色彩の考え方
エクステリアの色彩には、「安全」「調和」「共感」を基本とした美しさが求められます。

目的用途に応じた色彩
それぞれの施設の用途に応じた色彩を施すことで、安全、わかりやすさ、使いやすさを目指す。

周辺環境との調和
個々の建物としてではなく、街の景観の一部ととらえ、周囲の環境との調和を考慮した色彩設計（周辺の自然、建物の色の調査）。

素材・素材感の配慮
素材や、素材感による色の違いを理解し、環境色彩に取り入れる。

■ エクステリア環境色彩の領域

　住宅を例にエクステリアを考えると、個人の私的な空間である部屋内部のインテリアの「**私的領域**」と、家の門から外の道路や街並みの「**公的領域**」の間にあるのが、住宅の外壁や塀、門扉などの**エクステリア**で、これを「**境界領域**」といいます。

　「境界領域」は個々の所有であっても、街並みを形成する街の景観の一部であり、色彩設計をする場合、必ずしも施主の好みをそのまま反映できる領域ではなく、周辺環境との調和を考慮しなければいけない領域となります。

　したがって、エクステリア環境色彩に携わるカラーコーディネーターは、

- 私的、公的な領域、街並みとの調和
- 住宅・建築全般の知識
- 環境デザインの知識
- 素材などの専門知識
- 社会的常識、慣習などの専門的分野以外の広い知識

とともに、街並みを含めた住環境との調和を色彩提案する必要があります。

■ 住宅エクステリアのカラーコーディネーション例

　次頁のような周辺環境の住宅街に建つ企業のビルを例に、周辺環境との調和を配慮したカラーコーディネーションを見てみましょう。

　エクステリアの配色調和の基本は「共通性の調和」で統一感を出し、その中で**多少の変化**を出していくことです。特に住宅街の場合、住工商混在の難しさがあります。

　企業側は自社のアピールと宣伝効果を踏まえ、CIカラーを第一に考えがちですが、この企業のような鮮やかなCIカラーが閑静な住宅地にどのような影響を与えるのか、事前に検討が必要です。悪影響の大きな配色は、企業のイメージダウンにもつながります。

例：周辺の建物は下記のような色合いである

企業のエクステリアの希望は下記のCIカラーの黄色である

企業の好みを優先した私的な配色

　一軒だけが際立ち、街並みの統一感を損ねています。特に鮮やかな黄色は周辺の住宅に照り返しもあり、「騒色公害」となる可能性も高くなります。

周辺環境と調和した模範的な配色

周辺環境の色彩調査を踏まえ、街並みに統一感を出す配色。CIカラーの色の彩度を落とし、違和感なく溶け込んでいます。しかし、企業としてのアピールはできていません。

周辺に配慮し少し変化を加えた配色

周辺環境の色彩と調和した色でほとんどの部分を配色し、街並みとの統一感をとり、小面積で変化をつけています。環境に配慮しつつ、企業のカラーも出し、アピールしています。

4 エクステリア環境色彩

■ 境界領域—ファサード

住宅の外壁や門扉、塀などの**エクステリア空間**は、私的な領域と公的な領域の中間の**境界領域**（P327「エクステリア環境色彩の領域」参照）であると同時に、そこに住む人の意思を表現している「顔」であると同時に、街並みを形成する街の「顔」の一部でもあります。こうした住宅正面の外観を**ファサード**（建物の正面を意味する仏語。Face（英語）と同義語）空間といいます。

ファサード空間は、門、塀、垣根、玄関、ドア、屋根、庇、庭、庭木の植物などで構成され、住み手の個性や、街や社会に対する姿勢が見える大切な空間です。

■ 風土色と住宅エクステリア

元来、家はその土地にある素材を使って建てるもので、自然とその土地の風土や色合いとなじんで調和した家並みとなり、それぞれの土地**固有の建物や色彩**を作ってきました。

例えば、日本とは自然環境が違うヨーロッパの煉瓦造りや石造り、塗料を日本で真似ても、高温多湿で地震の多いこの国の風土では退色や劣化が進みやすく、長い時間保持することは容易ではありません。

自然素材だけでなく、人工素材を使用したものであっても、その土地の自然が織り成す大気や土壌などの**風土色を意識**して**住宅外観**を作り上げていくことは、**自然環境**を守るうえでも、自然環境から家を守る「**保護的**」な観点や「**美的**」な観点からも大切なことといえます。

建物・家と土地の関係の変遷

その土地の材料
自然素材
→風土色、自然、環境との調和
　その土地の固有の色、形、素材

⇒

他の土地から運搬、輸入してきた材料
人工素材
→風土を無視、自然、環境と無関係
　その土地の固有性がない色、形、素材

住宅概観の変遷

大正・昭和初期（戦前）	戦　　後	現　　在
黒瓦、白漆喰と焼板の壁	モルタル塗り セメント吹き付け	合成塗料
茶系、中間色的な色合い	白、グレー、クリーム色	多種多彩な色

■ 住宅概観と色彩

伝統町家

　主に京都を中心に残る職住一体の住居で「京町家」ともいいます。江戸時代、今でいう税金が間口の広さによって決められていたため、間口が狭くて奥が長い、うなぎの寝床と例えられる間取りをしています。木造で、瓦葺きの2階建てが多く、平屋や3階建てのものもあります。色彩は、白壁の白や屋根のグレー、格子や梁の茶などの**低彩度**でまとめられ、**落ち着いた色合い**となっています。

伝統町家の概観

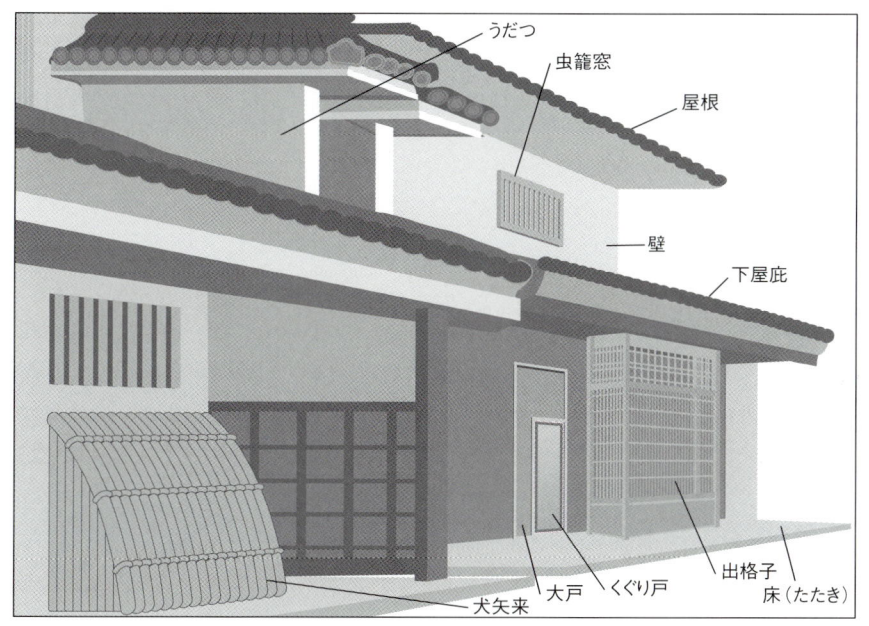

屋根	波型で**銀ねず色**の日本瓦で葺かれる。2階の屋根は低く、さらに軒が低く見える「起り」になっている。 ＊屋根の形状には傾斜が少し膨らんだ「起り」と少し反った「反り」がある。
卯建	隣家と壁や屋根が接するように立ち並ぶ町家は、火事が起こるとすぐに隣りに燃え広がってしまうため、防火の目的で隣家との間に屋根の付いた小さな防火壁が設けられた。これをうだつという。
下屋庇	軒先に日除けのように張り出した庇で、1階で商っている商品を日差しや雨風から守る役割がある。軒先の瓦は一文字瓦。
壁	土壁に**白漆喰**の上塗りをしたもの。
虫籠窓	2階の壁にある虫かごのように細かい格子の窓。
出格子	1階の窓の格子は張り出しているため出格子といい、防腐や防虫の目的で**弁柄に墨**を加えたものを塗っていたため、弁柄格子とも呼ばれる。
戸	入り口には大戸と家人が使用したり夜間に利用するくぐり戸がある。
犬矢来	泥はねや犬の屎尿などで汚れないように、壁や格子を取り囲んで立てる曲線の美しい竹製の衝立のような囲い。
床	モルタル塗りや玉石の洗い出しが用いられ、「たたき」と呼ばれる。

知って得する

■ うだつが上がらない!?

　うだつを付けるには余分なお金がかかるため、これがあることは比較的裕福な家の証でした。そこから、「うだつがあがらない」とは、出世できなかったり、金銭的に裕福になれないことを意味するようになったといわれています。

戸建住宅（マイホーム型住宅）
和風住宅
特徴—南向き、瓦屋根、モルタル塗り・合成塗料の吹き付けによる壁
色彩—木造の茶色と全体に渋めの色調

洋風住宅
特徴—スレートによる黒のシングル葺きの屋根、煉瓦や石造り風、タイル調の壁
色彩—窓枠の色使いなどコントラストのある色調

集合住宅（マンション）・鉄筋コンクリートの集合住宅
　多種多様な建材が用いられるようになり、色彩やデザインも多様化してきました。また、近年の集合住宅はますます高層化の傾向にあり、外観がいっそう街並みに影響するようになってきています。

　以上に分類したような日本の住宅は、いずれも狭い空間をいかに快適に過ごすかという考え方が共通しています。こうした合理的な考え方から、最近までの集合住宅や住宅団地では、画一的なLDK型住宅が多くみられ、その色彩も選択肢が限られるなど作り手中心の家造りでした。

　しかし現在の住宅設計は、住まい手を中心にした家造りへと変貌しつつあります。ただし、建築や色彩における特別な知識を持たない一般の人たちには、専門家の意見が重要です。

　したがってカラーコーディネーターは、エクステリア（住宅外観）は街の住環境であるという認識のもとに、住まい手の考えを具体的な色彩提案へと形作る役割を担っているのです。

■ 住宅のエクステリア環境色彩

構成要素

　住宅におけるインテリア以外の外側の空間すべてがエクステリア空間の構成要素です。下記のイラストと合わせてその特徴を説明します。

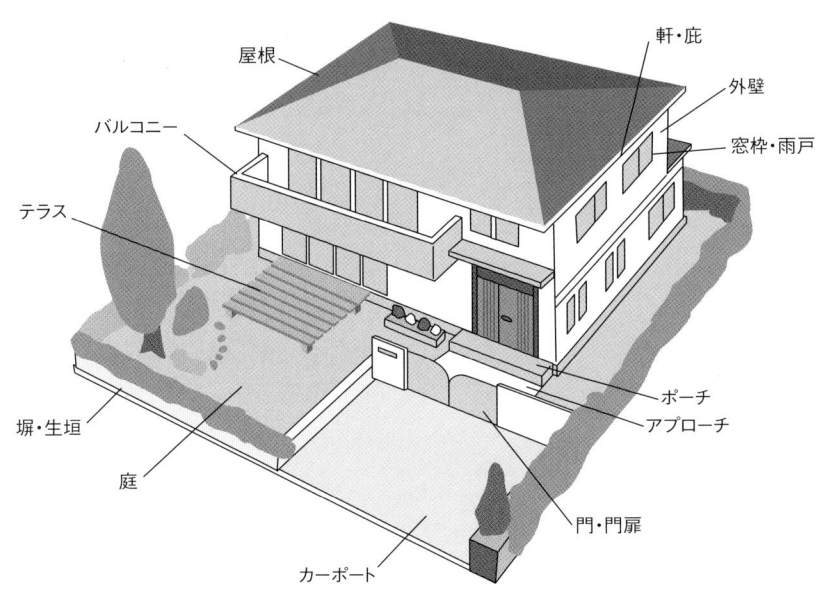

塀・生垣──住宅敷地の境界を提示して仕切り、安全を確保する囲い。木の茶系や石などの自然素材色、その類似色が中心。人工塗装の強い色合いもある。
　　　　　塀──目隠しや壁の機能を持つため見通しはきかない。
　　　　　垣──石や木などで作り、見通しがきくものもある。

門─────出入り口。昔ながらの日本家屋では、門柱、門扉、屋根で構成される。現在では、金属製の低くて見通しのきく門扉が主流。色は、茶系やブロンズ、オフニュートラル、黒、グレー系など。

アプローチ・ポーチ──門から玄関までの空間。公的領域から私的領域へと移行する場所。飛び石、タイル、コンクリートなどの材料や、色彩やデザインが多彩にある。

外壁────住宅外観やエクステリア環境色彩の大部分を占め、全体のイメージを左右する。素材や色彩がいろいろある。

外装材は、リシン吹き付け（粗面な塗装仕上げ材）、吹き付けタイル（複層の模様仕上げ塗材）、タイル貼り、サイディング（パネル壁材）、ALC（発泡コンクリート）、石材（貼り石）など。

屋根────居室（室内）の保護を担う。昔の日本家屋では茅葺きであったが、現在では素材や、デザイン、色彩が多彩にある。
屋根材には以下のものがある。

粘土瓦 ┌ 洋瓦、スペイン瓦、釉薬仕上げ、色彩が多彩
　　　 └ 和瓦、いぶしの灰色が主流

金属板 ┌ アルミ、銅、ステンレス、さまざまな形状が可能
　　　 └ トタン、塗装により色彩が自由

スレート葺き──スレートもしくはスレート風アスファルト仕上げ、黒系の色合い

軒・庇────軒は屋根の先端の建物からはみ出した部分、庇は窓の上が小さな屋根のようにはみ出した部分で、どちらも雨避けと日差し避けの役割がある。

ガラスが普及する以前は吹き込む雨風から障子を守るためにかなり長いものだった。現在では、これらがない住宅もあるが、建物に陰影を付けるなどのデザイン的役割も担う。

窓枠・雨戸────以前は素地色の銀色が主流だったが、現在では、カラーサッシ（茶、ブロンズ、ゴールドなど）ともいわれるアルミサッシが主流。

テラス・ベランダ・バルコニー────どれも室内から戸外に延長して張り出した空間で、生活に潤いや変化をもたらす。テラスは1階の居間などから庭に張り出した床で、主に屋根はない。ベランダは2階以上に屋根付きで張り出したもの。バルコニーは2階以上に屋根なしで張り出したものをいう。

エクステリア環境のカラーコーディネーターはこれらすべての色彩に関わりますが、エクステリアの領域やファサードの考え方、環境色彩を熟知したうえで、これらの構成要素の色彩設計をしなければなり

ません。

住宅外観の色彩と街並みへの影響

　住宅のエクステリアは、その色彩が接している街並みにも大きな影響を与えます。例えば、黒塀の続く城下町は、落ち着いた古い日本の伝統的な街並みが情景となっています。一方、明るいベージュの外壁の家が建ち並ぶ町では、光が外壁に反射して街並みが明るく広く感じられます。しかし、黒塀が続く城下町に、突然ベージュの洋風住宅の外観が並んだら、せっかくの街並みが台なしになってしまいます。

　このように、エクステリアは周辺環境との調和が大切で、色彩設計をする場合は事前に十分な調査が必要です。

＊JIS明度と反射率の関係は、$V=4$では100%の日射量を約11.7%反射するのに対し、$V=6$では29.3%、$V=8$では57.6%となります。外壁の少しの明度差が大きな反射率の違いに影響することがわかります。

住宅外観のイメージ分類

イメージ		特徴
和風	伝統和風	伝統的な和の要素でまとめたスタイル。木の風合いを生かすなど、自然素材や素材色を使用。最近では古民家風もある。
	現代和風	伝統的な和のスタイルや色彩を尊重しつつ、ドアや窓枠など随所に機能的な素材を活用したスタイル。
和洋折衷	和風中心	全体の色調や一部の素材に和の要素を使い、スレート葺き、機能的な素材、モダンなデザインを取り入れたスタイル。
	洋風中心	日本風な建築デザインを残しながら、煉瓦調の外壁や洋瓦などの素材を取り入れた、洋風な色合いのスタイル。
洋風	クラシック	英国を中心としたヨーロッパの伝統的な建築外観を取り入れた重厚なスタイル。煉瓦風の外壁、総2階、出窓など。ヨーロッパ植民地時代、アメリカ開拓期のコロニアルスタイルもある。
	南欧風	南仏などに見られるようなスタイル。黄からオレンジの明るい暖色系の外壁、スペイン瓦、白い窓枠など。
	北欧風	切り妻屋根、白い枠取り、自然素材など、シンプルなデザインとコントラストのある色合いが特徴のスタイル。
モダン		無彩色にアクセントカラーをあしらった直線的で大胆なデザインのスタイル。コンクリートやメタリック、新建材などを使用した人工的で無機質なイメージ。

和風（伝統和風）

和風（現代和風）

和洋折衷（和風中心）

和洋折衷（洋風中心）

洋風（クラシック）

洋風（南欧風）

洋風（北欧風）

モダン

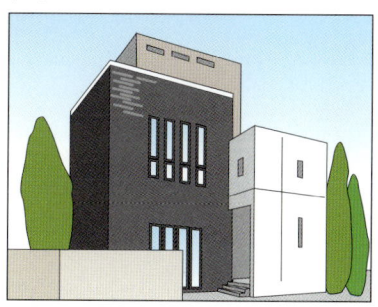

配色の基本的な構成

　住宅外観においても配色調和は「統一か変化」のバランスです。インテリア同様に、面積の大きさによって3つに分類し、最も大きな面積であるベースカラーを地色に全体のイメージを決めていくと色彩設計が立てやすくなります。

＊インテリアの場合とは分類の名称が少し変わっています。注意しましょう。

構　成	色彩の特徴	適合する箇所
ベースカラー（基調色）約70％	最も大きな面積で、全体のイメージを決める背景色。スタイルにより明度はさまざま。基本的には低彩度〜中彩度。	外壁、屋根、塀垣など
サブカラー（副調色）約25％	基調色の次に広い面積で、基調色と強調色の間を取り持ち、全体の色調をまとめる。アソートカラー（配合色）ともいう。	部分的な外壁、屋根、塀垣や、ドア、手すり、雨どい、庇、庭木など
アクセントカラー（強調色）約5％	最も小面積で、変化や引き締めの役割をする色。個性を演出できる。	外観の一部分、草花など

　これらの配色構成を基本に、色彩の心理効果を利用して安定感を出したり（色の軽重感の利用）、錯視の効果で高さや幅を演出するなど、バランスの調整をはかることもできます。

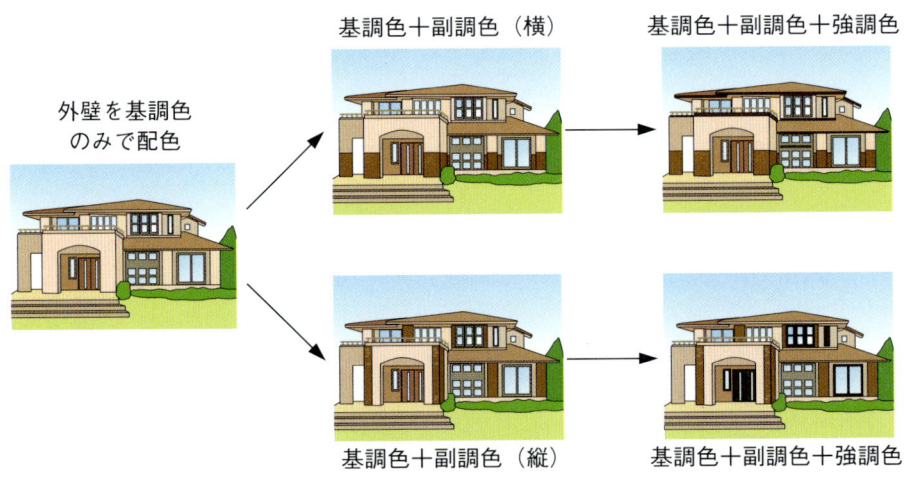

環境色彩計画のプロセス

1 前提条件
　色彩設計を請け負う箇所や対象の整理、図面の確認
　施主との打ち合わせ（要望、スケジュールの調整）

2 色彩調査・分析
　色彩情報の収集
　・住宅色情報──慣用色と流行色
　・植物の情報──季節の植物、種類、適所など
　・地域情報───気候風土、歴史、慣例、条例など
　調査と分析
　・周辺環境調査─周辺の自然、建物、環境、見え方などの調査
　・色彩調査───周辺の建物（住宅、外壁、屋根、塀垣などの外装色）の測色
　　　　　　　　周辺の自然環境（植物、土など）の測色、写真撮影
　・分　　析───調査対象の条件（季節、時間、天候など）を考慮しながら、データを分析する（どのような色が、どれくらい、どこに使われているかなど）

3 色彩コンセプト
　色彩の方向性を決める
　・街並みの景観とどのように調和させるかなどの方向性の決定
　・統一（景観を守り、融和させる）か変化（景観を作り、強調する）かの決定
　コンセプトを決める
　・色彩の方向性に従い、具体的なテーマを決める

4 色彩設計
　設計色の検討──統一と変化の配色のバランスを決め、調査や分析から得た候補色の中から、ベースカラー、サブカラー、アクセントカラーを検討する
　各要素との適合─外観の各要素に使われる素材やテクスチャー、

仕上げ、形状などと色彩の適合を検討する
設計案の作成──推奨案のほか選択肢を1～2案用意する

5　色彩提案
　　プレゼンテーション用の提案書類の作成
　　・設計色を決定するまでの過程やテーマをまとめた書類
　　・設計色の一覧表（マンセル値などの色記号を付ける）
　　・色見本、素材見本（素材、塗装、建材など）
　　・その他（ビジュアルツール─立面図、CGなど）
　　プレゼンテーション
　　・施主や関係者に対し、提案や質疑応答を行う

6　色彩施工管理
　　現場での指示や変更、メンテナンスのための資料整理

　一般的に以上のような手順で進めていきます。また、色彩設計においては、好き嫌いなどの好みによる主観的な評価、視認性などの機能的な評価、社会的規範から見た公共的な評価、施工・管理のしやすさの評価がありますが、環境色彩においては特に**公共的な評価**が重要になります。

5 外回りの照明

照明は室内だけでなく、住宅外観においても活用されます。特に境界領域である外回りの照明は、そこに住む人が安全で快適に生活するのに役立つだけでなく、公的領域である道路を通る街の人たちの安全にも役立ちます。

照明の目的

目的	特徴	設置場所	照明
安全・危険防止	注意をうながす場所を照らして明示する。通行の安全を保つ。	門周辺、外階段、玄関までのアプローチ、ポーチなど	30〜75ルクス 白熱電球
防犯	泥棒などの不法侵入を防ぐ。死角を作らない。	玄関、庭先、街灯など	1〜2ルクス メタルハライドランプ—街路
作業性向上	戸外の作業をスムーズに行えるように作業スペースを照らす。	カーポート(車庫)、納戸、物置など	30〜75ルクス 白熱電球 蛍光ランプ
夜の演出	夜間に行う庭先の食事やパーティーなど、戸外の生活を演出する。庭の眺めを演出する。	庭、テラス、ベランダ、バルコニーなど	75〜100ルクス 蛍光ランプ—庭先、テラス 高圧水銀ランプ—樹木、芝生
光の装飾	クリスマスイルミネーションなど、期間が限定された戸外の光の演出。非日常の演出。	庭の樹木、外壁、塀垣、テラス、ベランダ、バルコニーなど	LED 点滅など

外回りの照明の注意点

照明には、使用する場所に適した器具や明るさ、色合いがあります。照明に付随する器具が景観を壊す場合があるので、庭木などで隠したり、目立たない色彩でバランスを取ったりすることもあります。

また、雨露にさらされるので、防水性や耐久性のすぐれたもの、メンテナンスのしやすいものを選ぶことも大切です。さらに、境界領域であることを考慮して、まぶしすぎて通行人が不快になるようなものは避けるなど、公共性に配慮しなくてはなりません。

PART 12 基礎問題（3級）

このパートの内容が理解できたか、基礎問題で確認してみましょう。
環境色彩について最も不適切なものを1つ選びなさい。

A
①カラーコーディネーターは環境色彩の色彩設計をするとき、生活の場としての快適な環境を提案することが大切である。
②環境色彩は、人間の知覚だけではなく、色彩感情や心理効果、社会環境とも結びつく視環境を把握して設計しなければならない。
③住環境における私的領域とは「個人の色彩」「インテリアの色彩」「エクステリアの色彩」で、家の門から外へ出たところからは公共の空間である「公的領域」である。
④公共空間カラーコーディネーションは空間の広がりとともに、人の目に触れ、公共性も高くなり、より多くの人の合意の下に設計する必要がある。

B
①環境色彩において、大きなビルのような建物であれば下を軽い色にし、上にいくほど重い色にすることで、建物自体の圧迫感を軽減することができる。
②インテリアでは、床・壁・天井と順に明度を高くすると自然の重力に従った配色となり、安定感が出せる。
③ビルの外壁に明度の高い色を用いると、膨張色のため、大きく存在感が強調されるが、一方、明度の低い色よりも軽く快活な印象も与える。
④進出・後退色は距離感をコントロールし、部屋の奥行の調整などに使えるが、距離感の錯覚による転倒、つまずきなどを起こす場合もあり、安全面への配慮が必要である。

■基礎問題（3級）解答と解説

A③　B①

解説
　Aの③ではエクステリアはすでに公共空間と接しており、領域としては、「境界領域」に当たります。色彩を考える場合は、公共の空間としてとらえて周辺環境との調和を配慮し設計します。Bは色彩心理効果の応用です。PART7の「心理効果一覧」（P179）を参考にしてください。

PART 12　基 礎 問 題（2級）

エクステリア環境の基礎や色彩の考え方は理解できましたか？
基礎問題で点検してみましょう。

1　次の各問の①～④のうち、不適切ものをひとつ選びなさい。

A ①ファサード空間とは住宅正面の外観のことをいう。
②ファサード空間を構成するものには門、塀垣、玄関アプローチ、ドア、庇、庭木などがある。
③ファサード空間とは、道路などの公的空間から私的住空間へ切り替えるために外部を遮断し、個人の領域を守るプライベート空間である。
④ファサード空間とは、住み手の社会へ向けたメッセージを表し、一軒一軒のファサードが街並みを作り出している。

B ①日本の風土は高温多湿で四季の変化が厳しいため、モノの退色や風化が激しい。
②高温多湿の日本の風土では、木材は腐りやすく建材には不向きなので、石材にペンキを塗って仕上げるヨーロッパ色の住宅が合う。
③日本の風土の中では、住宅に使われる天然素材は自然環境によって経年変化し、エージングのような味わいが出る。
④日本の自然環境では、建物の外観にペンキを塗ったのでは、その色や仕上がりを保つことは難しい。

C ①伝統町家の屋根に見られる「起り」は、軒を低く見せて街並みに優しく調和する。
②「うだつ」は雨風をしのぐ目的で外壁に取り付けられたもので、お金に余裕のある家の証でもあった。
③下屋庇は日除けの役割を持ち、店頭の商品の保護に役立った。
④弁柄格子とも呼ばれる弁柄と墨で塗られた伝統町家の格子は、1階の窓にはめ込まれている。

2 次の文章の空欄に当てはまる最も適切な語句を①～④からひとつ選びなさい。

環境色彩計画を立てるにあたり、色彩を調査・分析することは大切なプロセスである。色彩を調査するためにはさまざまな情報をふだんから集めておくとよい。1つには住宅色の傾向がある。例えば、屋根の灰色や黒、外壁のベージュといった（A）と、時代の世相を映す（B）があるが、（B）は一過性の場合もあるので注意して取り入れたい。

他には、住宅に変化や潤いをもたらす（C）の色の情報がある。（C）は種類が豊富で、その種類や季節によって色もさまざまである。したがって、適材適所のものを選択するための知識の収集が必要である。

最後に、南北に長い日本の国土には、地域ごとに違った気候風土があり、そこで培われた歴史文化がある。気候風土、歴史、慣例など、その（D）の情報を知り、それらを生かして住宅外観の色彩を設計することは、地域に適応した街並み形成へとつながる。

A　①慣例色　　②慣用色　　③普通色　　④基本色
B　①傾向色　　②トレンド色　③話題色　　④流行色
C　①植物　　　②風土　　　③外壁材　　④屋根材
D　①自然環境　②人間性　　③地域特性　④地域限定

3 次の住宅外観のイラストはどのようなイメージ分類に当たるか、①～④から選びなさい。

①現代和風
②クラシック
③南欧風
④モダン

■基礎問題（2級）解答と解説

1　A③　B②　C②

解説

A：ファサード空間とは、境界領域のことで、住み手の社会への接し方や意思を表現する、外部へ向けた「顔」であり、街並みを形成する空間でもあります。

B：エージングとは、ワインが何年も寝かすことでうまみが増していくように、モノが年数を重ねて味わいが出ることをいいます。日本の高温多湿な自然環境では、ヨーロッパの住宅に使われるようなペンキは退色しやすく不向きで、徐々に経年変化して深みを増す天然素材がうまく調和します。

C：うだつは防火目的で、隣家と接する壁につけられます。

2　A②　B④　C①　D③

解説

環境色彩を考える場合、1住宅色、2植物の色、3地域特性の情報をあらかじめ得ておくとよいでしょう。生活に潤いを与える植物は、落葉樹や常緑樹、紅葉するもの、花や実をつけるものなどがあり、色もさまざまで緑一辺倒ではありません。これら植物の特徴を知り、適材適所に使うことが大切です。

3　②

PART 12 応用問題（3級）

1　次の文章中の空欄に当てはまる最も適切なものを、それぞれの①〜④からひとつ選びなさい。

環境色彩において、色彩の働きはさまざまな場面で生かされているが、住宅の外観の場合、住宅が連なる街並みでは（A）など調和を図ることで、街並み全体の（B）を高めることが可能である。住工商混在した地区の場合、（C）は地域に配慮し、環境づくりに貢献するよう心がけなくてはならない。商店街の場合は（D）の色彩により、店舗の存在、位置を明らかにする（E）の役割をになっている。また（D）は目立つことを目的にした場合（F）が効果的に使用されることが多い。（F）は（G）の色、（H）は落ち着きや親近感をもたらす色として住宅の基本となる色で（I）の色と位置づけることが基本となる。

A	①色彩の統一	②色相の対照性	③トーンの対照	④中間色相
B	①意識	②協調	③価値	④機能
C	①一般住宅	②工場	③集合住宅	④工場や商店
D	①外壁	②ひさしや屋根	③屋外広告物	④表札
E	①イメージ表現	②記号	③区分	④状態を表現
F	①興奮色	②軽い色	③膨張色	④派手な色
G	①安心感	②日常	③非日常	④沈静
H	①後退色	②地味な色	③重い色	④暖色
I	①日常	②非日常	③普通	④沈静

2　それぞれの図について適切なものを、それぞれの①〜④からひとつ選びなさい。

A

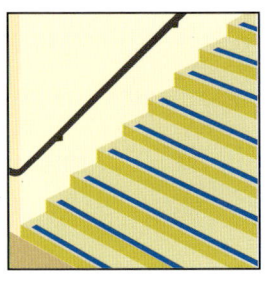

①左図のように、段差がわかるように塗り分けをするのは転倒防止に役立つ。
②左図の塗り分けは進出して見えて注意喚起になる。
③左図は塗り分けの部分が遠のいて見え、つまずきなど距離感の錯覚を起こす可能性がある。
④左図の塗り分けは手前にあるように近づいて見えるので、踏み外しや転倒の原因になることもある。

B

①一般に工場はマイナスイメージを持たれることが多く、左図のように大きな絵を描くと圧迫感が増す。
②巨大な工場の人工的な広い外壁を親しみのある色彩に変えることで、圧迫感を和らげている。
③大きな工場の壁面に優しい絵を描くことは、企業の硬いイメージに合わず、安心感を打ち消してしまう。
④巨大な工場の外壁の閉鎖的、危険などの印象を変え、人々が立ち入りやすくなり、危険になる。

C エクステリア分野での配色は、一般的に共通の要素でまとめ、適度な変化がよいとされているが、左図の橋にはどのような色がよいか

 ①  ②  ③  ④

■応用問題（3級）解答と解説

1 A① B③ C④ D③ E② F④ G③ H② I①

解説
環境色彩では、色彩統一により街並みの価値を上げ、住工商混在した地域では、一般住民への配慮を心がけなくてはなりません。店舗のサインや案内板は、暗号や言葉の記号的な役割を果たし、派手な色や進出色、誘目性の高い色で目立たせますが、派手な色は日常的な色ではなく、一般住宅向きではありません。

2 A③ B② C①（①dp2、②dp12、③g10、④ltg8）

解説
A：環境色彩では、進出・後退色は距離感の錯覚を起こす場合があります。
B：工場は住宅に比べ、その規模も大きく、人工的、閉鎖的なイメージや圧迫感もあるため、壁面の色彩に工夫することで、それらの軽減に役立ちます。
C：自然の緑系の色が共通要素なので、橋に反対色を使って変化をつけます。

PART 12 応用問題（2級）

次の各問に関する説明の中で最も適切なものを①〜④からひとつ選びなさい。

A イラストのようなモダン住宅の外観イメージに適合した ⓐ の部分の外壁の色はどれか。

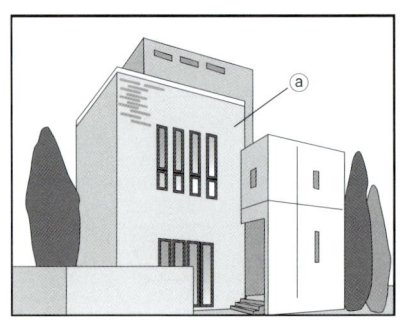

B 伝統町家の土壁によく使われる典型的な外壁の色はどれか。

C イラストのような外壁の家について正しく述べているものはどれか。

①外壁の色は10YR2/7で、洋風な建築でありながら、日本の街並みに合う落ち着いた色合いとなっている。
②外壁の色は7.5YR5/2で、古い街並みに同調して、景観の質を高めている。
③外壁の色は2.5Y9/2で、明るく、ウキウキと感じられ、街並みや道路が広く明るく感じられる。
④外壁の色は10Y9/2で、明度が高く、日本の伝統的な落ち着いた街並みでは浮いてしまう。

PART 12 環境と色彩

■**応用問題（2級）解答と解説**

A④　**B**①　**C**③

解説

A：モダンな外観はコンクリートや金属などが使われ、無彩色にアクセントを加えた配色が主です。①は南欧風住宅、②は和風の土壁、③は煉色瓦です。

B：伝統町家は土壁に白漆喰を上塗りしたものが典型ですので、白い外壁となります。②は弁柄色、③は黒、④は銀鼠です。

C：この色は2.5Y9/2のクリーム色で、明度が9と明るく、日射量の反射も高くなるため、街並みを明るくすると考えられます。

PART 13 模擬試験問題

色彩検定3級	模擬試験問題 ……………………	352
	解答と解説 ……………………	377
色彩検定2級	模擬試験問題 ……………………	363
	解答と解説 ……………………	380

色彩検定3級　模擬試験問題

問1　次のそれぞれの問題の①〜④のうち、最も適切なものをひとつ選びなさい。

A　無彩色に関し正しいものはどれか。
①三属性のうち、彩度だけを持っている。
②三属性のうち、色相、明度、彩度すべてを持っている。
③三属性のうち、明度だけを持っている。
④三属性のうち、明度と彩度を持っている。

B　PCCSのトーンに関し、間違っているものはどれか。
①明度と彩度を合わせた概念である。
②イメージ配色がしやすい。
③明清色調、暗清色調、中間色調のトーンがある。
④トーンは色相と彩度の概念を兼ね備えている。

C　混色について正しいものはどれか。
①シアンとマゼンタのインキを混色すると黄になる。
②シアンと黄のインキを混色すると緑になる。
③マゼンタと黄のインキを混色すると緑になる。
④マゼンタとシアンのインキを混色すると赤になる。

D　光の性質について正しいものはどれか。
①昼間の空が青く見えるのは光の散乱によるものである。
②昼間の空が青く見えるのは光の回折によるものである。
③夕焼けが赤く見えるのは光の干渉によるものである。
④夕焼けが赤く見えるのは光の屈折によるものである。

E　光の性質について正しいものはどれか。
①短波長の光は長波長の光より屈折が小さい。
②水の入ったコップのストローが曲がって見えるのは光の干渉のためである。
③プリズムを使ったスペクトルは光の屈折を利用している。
④虹が見えるのは大気中の塵に光が当たり散乱するためである。

F　視細胞に関し正しいものはどれか。
　①視細胞の錐体は光の明暗に反応する。
　②視細胞の錐体のピークは500nmである。
　③視細胞の杆体は中心窩に集中している。
　④視細胞の杆体は暗所視で働く。

問2　次のA～Fについて、最も適切なものを①～④からひとつ選びなさい。

A
①この色はマンセルシステム色表示で8Y5/11である。
②この色はマンセルシステム色表示で5Y8/14である。
③この色はマンセルシステム色表示で8：Y-8-9sである。
④この色はマンセルシステム色表示で5Y3/5である。

B
①この色はマンセル色相10Bである。
②この色はマンセル色相10PBである。
③この色はマンセル色相18：Bである。
④この色はマンセル色相18Bである。

C
①この色はマンセル彩度14である。
②この色はマンセル明度2である。
③この色はマンセル彩度6である。
④この色はマンセル明度14である。

D
①この色はマンセル明度2.5である。
②この色はマンセル彩度14である。
③この色はマンセル彩度8である。
④この色はマンセル明度7.5である。

E
①この色はPCCSのYG　yellow Greenである。
②この色はPCCSの色相番号10のyellowish greenである。
③この色はPCCSの5GYである。
④この色はPCCSのGY　green yellowである。

F ①この色はマンセル色表示でN1である。
②この色はマンセル色表示でn-9.5である。
③この色はマンセル色表示でn-1.5である。
④この色はマンセル色表示でN9.5である。

問3 次のA～Fについて、最も適切な色名あるいは色票を①～④からひとつ選びなさい。

A ニュートンがスペクトルの最も短波長側の色にこの名を使っている。
① ラベンダー　② パープル　③ バイオレット　④ モーブ

B ラピスラズリの色と考えられ、和色名では瑠璃色にあたる色はどれか。

C ① 桜色　② 珊瑚色　③ 牡丹色　④ 紅梅色

D ① カーマイン　② バーミリオン　③ 茜色　④ ボルドー

E ペルシャ語、ヒンズー語で塵、埃の意味を持ち、インドに駐留していたイギリス軍の軍服の色に採用されたことから現地の言葉が色名になったとされるカーキーはどれか。

F 浅葱色は葱の若芽の色という意味であり、藍染の初期の段階の浅めの色をさすが、それはどれか。

問4　次のそれぞれの配色について、最も適切なものを①～④からひとつ選びなさい。

A
①同一色相の類似トーン
②対照色相の同一トーン
③同一色相の対照トーン
④類似色相の対照トーン

B
①類似トーンのナチュラル配色
②類似トーンのコンプレックス配色
③対照トーンのナチュラル配色
④対照トーンのコンプレックス配色

C
①中差色相の同一トーン
②類似色相の類似トーン
③同一色相の対照トーン
④対照色相の同一トーン

D
①対照色相配色　　②中差色相配色
③補色色相配色　　④対照トーン配色

E　左の配色がナチュラル配色になるように右側の色を選びなさい。

 ①  ②  ③  ④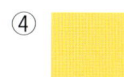

F　コンプレックス配色になっているものはどれか。

①  ②  ③  ④

問5　次の文章のA～Gに当てはまる語彙を①～④からひとつ選びなさい。

マンセルシステムは（A）と呼ばれる色相5つで色相環を等分し、向かい合う色が（B）となるように、それぞれの間の色を挿入し、10色相とする。各色相のおおまかな表示は（C）の組み合わせで表され、それを10分割し、その数字を（C）の前につけ色相を表す。各色相の代表色は（D）で数字が大きくなるほど時計回りで隣の色相に近づく。たとえば緑の色相は（E）のように表示することができ、（F）は赤みによった紫である。また三属性を使って色を表示する場合は鮮やかな赤の場合（G）のようになる。

A　①Chroma　　②Hue　　　　③Saturation　　④Value
B　①物理補色　　②心理補色　　③物理色相　　　④心理四原色
C　①アルファベット頭文字　②色相番号　　③色相名　　④数値
D　①10　　　　②1　　　　　③5　　　　　　④2.5
E　①12：G　　②12G　　　　③5GY　　　　　④5G
F　①10P　　　②24：RP　　 ③5RP　　　　　④23：rP
G　①2：R-4.5-9s　②5R4/14　③10R4/8　　　④8pa

問6　次の文章のA～Hに当てはまる語彙を①～④からひとつ選びなさい。

人間の眼は三層からなり、その外側から（A）、（B）そして像を結像する（C）である。（C）には視細胞をはじめとする神経細胞により構成されており、眼球の中で中心的な役割を担っている。視細胞の密度が高く、網膜の一番奥の小さくくぼんだ部分は（D）とよばれ、ここには視細胞のうち（E）が存在し、周辺部にはたくさんの（F）が分布している。これは（C）の最も外側で、最も内側には（G）という大型の細胞がある。（G）と視細胞を結ぶのは（H）である。

A　①強膜　　　　②角膜　　　　③結膜　　　　④脈絡膜
B　①強膜　　　　②角膜　　　　③結膜　　　　④脈絡膜
C　①水晶体　　　②網膜　　　　③盲点　　　　④虹彩
D　①暗点　　　　②視神経乳頭　③毛様体　　　④中心窩
E　①錐体　　　　②杆体　　　　③硝子体　　　④毛様体
F　①錐体　　　　②杆体　　　　③中心窩　　　④黄斑
G　①神経節細胞　②アマクリン細胞　③水平細胞　④双極細胞
H　①神経節細胞　②アマクリン細胞　③水平細胞　④双極細胞

問7　次の文章のA～Eに当てはまる語彙を①～④からひとつ選びなさい。

色の混色は大別すると（A）と（B）がある。（A）はスポットライトのように色を混色すると（C）なるが、中間の明度となる（D）や（E）もこの一種である。網点印刷は（B）と（D）の原理を応用しているが、それに使われる三原色は（F）である。

A　①中間混色　　②減法混色　　③加法混色　　④回転混色
B　①中間混色　　②減法混色　　③加法混色　　④回転混色
C　①同じ明度に　②明るく　　　③暗く　　　　④やや暗く
D　①併置加法混色　②減法混色　③継時加法混色　④加法混色
E　①併置加法混色　②減法混色　③継時加法混色　④加法混色
F　①RGB　　②RCB　　③MGY　　④MCY

問8　次のそれぞれの地色と図色の関係に関し、適切なものをひとつ選びなさい。

A　次の地色と図色の関係に関し、不適切なものはどれか。

①補色対比が起きている。
②補色の彩度対比が起きている。
③明度が近くハレーションを起こしている。
④明度対比が起きている。

B　次の中央の図色に関し、単色で見たときと比較し、適切なものはどれか。

①黄みがかって見える。
②赤みがかって見える。
③青紫みがかって見える。
④明るく見える。

問9　次の文章のA～Jに当てはまる最も適切な語句を①～④からひとつ選びなさい。

配色調和を考えるとき、色の三属性を手がかりにする方法があるが、PCCSではさらに、イメージ配色に適した（A）を手がかりにした方法があります。いずれの場合でも、基本は（B）と対照性の配色の調和に大別されます。
（B）を色相で考えた場合、同一色相配色、（C）、（D）があり、対照性には（E）と（F）が、両方の中間のやや違いがあるものには（G）があります。
（A）を手がかりに調和配色する場合、対照の関係を作ることができない（H）（I）領域の（J）と（K）があります。

A　①色相　　②明度　　③トーン　　④彩度
B　①同一性　②共通性　③対比性　　④中間
C　①隣接色相配色　②補色相配色　③中差色相配色　④対照色相配色
D　①隣接色相配色　②類似色相配色　③中差色相配色　④対照色相配色
E　①隣接色相配色　②類似色相配色　③中差色相配色　④対照色相配色
F　①隣接色相配色　②類似色相配色　③中差色相配色　④補色相配色
G　①隣接色相配色　②補色色相配色　③中差色相配色　④対照色相配色
H　①高明度　②中明度　③低彩度　④低明度
I　①低彩度　②中彩度　③高彩度　④高明度
J　①ソフトトーン　②ストロングトーン　③グレイッシュトーン　④ライトグレイッシュトーン
K　①ディープトーン　②ダークトーン　③ダルトーン　④グレイッシュトーン

問10　それぞれの配色の説明として最も適切なものを選びなさい。

A
①同一色相の高明度と中明度の配色である。
②類似色相の高明度と中明度の配色である。
③対照色相の同明度領域の組み合わせである。
④隣接色相の高明度と低明度の配色である。

B
①同一色相の中彩度どうしの配色である。
②類似色相の高明度どうしの配色である。
③同一色相の高彩度と低彩度の配色である。
④類似色相の低彩度と中彩度の配色である。

C
① 中差色相の高彩度と低彩度の配色である。
② 類似色相の高明度どうしの配色である。
③ 中差色相の高明度と低明度の配色である。
④ 対照色相の高明度と中明度の配色である。

D
① 彩度差が5sの中差彩度配色である。
② 中彩度と高彩度の組み合わせである。
③ 高明度と低明度の組み合わせである。
④ 彩度差3sの類似彩度配色である。

問11 次の文章のカッコ内の空欄に当てはまる最も適切なものを、それぞれの①〜④からひとつ選びなさい。

ファッションの分類方法にはさまざまなカテゴリーがあるが、商品構成の分類としては、「(A) 商品」と「ファッション商品」があり、(A) は流行に左右されず、機能や用途で買われる (B) などを総称する。一方、「ファッション商品」は大きく「(C)」と「ファッション雑貨」に分けられる。(C) はさらに (D) とインナーに分けられる。

また、ファッションには「形態」だけでは分類できない因子があるが、その中のTPOで着分ける分類のひとつに (E) 分類があり、それには (F)・ビジネス・(G) の三大分類がある。

A	①雑貨	②ワークウェア	③アンチファッション	④ノンファッション
B	①学生服・作業着	②着物	③バッグ・靴	④スポーツウェア
C	①アウター	②アパレル	③アクセサリー	④アイテム
D	①アウター	②アパレル	③アクセサリー	④アイテム
E	①プライベート	②ソーシャル	③オケージョン	④用途
F	①ソーシャル	②フォーマル	③マテリアル	④カジュアル
G	①クラシック	②オンタイム	③プライベート	④ユニフォーム

問12 それぞれのファッションイラストの説明としてふさわしいものはどれか、それぞれの①〜④からひとつ選びなさい。

A 下図のカラーコーディネートについて、最も適切な記述はどれか。

① トップスとスカートが類似トーンでコンプレックス・ハーモニーの関係になっている。
② トップスとスカートが対照トーンでコンプレックス・ハーモニーの関係になっている。
③ トップスとスカートが類似トーンでナチュラル・ハーモニーの関係になっている。
④ トップスとスカートが対照トーンでナチュラル・ハーモニーの関係になっている。

B 下図のコーディネートの黄色のアイテムについて、最も適切な記述はどれか。

① 全体のブルー系の着こなしの中でアソートカラーになっている。
② このコーディネーションの全体のアクセントカラーになっている。
③ ブルー系の単調な着こなしを引き締めるセパレーションカラーとなっている。
④ ベースカラーの役割で、全体をまとめている。

C 下図のカラーコーディネートについて、最も適切な記述はどれか。

① 対照トーンを使ったフェミニンなファッションスタイルである。
② 同一色相配色のクラシックなファッションスタイルである。
③ 同一トーンのナチュラルなファッションスタイルである。
④ 同一トーン配色のフェミニンなファッションスタイルである。

問13 環境における色彩について下記のそれぞれの問に最も適切なものを、①〜④から選びなさい。

A 環境における色彩には、温度感を調節する効果があるが、冬の寒い風呂場を暖かくさせる効果のある配色はどれか。

①  ②  ③  ④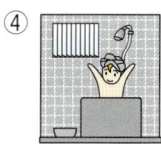

B 仕事に集中しやすい会議室の配色（左から床・壁・天井とする）

①  ②  ③  ④

問14 環境における色彩について下記のそれぞれの問に最も適切なものを、①〜④から選びなさい。

A 戸建住宅のエクステリアのカラーコーディネートにおいて、注意をしなければいけないことはどのようなことか。最も不適切と思われるものをひとつ選びなさい。

①人の住居であることから、施工主の意思に従い好みを優先し、反映したものとしなければならない。
②周辺環境の色彩調査をし、調和を考慮した配色とするべきである。
③一般に共通性の調和を基本に、多少の対照性の調和で変化をつけるのが好ましい。
④住宅のエクステリアは私的な領域としてではなく、公的な領域との境界の領域にあるととらえ、カラーコーディネーションするべきである。

B 次のエクステリア環境に関する記述のうち最も不適切と思われるものはどれか、①〜④からひとつ選びなさい。

①エクステリア環境では各々の目的や用途に応じた色彩が施されることで、安全で使い勝手のよい社会生活となることを目指している。

②エクステリアでは街並みの一部であると考え、周囲の環境と調和したカラーコーディネーションを考えなくてはならない。

③エクステリアはさまざまな素材を使用するが、素材感よりもまずは色を適材適所に配し、周辺環境との調和を考えるべきである。

④個々の建物のエクステリアは周囲の街並みとともに視野に入り、その街並みの主役は個々の建物であると同時に、建物の並ぶ通りであることを考慮すべきである。

色彩検定2級　模擬試験問題

問1　次のヨーロッパの色の歴史について、最も適切なものを①〜④からひとつ選びなさい。

A
① ヨーロッパでは初期ルネッサンス期頃まで混色崇拝があり、多種多様な混色方法が発見された。
② ヨーロッパにはもともと顔料・染料の着色原料が多かったので、混色する必要性があまりなかった。
③ ヨーロッパでは初期ルネッサンス期頃まで、色彩は神の創造によるものという考えから混色には消極的だったため、多種多様な着色原料が発見された。
④ ヨーロッパでは初期ルネッサンス期まで諸外国に対して閉鎖的であったため、あまり染料・顔料に恵まれなかったが、混色の技術が発展した。

B
① ルネッサンス期には錬金術が盛んになり、新しい染料・顔料が偶然発見された。
② ルネッサンス期には水彩絵の具が登場し、混色が盛んになった。
③ 大航海時代には世界各地の染料・顔料がヨーロッパにもたらされた。動物染料バーミリオンはその代表である。
④ ルネッサンス期には新しい染料・顔料が発見されるようになったため、混色には消極的になった。

C　18世紀になるとスペクトル光の混色実験が行われるようになり、さまざまな経験から三原色が意識されるようになった。18世紀末、フランスのル・ブロンが初めてメゾチント印刷に成功するが、その三原色とはどれか。
① 赤・緑・青　　② 黄・緑・青　　③ 緑・マゼンタ・黄　　④ 赤・黄・青

D
① 19世紀に生まれた史上初の合成化学染料はバイヤーによる合成インディゴである。
② 19世紀に生まれた史上初の合成化学染料はバイヤーによるモーブである。
③ 19世紀に生まれた史上初の合成化学染料はパーキンによるモーブである。
④ 19世紀に生まれた史上初の合成化学染料はヴェルカンによるマゼンタである。

E　19世紀は視覚の世紀ともいわれ、色覚説も次々と発表された。そうした中で、客観的な化学実験から色彩を研究したニュートンを批判し、主観的な色彩現象に着目して「色彩論」を発表した、文豪としても名高いのは誰か。
　①ヘミングウェイ　　②ゲーテ　　③トルストイ　　④シュヴルール

問2　次のオストワルト表色系について、最も適切なものを①～④からひとつ選びなさい。

A
①この色のオストワルト色相記号は「a」である。
②この色のオストワルト色相記号は「p」である。
③この色のオストワルト色相記号は「pa」である。
④この色のオストワルト色相記号は「Bk」である。

B
①この色のオストワルト色相名は「turquoise」である。
②この色のオストワルト色相名は「leaf green」である。
③この色のオストワルト色相名は「sea green」である。
④この色のオストワルト色相名は「ultramarine blue」である。

C　オストワルト色相環において、上記のBの色と向かい合う色相はどれか。
①yellowで心理補色の関係である。
②orangeで心理補色の関係である。
③redで物理補色の関係である。
④magentaで物理補色の関係である。

D　上記のBの色と同じ名前の色相に当てはまる番号はどれか。
　①19、20、21　　②20、21、22　　③16、17、18　　④13、14、15

E
①純色paと黒を結んだ辺上と平行に並んでいる色は「等黒系列」である。
②純色paとaを結んだ辺上と平行に並んでいる色は「等純系列」である。
③無彩色の系列と平行な色の列は「等価値色系列」である。
④paと白を結んだ辺上と平行に並んでいる色は「等黒系列」である。

問3　次のNCSについて、最も適切なものを①～④からひとつ選びなさい。

A　4060-Y10Rで表される色について正しいものはどれか。
①白への類似度は40％である。
②白への類似度は60％である。
③白への類似度は10％である。
④白への類似度は0％である。

B　4060-Y10Rで表される色について正しいものはどれか。
①クロマチックネスは40％である。
②クロマチックネスは60％である。
③クロマチックネスは10％である。
④クロマチックネスはYである。

C　4060-Y10Rで表される色について正しいものはどれか。
①黄への実際の類似度は70％である。
②黄への実際の類似度は10％である。
③黄への実際の類似度は54％である。
④黄への実際の類似度は6％である。

D　4060-Y10Rで表される色が純色の場合、正しい表示はどれか。
①c-Y10R　　②00c-Y10R　　③sc-Y10R　　④ϕ-Y10R

E　s＝50の無彩色はどのように表示されるか。
①0050　　②50/00　　③5000　　④5000-ϕ

問4　次の色名について、最も適切なものを①～④からひとつ選びなさい。

A　多くの言語の中で、基本色彩語が表す色カテゴリーの典型で、ケイとマクダニエルの仮説モデルで基本カテゴリーとされる色にあたるものは下記のどれか。
①白・黒・赤・黄・緑・青
②白・黒・赤・黄・緑・紫
③白・灰・黒・赤・緑・青
④白・黒・赤・黄・青・紫

B　下記の色票の色を表すのに、ふさわしくない表示はどれか。

①系統色名：明るい黄赤
②系統色名の略記号：lt-O
③系統色名の略記号：b-YR
④慣用色名：柑子色

C　インド・マレー半島を原産地とする豆科の蘇芳の心材を原料とする奈良時代から使われる染料の色はどれか。
①　②　③　④

D　東洋では石緑と呼ばれる鉱石から作られた顔料の色名で、古代エジプトではアイラインに使われた色にあたるものはどれか。
①　②　③　④

E　JIS光源色の色名で、「薄い緑みの黄」の略号は次のうちのどれか。
①Pl-gY　②pl.gY　③pl-Gy　④pl.GY

問5　次の文章の空欄に当てはまる最もふさわしい語句を①〜④からひとつ選びなさい。

私たちが物の色を見ることができるのは、可視光が物に当たり、反射した光が眼に入射して、それを眼球内の（A）が識別するからである。また、さまざまな色が見えるのは、物体の反射と吸収の特性がそれぞれ違うからである。波長ごとにどのような比率で（B）するか表したものを（C）という。物体に入射する光源の（D）が変われば、物体からの（D）も変わり、物体の色は異なって見える。

網膜上にある（A）は（E）あり、光に対する感度が異なるが、その波長特性を（F）という。この特性の違いによって（G）が起こるのである。この（A）から出た信号は（H）を経て神経節細胞へと送られていくが、このとき、隣接した色や明度の境界を強調して明確にする働きがある。これを（I）という。（J）やハーマングリッドはこの働きによるものと考えられる。

A	①視細胞	②視神経乳頭	③黄斑	④神経節細胞
B	①吸収	②反射	③分光	④知覚
C	①視感効率曲線	②視感効率	③分光反射率	④分光効率
D	①分光分布	②反射率	③分光反射率	④光束
E	①1つだけ	②2つ	③3つ	④4つ
F	①分光視感効率	②分光分布	③分光反射率	④視感効率
G	①明暗順応	②フィル・イン	③プルキンエ現象	④色彩恒常
H	①双極細胞	②水平細胞	③錐体細胞	④杆体細胞
I	①演色性	②側抑制	③メタメリズム	④プルキンエ現象
J	①マッハバンド	②リープマン効果	③ネオンカラー効果	④エーレンシュタイン効果

問6 次のそれぞれの問題の①～④のうち、最も適切なものをひとつ選びなさい。

A 主観色について正しいものはどれか。
①主観色とは、人間が本来持っている色の感覚のことである。
②主観色とは、複数の色を感じることがない心理的な原色のことをいう。
③物理的に色みがない図などに色を感じる現象を主観色という。
④照明光が変化しても物体の色が変わらなくなる現象を主観色という。

B 心理物理学的測定法について不適切なものはどれか。
①「閾」とは特定の感覚が起きるか起きないかの境目を意味する。
②感覚が生じるかどうかの境目を絶対閾という。
③質の違いを区別できるかどうかの境目を刺激閾という。
④色の違いを区別できるかできないかの境目を色相弁別閾という。

C 次のうち心理学的尺度構成法の調査法にないものはどれか。
①恒常法　　②選択法　　③マグニチュード推定法　　④SD法

D 色再現技術について正しいものはどれか。
①パソコンモニターのウェブセーフカラーは約1670万色である。
②パソコンモニターのウェブセーフカラーは約216色である。
③パソコンモニターのウェブセーフカラーは約256色である。
④パソコンモニターのウェブセーフカラーは約1670色である。

E 混色について正しいものはどれか。
①加法混色に用いる3つの色光［R］［G］［B］を三刺激値という。
②加法混色に用いる3つの色光の混色量R、G、Bを三刺激値という。
③加法混色に用いる3つの色光の混色量R、G、Bを原刺激という。
④減法混色に用いる3つの色光［R］［G］［B］を原刺激という。

問7　色彩心理について、最も適切なものを①〜④からひとつ選びなさい。

A
① 注意を向けて探す対象の見つけやすさを誘目性という。
② 危険信号や非常用の案内表示などは、興味に関係なく人目につくよう誘目性の高い色を用いる。
③ 特別に注意を向けていない対象の発見のされやすさを視認性という。
④ 誘目性は明度による影響が最も大きい。

B
① 地下鉄路線図のように情報量が多く複雑なものには、色による識別が役に立つ。
② 地下鉄路線図のように情報量が多く複雑なものの識別には、色を使うとかえって混乱を招くので、できるだけ色を抑えたほうがよい。
③ 識別効果に色を用いるのは、見る人の知識や色の持つ象徴性の影響が大きいので、あまり有効的ではない。
④ 色による識別効果を高めるためには、はっきりと見極められるように対象の全体に色を付けるのがよい。

C
① 明度差がほとんどない有彩色が隣接すると、境界線がちらつく視覚印象が生じる。これをネオンカラー効果という。
② v2とv14の補色を使った看板の文字は、補色の彩度対比によって彩度が上がり、可読性が高くなる。
③ 明視性と可読性を上げるには、色相差よりも明度差が必要である。
④ リープマン効果は縁辺対比の一種である。

問8　次の文章の空欄に当てはまる最もふさわしい語句を①〜④からひとつ選びなさい。

色相環の規則的な分割から配色調和を求める方法は古くから欧米で研究されてきた。なかでもスイスの美術教育者（A）は有名である。

色相環の直径の両端の2色を組み合わせる（B）はバランスの取れた補色配色になり、三和音を表す（C）は中世の絵画でよく見られる。同じ三色配色でも（B）に近い配色となるスプリットコンプリメンタリーは（D）とも呼ばれ、近代の美術者に人気がある。色相環に内接する正方形の配色（E）は（F）の組み合わせになるが、他にも長方形や台形のバリエーションがある。

A	①マンセル	②ゲーテ	③ルード	④イッテン
B	①ダイアード	②ビコロール	③ペア	④ツイン
C	①トリオ	②トライアド	③トリコロール	④トライアングル
D	①心理補色	②物理補色	③分色補色	④分裂補色
E	①テトラード	②ヘクサード	③ペンタード	④オクテッド
F	①補色と白黒	②2組の補色対	③2組の類似色相	④心理補色と物理補色

問9 次のそれぞれの配色について、最も適切なものを①〜④からひとつ選びなさい。

A
①トーンオントーン配色のナチュラル・ハーモニー
②トーンイントーン配色のナチュラル・ハーモニー
③トーンオントーン配色のコンプレックス・ハーモニー
④トーンイントーン配色のコンプレックス・ハーモニー

B
①トーナル配色のダイアード
②トーナル配色のビコロール配色
③ドミナントカラー配色のダイアード
④ドミナントトーン配色のビコロール配色

C
①低彩度と高彩度のトーンイントーン配色
②低彩度と中彩度のトーンオントーン配色
③中彩度と高彩度のトーンイントーン配色
④低彩度と高彩度のトーンオントーン配色

D スプリットコンプリメンタリーはどれか。

①  ②  ③  ④

E　イッテンのペンタードはどれか。

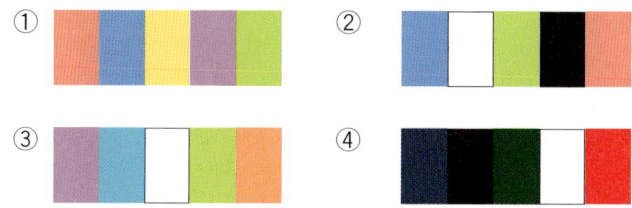

F　フォカマイユ配色はどれか。

問10　次の文章の空欄に当てはまる最も適切な語句を①～④からひとつ選びなさい。

カラーコーディネーターのファッションカラーの情報収集は約（A）前から始まる。世界18カ国が参加する（B）でカラーが選定され、それを受けて約1年～1年半前に（C）を中心に各地で素材展が開かれる。なかでも注目されるのが、パリで開かれる（D）である。これらの情報を元にカラーコーディネーターはトレンドカラーを分析し、次の方向性を決めていく。1年前には国内（E）の情報・資料を参考に、カラーの予測情報を軌道修正し、自社用にカラーパレットを絞り込む。半年前には（F）が始まり、このころには消費者にも作品情報が伝わるようになる。カラーコーディネーターは他社の情報をリサーチし、自社のプロモーションカラーを広報・宣伝部門に示して、カラー戦略を統一する。

A　①2年　　②3年　　③4年　　④5年
B　①インターナショナルカラー　　②JAFCA
　　③ワールドカラー　　　　　　　④インターカラー
C　①アジア　　②アメリカ　　③ヨーロッパ　　④フランス
D　①イデアコモ　　　　　　　　②プルミエールビジョン
　　③インターストフ　　　　　　④パタンスキー
E　①合繊・紡績メーカー　　　　②アパレルメーカー
　　③コレクション　　　　　　　④トレンドショップ
F　①テキスタイル展　　　　　　②ヤーン展
　　③販売　　　　　　　　　　　④デザイナーズコレクション

問11 それぞれのファッションイラストの説明として、最も適切なものを①〜
④からひとつ選びなさい。

A　下図のコーディネートのうちエスニックなイメージのものはどれか。

① 　② 　③ 　④

B　下図のコーディネートのうちカマイユ配色のものはどれか。

① 　② 　③ 　④

C　下図のコーディネートについて、間違っているものはどれか

①グラデーション配色である。
②ドミナントカラー配色である。
③トーンイントーン配色である。
④トーンオントーン配色である。

問12 次のインテリアに関する設問に当てはまる最も適切なものを①～④からひとつ選びなさい。

A　インテリアのゾーニングにおいて、セミパブリックゾーンに当てはまらないものはどれか。
　①ダイニングルーム　　②キッチン　　③バスルーム　　④リビングルーム

B　キッチンの説明で不適切なものはどれか。
　①限られたスペースに多くの道具や食材などが雑然としやすいので、できるだけ色数は抑えたほうがよい。
　②面積が狭いので、シンクのキャビネットの色を主体に道具の色を控えめにするのも1つの方法である。
　③ダイニングルームとの調和を考えてカラーコーディネートするようにする。
　④リビングルームとは目的が違う部屋なので、雰囲気を変えてつながりを持たせないほうがよい。

C　インテリアの構成エレメントについて適切なものはどれか。
　①床は家具の配置などによって部分的にしか見えないので、あまり色の影響はない。
　②床は天井よりも狭い面積しか見えないにも関わらず、人に対するその色彩の影響は大きい。
　③床の色は選択できる色の種類が少ないので、色の選択肢が多い他のエレメントの色を決めてから選ぶとよい。
　④壁、幅木、建具は、床と対照的な色やトーンにするのが一般的である。

D　家具について適切なものはどれか。
　①造作家具は床や壁と共通要素のある配色にするとよい。
　②箱物家具は床面の色と類似させるとすっきりとまとまり、部屋が広く見える。
　③ダークトーンの箱物家具は重厚感があるので、床面が明るい部屋や狭い部屋でも高級感が出せる。
　④テーブルなどの脚物家具は壁の色と類似させると部屋になじむ。

問13　次のインテリアの配色について、各問に適切な色をカラーグループを参考に①〜④からひとつ選びなさい。

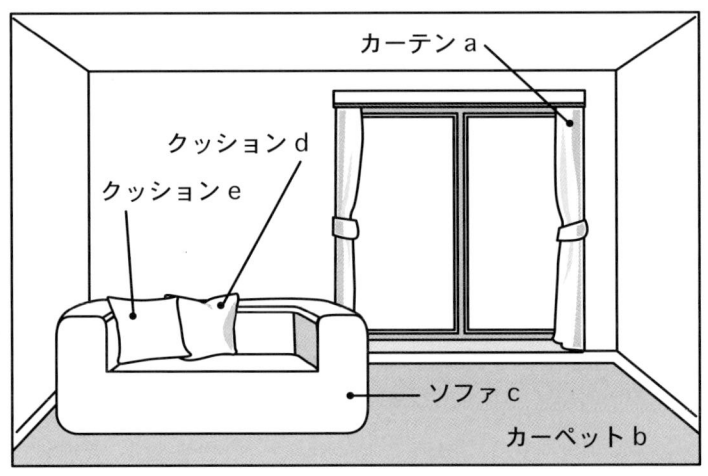

A　カーテンaとカーペットbをさわやかで落ち着いたイメージのトーンオントーンで、配色したい。どの組み合わせがふさわしいか。
① ⒶのカーテンとⒸのカーペット
② ⒶのカーテンとⒺのカーペット
③ ⓆのカーテンとⒿのカーペット
④ ⒺのカーテンとⒶのカーペット

B　ソファcの色をⒽとした場合、クッションeとクッションdの色をスプリットコンプリメンタリー配色にして個性と軽やかさをプラスしたい。どの組み合わせがふさわしいか。
① ⒷとⓁ　　② ⒿとⓀ　　③ ⓃとⓁ　　④ ⓇとⒸ

C　カーテンをⓅとし、ソファcとカーペットbをトーナル配色でナチュラルなイメージに配色したい。どの組み合わせがふさわしいか。
① ⒹのソファとⒾのカーペット
② ⓂのソファとⓄのカーペット
③ ⒼのソファとⓀのカーペット
④ ⒿのソファとⓂのカーペット

カラーグループ

問14 次のエクステリアに関する文章の空欄に最も適切な語句を①〜④からひとつ選びなさい。

日本の住宅外観は時代とともに様変わりしてきた。(A)は日本の古い住宅の外観を今に残しており、現在その街並みは文化財としての価値が高い。(A)の屋根のかけ方は「切り妻平入」や「妻入」で、形状には(B)があり、街並みに優しく調和する。隣家と接する壁にはうだつが見られ、2階の窓には(C)窓がある。弁柄に塗られた格子、白漆喰の土壁など(D)、(E)な色彩でまとめられている。

戦後のマイホームを代表する戸建住宅は一般にマイホーム型住宅と呼ばれる。和風住宅は、主に(F)向きに建てられ、自然色の茶色と調和する(G)の色が多い。都市部の有効利用として建てられた(H)は、英語ではプール付き住宅をさすが、日本では(I)の集合住宅のことを意味する。近年では(J)が進み、その色彩も個性的となって街の景観に大きく影響している。

A	①武家屋敷	②城下町	③江戸屋敷	④伝統町家
B	①起こり	②反り	③格子	④たたき
C	①下屋庇	②出格子	③むしこ	④犬矢来
D	①明度の低い	②彩度の低い	③明度が高い	④彩度が高い
E	①控えめ	②鮮やか	③明るい	④暗い
F	①東	②東南	③南	④西
G	①明るめ	②渋め	③暗め	④強め
H	①メゾネット	②コーポ	③テラスハウス	④マンション
I	①鉄筋コンクリート	②木造	③低層	④高層
J	①低層化	②高層化	③高級化	④老朽化

問15 次の住宅外観に関する設問に当てはまる最も適切なものを①～④からひとつ選びなさい。

A 色の軽重感の心理効果を利用し、横の広さを出す配色で安定感が得られているのはどれか。

B 次の住宅外観のイラストの説明として最も適切なものはどれか。

① クラッシックの分類に入る、白やクリームをベースにしたコロニアル調のデザイン。
② スペイン瓦が特徴的で、テラコッタ＋白のような暖色系の外壁で、暖かく開放的な南欧風デザイン。
③ 切り妻のシャープな大屋根、コントラストの強い外観色の北欧風デザイン。
④ 屋根に洋瓦を用いるなど、随所に洋風なデザインが加えられた洋中心の和洋折衷デザイン。

■色彩検定3級　模擬試験問題　解答と解説

問1　A③　B④　C②　D①　E③　F④
解説
基本問題ですので、関連する本文で確認しましょう。

問2　A②　B①　C③　D①　E①　F④
解説
表示のしかたは、他の表色系と混同しやすいところです。マンセルのHV/Cの最大値など、それぞれの数値を覚えましょう。特に、PCCSでは彩度は9sが最高で、すべての色相で共通ですが、マンセルは色相によって違うなど、PCCSとの違いは何かをまとめておくとよいでしょう。

問3　A③　B①　C④　D②　E③　F①
解説
Eの①はベージュ、②はセピア、③はカーキー、④はブロンド。Fの①は浅葱色、②はベビーブルー、③は萌黄、④は藍色。色名は由来とともに出ることが増えていますので、色系統だけではなく、大体の由来も覚えておくことが大切です。

問4　A③（p12$^+$とdp12）　B④（dk8とb10）　C①（lt24$^+$とlt18$^+$）
　　　　D③（lt6$^+$とv18）　E①　F④
解説
Eはb22との組み合わせ。隣接色相配色か類似色相配色で、黄に近い色相の明度が高いものにします。①はlt24$^+$、②はlt22$^+$、③はv12、④はb8。
Fの①は同一色相配色、②と③は黄みよりの色相のほうが明度が高い配色です。最近では、配色技法を組み合わせて出題されることが多くなっています。まず、色票を見て何トーンの何色か理解できないと、どんな配色が使われているかわかりませんので、カラーカードを見て色がわかるようにしておきましょう。

問5　A②　B①　C①　D③　E④　F①　G②
解説
本文中のマンセルの解説（P31〜）を参照してください。

問6 A① B④ C② D④ E① F② G① H④
解説
本文中の眼のしくみ（P114～）を参照してください。改訂後は網膜上の細胞の内容が増え、より細かくなっていますので、よく確認しておくことが必要です。それぞれの細胞の働きや違いをまとめておきましょう。

問7 A③ B② C② D① E③ F④
解説
混色の基本的な問題ですが、加法混色と減法混色それぞれの三原色、混色した場合のお互いの色の関係など、違いを理解しておきましょう。

問8 A④ B③
解説
対比の問題は1～2問必ず出題されますが、間違える人が多いところです。対比は、その差が広がるように強調して見える効果です。それを理解しておけば、比較的どんな問題も理解しやすくなります。色相なら離れる方向に、明度なら明るさや暗さが強調される方向に変化することを覚えておきましょう。
Aは、ほぼ明度が同じで補色の関係になります。Bは色陰現象で、図の無彩色の上に地の黄色の補色がにじんだように見えます。

問9 A③ B② C① D② E④ F④ G③ H② I② J① K③

問10 A② B① C① D④
解説
Aは24$^+$（高明度8.5）とsf22（中明度5.0）色相差2の類似色相配色。
Bはlt18$^+$（中彩度6s）とdk18（中彩度5s）。
Cはb14（高彩度8s）とltg8（低彩度2s）色相差6の中差色相配色。
Dはp4$^+$（3s）とltGy（無彩色0s）。
改訂後から増えた、明度と彩度の配色調和が組み合わされた問題です。それぞれの色相記号を参考に確認しましょう。

問11　A④　B①　C②　D①　E③　FG①、③（FGは順不同）
解説
パート10のファッションの商品構成分類、ファッション分類（P276）を参照してください。

問12　A②　B②　C④
解説
Aはp12⁺とdk6の組み合わせです。対照トーンで黄色に近い色相の明度が低いコンプレックス・ハーモニーとなっています。BはdkトーンとdkgトーンとBの同一色相の組み合わせに対照色相の黄色（lt8⁺）が小さく使われ、アクセントになっています。Cはライトトーンどうしの組み合わせで、ロマンティックなフェミニンスタイルです。

問13　A②　B③
解説
Aは色の温度感のうち暖色を利用します。Bでは、沈静色を使うことで精神を集中させます。また、床・壁・天井と明度を上げた安定感のある配色が適切です。

問14　A①　B③
解説
A：施工主の趣味嗜好も大切ですが、エクステリアは公的領域との境界の領域であると捉えます。周辺環境との調和も十分に考慮したうえでの、好みの反映が必要です。
B：エクステリアにおいては、常に周辺環境とともに目に入ることを考慮し、配色調和を意識したカラーコーディネーションが必要です。同じ色でも素材によって見えが異なることがあるため、色を決める場合にも素材の違いによる見えを認識しておく必要があります。

■色彩検定2級　模擬試験問題　解答と解説

問1　A③　B①　C④　D③　E②
解説
C：メゾチント印刷は光の混色ではなく色料の混色によったため、現在のMCYに近い赤・黄・青が使われました。
A、B、Dは本文P12〜を、EはP125を参照してください。

問2　A②　B③　C③　D①　E④
解説
オストワルトの色名、表示はわかりづらいので、注意が必要です。Bは青みの緑なのでsea greenです。

問3　A④　B②　C③　D①　E③
解説
NCSの色の表示はsc-φですので、黒への類似度は40、クロマチックネスは60となります。これをF＝w＋s＋c＝100の式に当てはめると、白の類似度は100−40−60＝0で、0となります。
また、Y10Rの色相についてはクロマチックネスが60％ですので、実際の類似度は、R（赤）は10×60％＝6％、Y（黄）は90×60％＝54％となります。表示については、純色はc-φ、無彩色はscのみでハイフン以下は不要です。

問4　A①　B③　C④　D①　E②
解説
A：ヘリングの6主要色が多くの言語における基本色彩語の典型です。
B：この色票は柑子色です。JISの明度および彩度の修飾語にはPCCSのブライト（b）にあたる明るさはltになり、また黄赤はOもYRも使われます。
C：①牡丹色　②鳶色　③琥珀色　④蘇芳色。
D：①マラカイトグリーン　②ピーコックグリーン　③ターコイズブルー　④マリンブルー。

問5　A①　B②　C③　D①　E②　F④　G③　H①　I②　J①
解説
光源は自ら光を発し、その光の強さは分光分布で表されます。また、境界を強調する働きである側抑制は縁辺対比の視覚現象に見られますが、マッハバンドは典

型的な縁辺対比の現象です。

問6　A③　B③　C①　D②　E②
解説
A：②は心理原色、④は色彩恒常です。
B：③は弁別閾で、刺激閾と絶対閾は同じ意味で使われます。
C：①は心理物理学的測定法です。
D：ウェブセーフカラーは三原色の光の強さを6段階に変えたもので、6×6×6＝216色となります。
E：加法混色において、[R]、[G]、[B]は混色の元になる3つの光で原刺激といい、R、G、Bはそれぞれの原刺激の混色量を表していて三刺激値といいます。

問7　A②　B①　C③
解説
A：誘目性は注意を向けていないのに知覚できる度合いのことで、有彩色、高彩度、暖色系が誘目性の高い色です。
B：情報量の多い視覚表示には色の識別が役に立ちますが、全体に色を使うと装飾との識別ができにくくなるため、わかりやすい場所に適度な量を用いるほうが効果があります。
C：補色同士であっても明度差がほとんどない色の組み合わせでは、境界がちらつくリープマン効果が起きて見にくくなります。

問8　A④　B①　C②　D④　E①　F②
解説
本文P243を参照してください。

問9　A②　B①　C④　D①　E②　F③
解説
A：b20とb22の同一トーンの配色です。
B：d2とd14のトーナル配色で補色の関係です。
C：p10⁺とv10の対照トーンの同一色相です。
D：①はltg6、ltg16、ltg20です（②g6、ltg6、g8　③ltg4、ltg12、ltg20　④ltg2、w、ltg18）。
E：②はlt18、W、lt10、Bk、lt2でトライアド＋白黒です（①lt18、2、8、22、10　③lt4、10、W、lt16、22　④dk18、Bk、dk12、W、v2）。

F：③はp14⁺とltg12の類似色相、類似トーンの配色です（①d24、b20　②dk16、dp16でカマイユ配色　④dp18、dp12）。

問10　A①　B④　C③　D②　E①　F④
解説
本文P272を参照してください。

問11　A④　B②　C③
解説
C：同一色相のグラデーションですので、ドミナントカラー配色でトーンオントーン配色でもあります。

問12　A④　B④　C②　D①
解説
A：リビングルームは家族の団らんの場であると同時に来客応対の間でもあり、パブリックゾーンになります。
B：一般的に狭くて物があふれるキッチンは、色を抑えて配色するのがよく、①と②は正しい内容です。キッチンとダイニング、あるいはリビングはつながっていることが多く、お互いの部屋の調和を考えてコーディネートすることが大切です。
C：床は天井よりも狭い面積しか見えないにも関わらず意外と目に入りやすく、色の影響が大きい場所です。色の選択肢が少ないのではじめに決め、それに合わせて他の色を決めるようにします。
D：箱物家具は壁に沿って置くので壁面と類似させ、脚物家具は脚を床と類似させるとすっきりとまとまります。また、ダークトーンの家具は狭い部屋では圧迫感があるので、高さを抑えたり床の色もダークにしたりして、つながりを持たせるなどの配慮が大切です。

問13　A②　B①　C④
解説
A：「さわやかで」とあるので、③の暖色系よりも寒色系のほうがイメージに合います。また「落ち着いた」ともあるので、下の明度を低くした②のほうが④より適当です。①はトーンイントーン配色です。
B：⒣はdk2なので、スプリットコンプリメンタリーは「2、12、16」「2、6、16」「2、22、12」が考えられます。「個性と軽やかさ」とあるので、アクセント効果

のある対照的なトーンで、明清色調で配色できる①が適当です。
C：トーナル配色はdトーンを中心とした中間色調の配色ですので④が適当です。
カラーグループの色相
Ⓐlt18　Ⓑb16　Ⓒlt10　Ⓓdk10　Ⓔdk18　Ⓕv20　Ⓖv2　Ⓗdk2　Ⓘdk14
Ⓙg6　Ⓚdk24　Ⓛlt12　Ⓜd10　Ⓝb24　ⓄGy-6.0　Ⓟltg6　Ⓠlt6　Ⓡlt20

問14　A④　B①　C③　D②　E①　F③　G②　H④　I①　J②
解説
日本の住宅外観に関する問題です。本文P330〜を参考に、その変遷とともに特徴もわかるようにしておきましょう。

問15　A②　B①
解説
A：下方に重い色を用いたり、横を広く見せる配色をしたりすることで安定感が出せます。
B：白やクリームの外壁が特徴的で、他にも白の枠取りのある明るい水色を用いた外壁もあります。シンプルなデザインのコロニアルテイストです。

● 著者略歴

岩井 ますみ
いわい

色と香りの生活提案 イリデセンス主宰

資格：ＡＦＴ１級色彩コーディネーター
　　　アロマテラピーインストラクター（日本アロマ環境協会認定）
　　　日本色彩学会会員、日本アロマ環境協会会員

経歴：千葉県市川市生まれ、駒沢大学経済学部卒。
　　　アパレルメーカー、外資系商社勤務後、1992年カラーコーディネーターとして独立。NHKテレビ、ラジオ等出演、週刊朝日等雑誌、新聞記事掲載多数。

現在：千葉県職業訓練法人テクノピラミッド／色彩検定講座等講師
　　　朝日カルチャー千葉／カラー＆アロマ講座講師
　　　芸術教育研究所／高齢者関連講座、色彩、おしゃれ講座
　　　都道府県各地の市区町村女性センター、保健センター、寿大学講師
　　　高齢者商品の開発に携わっている。

著書：「お年寄りの楽々おしゃれ術」（黎明書房）
http://www.iridescence.jp/

- イラスト　　菅原　園
- 編集協力　　有限会社ヴュー企画
- 編集担当　　田丸智子（ナツメ出版企画株式会社）
- 資料提供　　日本色研事業株式会社

書籍の最新情報は、ナツメ社ホームページをご覧ください。
http://www.natsume.co.jp

ひとりで学べる 色彩検定２級・３級試験テキスト＆問題集

2006年5月8日　初版発行

著　者	岩井ますみ	© Masumi Iwai, 2006
発行者	田村正隆	

発行所　株式会社ナツメ社
　　　　東京都千代田区神田神保町1-52　加州ビル2F　（〒101-0051）
　　　　電話　03（3291）1257（代表）　FAX　03（3291）5761
　　　　振替　00130-1-58661

制　作　ナツメ出版企画株式会社
　　　　東京都千代田区神田神保町1-52　加州ビル3F　（〒101-0051）
　　　　電話　03（3295）3921（代表）

印刷所　東京書籍印刷株式会社

Printed in Japan

ISBN4-8163-4094-7

定価はカバーに表示してあります。落丁・乱丁本はお取り替えします。
本書の内容を無断で転載することを禁じます。